博学而笃志,切问而近思。
（《论语·子张》）

博晓古今,可立一家之说;
学贯中西,或成经国之才。

复旦博学·复旦博学·复旦博学·复旦博学·复旦博学·复旦博学

经管案例库
ECONOMIC AND
MANAGEMENT CASE LIBRARY

公司金融案例（第三辑）

CORPORATE FINANCE CASE STUDY

沈红波　方先丽　编著

复旦大学出版社

内容提要

本书的中国公司金融案例立足于中国当前的资本市场,多篇案例获得全国金融教学案例大赛优秀案例。做好案例研究需要很扎实的理论和实务功底。一方面需要选取有影响力、典型性的案例进行深入研究,揭示其背后蕴含的理论含义;另一方面需要有较长时间的实务经验,理解案例发生的背景、政策环境及其经济后果。本书中研究了江苏医药、科陆电子、格力电器、拍拍贷、欣泰电气、永泰能源的典型案例,包含及时、重大、有理论深度这三个突出的案例要素。既是《公司金融》教材的有益补充,也有益于读者课余进一步研究。

序　言

公司金融是以投资者的视角，分析以公司形式为主的企业如何运行、如何融资的学科，涉及治理、融资、估值三个核心问题。随着中国经济和金融市场的发展，以公司金融为主流的金融学科不断发展和壮大。值得注意的是，公司金融不同于财务管理，前者主要是从大的宏观经济和行为的角度研究股票市场的发展趋势和影响因素，而后者主要从企业内部出发研究如何管理资金。

公司金融的研究主要有两种分析方法。第一种是大样本实证研究，主要是收集足够多的微观样本，从动机、行为和经济后果去分析重大的事件对公司价值或投资者的影响。第二种是案例研究。相比学术界从实践到理论的大样本实证研究，案例研究从教学的角度，具有举一反三、理论联系实际、学以致用等清晰的特点。从实务投资的角度，案例还具有更及时和相关性更高的突出特点，对企业、政府和投资者更有启发和意义。另外，有些最新的事件或政策具有较大的典型性，对社会影响巨大，但由于其样本较少，不适宜采用大样本实证研究，因此更适宜采用案例研究的方法。

做好案例研究需要很扎实的理论和实务功底。一方面需要选取有影响力、典型性的案例进行深入研究，揭示其背后蕴含的理论含义；另一方面需要有较长时间的实务经验，理解案例发生的背景、政策环境及其经济后果。本书的作者沈红波博士和方先丽博士长期从事公司金融理论和实务研究，研究了格力电器、东方园林等典型案例，包含及时、重大、有理论深度这三个突出的案例要素。

《公司金融案例(第一辑)》和《公司金融案例(第二辑)》自出版以来,得到了企业界、投资界和广大师生的密切关注。这次的新专辑更贴合中国资本市场的新特点。我相信,《公司金融案例(第三辑)》的出版对中国公司金融和证券估值的研究,特别是公司金融的案例教学将产生积极的影响。

张 军

2024年3月

于复旦大学经济学院

目 录

导 读　案例的宏观经济背景　1

公司金融的宏观分析框架　1

资本市场发展的新特点　9

选题思路和代表性分析　14

案例一　江苏医药：国有企业混改如何引入战略投资者和员工持股　17

理论分析　17

案例研究　22

思考题　44

分析思路　45

案例二　科陆电子：高质押率公司的股份回购　47

理论分析　47

案例研究　49

思考题　77

　　　　分析思路 ·· 78

案例三　东方园林：纾困基金化解股权质押风险　　81

　　　　理论分析 ·· 81
　　　　案例研究 ·· 83
　　　　思考题　　　　　　　　　　　　　　　　　　113
　　　　分析思路 ·· 113

案例四　格力电器：国企混改如何从管企业过渡到管资本　　117

　　　　理论分析 ·· 117
　　　　案例研究　　　　　　　　　　　　　　　　126
　　　　思考题　　　　　　　　　　　　　　　　　　149
　　　　分析思路　　　　　　　　　　　　　　　　149

案例五　拍拍贷：金融科技浪潮下的人工智能转型　　151

　　　　理论分析　　　　　　　　　　　　　　　　151
　　　　案例研究　　　　　　　　　　　　　　　　155
　　　　思考题　　　　　　　　　　　　　　　　　　174
　　　　分析思路 ·· 175

案例六　欣泰电气：欺诈发行与强制直接退市　　177

　　　　理论分析 ·· 177

案例研究 ………………………………………………………… 179

　思考题 …………………………………………………………… 190

　分析思路 ………………………………………………………… 190

案例七　永泰能源：违约信用债的市场化处理　　191

　理论依据 ………………………………………………………… 191

　案例研究 ………………………………………………………… 193

　思考题 …………………………………………………………… 227

　分析思路 ………………………………………………………… 227

导 读
案例的宏观经济背景

 公司金融的宏观分析框架

一、中国经济的周期性及其对公司金融的影响

公司金融(Corporate Finance)是一门连接公司和投资者的学科,也是一门连接宏观经济和微观企业的学科。中国的金融学科以往以国际金融和货币银行为主,但是随着中国金融市场和投资者队伍的壮大,以公司金融为主流的金融学科影响力不断壮大。其中,又衍生了连接创业企业和风险资本的创业金融(Entrepreneurial Finance),研究二级市场基本面和量化分析的量化金融(Quantitative Finance)等细分领域。但是,究竟如何对公司金融特别是企业的估值和价格波动进行研究,一直是困扰政府、企业、投资者的难题。

在现实的金融市场,公司的投资价值受到了三个领域的影响。第一是政府的宏观政策。在新兴市场国家,政府的政策制定并不连续,政府的产业政策以及金融政策的变化比较大,企业的价值不可避免受到政策的影响。第二是企业家行为。在新兴市场国家,公司及其实际控制人的行为较为复杂,一方面其面临着较多的投资机会,另一方面又有着各种机会主义冲动。第三是投资者的估值,中国股票市场60%以上还是散户投资者,自带融资融券杠杆,情绪的波动冲击影响较大,市场的估值受到财务信息和非财务信息的综合影响,也受到投资者理性的影响,在企业业绩困难的时候往往被过度低估,在业绩繁荣的时候往往被过度高估。

因此,在中国的制度环境下,我们需要从宏观经济环境、企业管理、企业会计利润、企

业家行为来分析公司的内在价值(图0-1)。其中,宏观经济的周期性至关重要。它决定了一段时间内某个整个行业的景气程度。

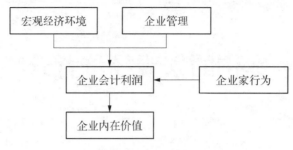

图0-1 公司金融的宏观分析框架

(一)研究宏观经济环境

产业和金融政策这类政府干预对企业以及股票市场的估值影响巨大。例如,2016—2017年,中央政府出台的最大的相关政策是给房地产去库存,包括一线城市的居民信贷放松、二、三线城市的棚户区改造政策。而在居民杠杆率不断攀升之后,2018年中央政府出台的最大政策是去杠杆,去杠杆是一种急剧的紧缩性货币政策,导致银行对企业抽贷、债券市场违约、股票市场估值下滑、股权质押风险频发等。2018年11月,在习近平总书记主持召开的民营企业座谈会和坚持"房住不炒"的经济大背景下,民营制造业开始缓慢恢复。

(二)研究企业管理

对微观企业来说,管理效率和技术创新同等重要,都是企业可持续发展的关键环节。在西方国家,由于法制的完善和股权结构的分散,高管成了公司的"控制者",而股东是公司的"所有者",所有权和控制权分离就需要对高管进行市场化的选聘和激励。而在中国,股权结构分散的上市公司很少,完善的职业经理人市场也没有形成,上市公司的管理模式主要集中在"大股东控制"。如果是国有上市公司,在国有大股东治理背景下,企业管理的核心是高管的薪酬激励和晋升激励,例如,国有企业的高管薪酬要和业绩挂钩,且对高管的晋升激励给予足够的重视。如果是民营上市公司,管理的核心是通过股权激励和公司文化留住核心人才。

(三)预测企业会计利润

在中国股票市场上,需要对未来一段时间的企业会计利润有个初步的预测。但是不同的企业有很大的差异,如何从财务和非财务数据出发,对企业未来的会计利润进行预测呢?这需要找到企业利润的核心变量。如果是周期类公司,企业未来利润的核心变量就是产品价格,产品(如煤炭)价格下跌则公司的当期以及未来的利润都会下跌,产品价格上涨则公司的当期及未来的利润会上涨。如果是制造类公司,企业未来利润的核心变量是产能,而由于制造业的上下游分工,其产能建设一般领先于市场需求,企业产能大幅增长则其未来的订单和利润就会增长;产能大幅投入而订单还没跟上则需要判断该制造业企业的竞争壁垒,有竞争壁垒则订单只会迟到不会缺席,没有竞争壁垒则企业会陷入产能过剩的陷阱。如果是服务类公司,企业利润的核心变量是客户数量和客户黏性。随着中国年轻消费者的兴起,优衣库和名创优品的会员数大幅增长,因此服务类公司的客户数量和黏性就决定了公司的内在价值。如果是科技类公司,企业利润的核心变量是客户需求和员工创新,科技公司的本质是创新平台,如何更好地集聚人才、更好地研发新产品服务客户,是科技公司内在价值的根本,这类公司需要重点关注研发人员的人数和客户满意度。

(四) 研究企业家行为

研究一个公司,不仅要研究其外部宏观环境,还需要研究其内部的驱动力。目前中国的公司治理水平普遍存在较大的提升空间。对大股东和企业家行为的分析,存在着"掏空"和"支持"两种不同的理论。如 2014 年以来,上市公司纷纷采用股权质押的方式加杠杆融资,带来了业绩的高增长和高估值。随后的 2018 年去杠杆带来了这些上市公司业绩和股价的崩溃。而在估值处于历史底部的时候,很多上市公司的利润表出现了巨额亏损。这就是学术界所谓的"业绩洗澡"行为。这种巨额亏损是由巨额资产减值带来的,但是这些巨额资产减值其实不影响企业当年的现金流,也不影响未来的现金流,只是为了上市公司未来的利润表更好看。还有的民营上市公司业绩长期稳定不变,是因为上市公司还存在一个集团公司,集团公司把上市公司当成了融资平台。在企业的再融资环节,也存在复杂的行为"噪声",如很多上市公司具有增发股权资金的"期权",可以在估值较高时向基金发行新股,而在估值最底部向大股东自己发行可转债。在制度不完善的背景下,这些企业家行为值得投资者关注和警惕。

(五) 评估企业内在价值

企业价值等于未来现金流的贴现,但未来又是模糊和不确定的。在对企业进行内在价值评估时,主要考虑的是未来几年的增长空间和竞争壁垒。这两个因子导致不同行业的估值(如市盈率)差别巨大。如中国银行业上市公司的估值很低,是因为中国的银行业还不是完全的市场竞争,其竞争壁垒并不高,行业的市场集中度较低,且未来信贷这种间接融资的发展空间较小。半导体行业的公司估值较高,是因为其竞争壁垒很高,行业龙头的市场份额和毛利率都较高,同时半导体的未来市场空间还很大。而电力设备行业竞争壁垒较高,但未来行业增长相对稳定,这导致其市盈率处于中等水平。

二、中国经济周期的三阶段模型

资本市场需要密切关注中国经济的增长,然而大多数人却忽视经济周期性。目前的经济发展与政府的宏观调控密切相关,按照央行和财政部的货币和财政政策,我们总结出中国经济周期的三阶段模型。

第一个阶段是宽货币的经济增长周期。当经济发展到了一定的阶段,整个国家的杠杆率较低时,需要实行宽松的货币政策,降低重资产企业的资金成本,并满足居民家庭的购房需求。这一阶段最受益的是重资产行业,而新兴产业由于自身的低杠杆和高人力资本,并不能从这个发展阶段受益。

第二个阶段是紧缩的去杠杆周期。中国居民有显著的从众心理。当房价处于快速上涨周期时,百姓都会加杠杆购房。到了一定阶段之后,整个国家的宏观杠杆率就到了红线,需要限制居民的贷款行为和房地产的融资行为。在去杠杆周期,由于货币紧缩和预算软约束问题,银行通常会对民营企业进行断贷,此时资金成本迅速攀升,导致民营企业资金链紧张和股价下跌,甚至可能带来股价崩盘风险。值得注意的是,去杠杆是个过程,包括急剧的去杠杆和后续的稳杠杆。

第三个阶段是积极的财政政策。去杠杆的货币政策会引导企业和家庭降低负债率。为了对冲经济下滑,政府还会在传统基建上增加财政投资,在新兴产业上进行税收优惠以引导经济结构性转型。此时受益的是低税率的高科技企业和逆周期的基建行业。

房地产当前占中国经济的比重较高。因此,解释中国的经济和资本市场,也需要采用一分为二的思路。我们把中国经济的产业结构分为重资产的房地产和其他产业,能更好地理解经济的周期性及其结构变化。中国经济其实是由两种产业融合而成,在不同的发展阶段,两者的发展步伐并不同步。2016年1月的股市熔断之后,经济的主要驱动力是房地产去库存,此时的经济进入宽货币的第一个阶段(2016年2月—2018年1月)。2018年2月开始,中央经济工作会议提出防范重大金融风险,中央政府也开始实施紧缩的货币政策(2018年2月—2019年8月)。紧缩的货币政策包括去杠杆,还包括稳杠杆,如2018年9月开始,中央开始实施以稳杠杆为主的货币政策。第三个阶段是积极的财政政策阶段(2019年9月—2022年12月),主要是政府加大新基建和新兴产业的扶持力度。

因此,在分析具体的行业和公司时,我们首先需要按照中国经济周期的三阶段模型,判断目前究竟处于哪一个阶段。目前的经济(2019—2023年)依然总体延续着2019年以来的经济周期,宏观政策也从2016年和2017年的宽松货币政策,以及2018年和2019年紧缩阶段过渡到了当前积极的财政政策阶段,货币政策也从数量型转为价格型。当中国经济增长从高速转为高质量,经济增速下滑时,货币政策只能以价格型为主。此时的积极财政政策主要是对冲经济增速结构性下滑和推动基础设施转型升级。中央政府的两大宏观调控工具(财政政策和货币政策)一般不同时发力。积极的财政政策除了加大基建投入,还包括支持民营企业科技创新(鼓励硬科技,对科技制造业加大税收优惠)。

三、宏观分析框架下的公司金融投资案例

为了理解公司金融的宏观分析框架,我们首先按照"宏观经济周期—行业特征—公司的微观估值—行为金融和投资者偏差"这个框架对河南省的国有上市公司许继电气进行从上到下的企业价值分析。

(一) 理解宏观经济周期

按照前面的中国经济周期的三阶段模型,我们在分析一个公司前,需要判断中国经济究竟处于哪一个阶段。除了极少数行业不受经济周期影响,持续高成长外,大多数行业都严重受到外部环境的影响。货币政策主要有信用扩张、信用收缩和信用稳定三种。财政政策主要有财政补贴和税收优惠两种。微观研究普遍发现税率低的公司明显涨势较好,相反,税率高的公司无论业绩还是股价都长时间在底部徘徊。财政政策还有针对国有企业的新基建项目(非地产项目),需要逆周期加大基建,此外还有政府加大采购(如政府为信息化转型而采购的软件和云计算服务等)。

许继电气所在的行业在2016—2022年刚好经历了一个周期性的波动。典型的宽松货币政策周期从2016年2月份开始。2016年春节以后,上海的房地产市场开始上涨,房地产的价格上涨更是从一线城市蔓延到二、三、四线城市。房地产开始大幅上涨的阶段,由于居民买房子都使用了银行贷款,这样就创造了更多的货币。由此产生通货膨胀,并带来白酒价格大幅上涨,五粮液和茅台的利润上涨更多,股票价格波动更大。在2016年到2017年的货币政策周期中,政府的主要目的是房地产去库存,在这个阶段政府不会出台积极的财政政策。因为货币政策和财政政策就像左手和右手,若两只手一起推出去,后续就没有太多政策空间,所以政府在实施货币政策的时候一般都会严控财政政策。从2018年2月中央的去杠杆政策开始到2019年的8月都属于货币紧缩周期。我们在图0-2中将两个经济阶段的许继电气、思源电气(民营电力设备公司)和五粮液做对比。

在货币宽松和货币紧缩两个阶段,许继电气这类做电力基建的公司,收入下滑了近20%,利润下滑近70%,股价也接近腰斩。这就是宽货币政策、严财政政策的周期后果。由于积极的财政政策需要一段时间的规划,从2018年8月国家提出逆周期加大特高压基建投入,到2019年8月积极的财政政策才真正开始落地,我们将2019年9月到2022年12月定义为积极的财政政策周期(见图0-3),在这段时间中五粮液的股价几乎没有上涨,

但许继电气上涨近150%,收入、利润、现金流均开始出现大幅反转。这些都表明我们已经进入积极财政政策周期,政府开始加大特高压电力基建投资。在宽松的货币政策周期,应投资白酒;而现在积极财政政策周期,应该投资电力基建。

图0-2 宽松的货币政策与电力设备公司市场表现

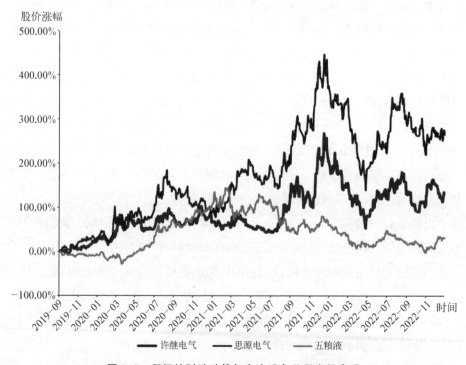

图0-3 积极的财政政策与电力设备公司市场表现

(二)理解行业特征

在三阶段模型下,各个行业受到的影响各不相同。就电力基建行业而言,2013—2015年,由于前期"四万亿计划"的影响,中国的房地产发展缓慢,政府加大电力基建投资,以对冲经济增速下滑。2016—2018年电力设备行业收入进入负增长周期,业绩大幅下滑。2018年,电力行业的利润率达到历史最低水平。判断是否处于景气的底部需要看净资产收益率,如果整个行业净资产收益率(ROE)低于银行理财4%的收益率,则判断其处于非持续经营阶段。2018年的年报显示,许继电气 ROE=2%,低于银行理财产品 4%的收益率,由此判断 2018 年是这个行业最差的一年。2018 年 6 月,国务院讨论,严控投资性购房;2018 年 8 月,国家重启特高压投资,行业发生了反转;而真正实施是在 2019 年第三季度,这中间的近一年的时间处于规划阶段。但是,行业的景气周期反转后会持续到什么时候?我们初步判断,会持续到电力设施的供给基本饱和,持续到电力设施的招标增速下滑。目前来看,电力基础设施还供给不足,随着中国的双碳战略实施,电动汽车逐渐替代燃油车,中国的电力需求仍处于稳健增长阶段,对特高压和充电桩等电力基建需要提前投入。

(三)理解公司的微观估值

要理解公司的估值,首先是看公司的市净率。在公司金融的估值模型中,充斥着各种财务和非财务信息,很多投资者无法区分。例如,面对宏观经济增速下滑,行业一片萧条,公司的股价或估值往往已经提前见底。当公司公布滞后的糟糕的财务数据时,个人投资者进入恐慌周期,机构投资者却进入建仓周期,机构投资者此时的布局是为了迎接很快到来的政策和行业反转。

从市净率可以来判断股价是否提前见底。因为一个公司的市值一直在变,但净资产短期相对稳定。图 0-4 表明,许继电气 2012—2021 年市净率(PB)都是剧烈波动的,最高是 5,最低是 1,中位数是 3。从其 PB 的波动可以得知,这是一个有显著周期性的公司。很多投资者只研究经济和公司业绩的增长,却忽略了行业和公司的周期性。判断许继电气未来收入大幅增长的依据是国家电网加大电力基建投资,公司中标的新基建在 2019 年第三季度产生收入。判断许继电气息税前利润大幅增长的依据是公司具有较高的经营杠杆(公司研发的产品具有高毛利率)。随着收入的增长,息税前利润将大幅增长。而且公司 2019 年开始还在增加财务杠杆,若公司银行贷款由低变高,说明企业越来越景气,有订单才需要更多资金;反过来,如果这家公司银行贷款越来越少,则说明越来越不景气。这些微观的观察点在历史上多次重复。而利润的拐点出现在了 2019 年第三季度,收入单季度增长 45%,迎来增长的拐点。这里的关键是看单季度的收入增长,而不是累计前三季度。我们研究许继电气 1997—2018 年公司年度收入发现,一般都是个位数增长或者负增长,只有两年超过10%的增长,所以2019年第三季度单季收入增长45%是剧烈的行业反转信号。

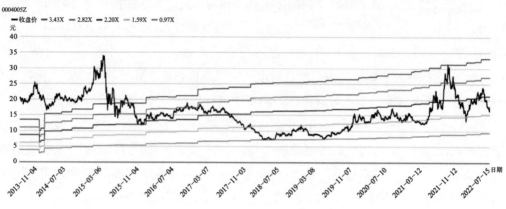

图0-4 许继电气的PB历史估值水平

(四)理解行为金融和投资者偏差

投资者需要密切关注微观行为金融问题,如大股东减持、大股东增持、大股东增发募集资金、高管股权激励等,因为这些重大事件往往是公司盈利的拐点信号。从简单的行为金融数据来看,许继电气的大股东2019年底增持2%的股份。内部人员增持是一个重要的信号,我们要理解国有企业增持和民营企业增持的不同之处。国有企业增持往往是真的增持,而民营企业对股价比较敏感,增持很多时候是为了维护股价。而从机构行为来看,公募基金由于有业绩相对排名压力,往往会持有景气程度较高的公司,即多数会进行右侧投资,在这样的制度背景下甚至会出现行业景气顶点估值最高、景气底点估值最低的所谓追涨杀跌行为。图0-5表明,从基金持股来看,2019年底许继电气基金持股创历史最低,从2012年的13%降低到2%,这就是一种周期行业的公募基金羊群行为。我们将其理解为基金持股太低的信号,表明这个行业被严重低配了。

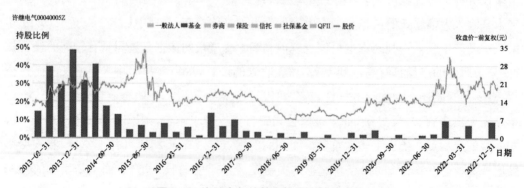

图0-5 许继电气的基金持股和股价走势

资本市场发展的新特点

1990年,哈佛大学商学院的迈克尔·波特教授在《国家的竞争优势》一书中提出经济发展的四个阶段:生产要素导向阶段、投资导向阶段、创新导向阶段和富裕导向阶段。中国经济当前处于从生产要素导向和投资导向的传统经济发展模式,向创新驱动的发展模式进行转型阶段,即波特教授描述的国家发展第三个发展阶段。如何真正实施创新驱动的经济社会转型?这需要加强人力资本的价值,相应降低资本的回报,鼓励微观企业的创新。在旧的经济模式下,中国的金融体系主要依靠间接融资,银行这种间接融资在生产要素导向阶段和投资导向阶段发挥了重要的作用。然而,进入创新驱动的经济阶段,由于人力资本抵押物少,创新型企业难以获得银行信贷资金支持。要实现"大众创业、万众创新"的国家战略,需要大力推动证券市场的发展,为中国经济转型提供新的融资渠道。2020年以来的资本市场虽然受到新冠疫情的冲击,但没有脱离其内在发展逻辑。中国的资本市场表现出如下三个新特点。

一、新兴产业的股票市值比重不断提高

中国经济当前处于转型期,实体企业的转型在资本市场的市值占比上也会有相应的体现。在经济新常态下,传统产业慢慢萎缩,新兴产业快速增长,成为新的经济增长点。股票市场如果按照行业的景气度来看,是经济的"晴雨表",它不仅体现了经济的整体增长速度,而且体现了经济的产业兴衰结构。这体现在股票市场上,就是新兴产业的股票市值比重不断提高。

图0-6是代表着新产业的创业板综合指数和代表传统产业的上证50指数。从图中我们可以看出,2018年去杠杆周期结束后,代表新兴产业的创业板指数不断走高,代表传统经济的上证50指数表现平稳。

从产业结构和有效市场的角度看,如果市场是有效的,产业的市值一定会体现未来行业的景气周期。从中国产业结构的变迁来看,20世纪90年代进入生活消费时代,百货家电风靡,于是1996—2001年,家电行业市值领涨。2000年进入工业制造时代,中国加入WTO带动出口额攀升,拉动GDP高速增长,城镇化进入加速期,房地产迎来黄金时代,其间进出口贸易相关行业和地产产业链,包括下游地产,中游的工程机械、卡车、建筑、建

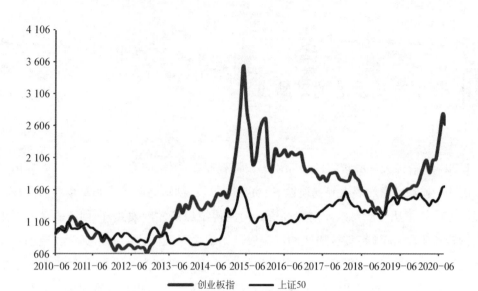

图 0-6 中国经济转型的新兴产业股票市场表现

材,上游的有色、煤炭等涨幅居前,大盘价值表现占优。2008 年全球金融危机后,全球经济增长模式重构,移动互联时代来临,中国的信息科技和互联网行业降低了社会交易成本,TMT 类行业领涨,小盘成长表现占优。

股票市场按照市值还可以分为大盘和小盘,按估值可分为价值和成长。如果将上证 50 指数设定为价值,将创业板综合指数设定为成长,按照创业板指数/上证 50 指数定义为中国经济转型指数,也能得到中国的新经济在股票市场市值占比不断增长的结论。图 0-7 是按照创业板指数/上证 50 指数计算的中国经济转型图。尽管有时市场偏好代表

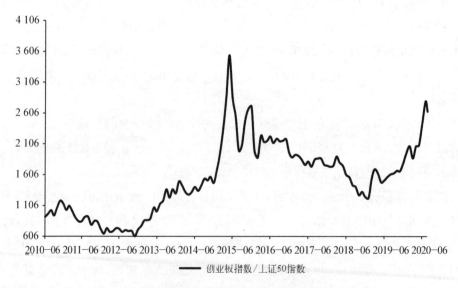

图 0-7 中国经济转型下的成长股和价值股的相对表现

中国传统经济的价值,导致价值类公司上涨,但从中长期来看,成长类公司的涨幅是超过传统价值类公司的。

二、从沪港通到深港通:股票市场的国际化程度不断推进

2014年4月10日,时任国务院总理李克强指出,将着重推动新一轮高水平对外开放,要扩大服务业包括资本市场的对外开放;并称此后将积极创造条件,建立上海与中国香港股票市场交易互联互通机制,进一步促进内地与中国香港资本市场双向开放和健康发展。2014年11月17日,沪港通正式"通车",启动了中国资本市场双向开放的进程。从那时开始,内地投资者可用平时使用的券商和习惯的交易方式,就像投A股一样来投资港股市场。2016年12月5日,深港通也正式"通车",这是内地与香港资本市场进一步协同发展的历史性时刻。

中国目前已是全球第二大经济体,如果要更好地融入世界经济,需要推动人民币国际化。2015年11月30日,国际货币基金组织(IMF)决定将人民币纳入特别提款权(SDR)货币篮子。人民币的国际化的第一步是人民币成为自由兑换货币;第二步是让人民币成为储备货币;第三步则需要中国股票市场国际化,提升中国股票的价值,提升中国资产对外部投资者的吸引力。人民币国际化需要稳定发展的国际化资本市场,促进境外投资者通过人民币来对我国的股票和证券进行投资,推动人民币的国际化进程。在国际化的浪潮中,中国内地居民除了储蓄和持有房地产,也希望进行全球资产配置。全球资产配置的一大逻辑是,在市场的发展中,外面的钱要进来,里面的钱要出去。随着中国内地资本越来越充足,这种需求越来越大,目前可让内地资本流出去的渠道主要包括QDII、RQDII、港股通等,但这并没有从根本上解决市场需求。

2017年以来,摩根士丹利资本国际公司(MSCI)、富时罗素(FTSE Russell)和标普道琼斯(S&P Dow Jones International)国际三大指数相继纳入A股成分。以MSCI指数为例,2017年6月21日,摩根士丹利资本国际公司宣布,MSCI新兴市场指数和MSCI全球市场指数将纳入中国A股成分。2019年5月MSCI第一次扩容,2019年8月又第二次扩容。富时罗素亚太区董事总经理在接受《中国证券报》专访时表示,2020年富时罗素A股纳入的第一阶段三步将全部完成,届时A股在相应指数中的纳入因子将为25%。根据Wind资讯金融终端的统计,截至2016年12月2日,沪股通累计净买入额已突破1 400亿元。2016年12月5日深港通正式开通后,北向资金进入A股市场的速度显著提升,截至2017年与2018年底,沪深港通累计净买入额分别为3 462.07亿元与6 404.25亿元,几乎实现过一年翻一倍,并在2019年9月12日首次突破8 000亿元的规模。截至2019年9月30日,沪深港通持股总市值已达11 513.44亿元,占沪深股市总市值的比例上升至

2.11%,成交占比也进一步上升至 7.39%,成为市场上最大的增量资金。因此,不管是从增量资金规模,还是从投资者的专业能力,外资持股及其行为都成为中国 A 股市场的重要影响力量。

三、股票发行进行了注册制改革

注册制改革是目前对股票市场最有争议的一个研究课题。作为我国金融改革的重要组成部分,注册制改革是未来资本市场的发展方向。注册制改革从科创板起步,逐步推广到创业板的注册制,需要对其内涵和步骤进行进一步分析。

（一）注册制的定义

世界上市场化发行的制度多种多样,主要有审批制、核准制和注册制三种,每一种发行监管制度都对应一定的市场发展状况。审批制是一国在股票市场的发展初期,为了维护上市公司的稳定、平衡复杂的社会经济关系,采用行政和计划的办法分配股票发行的指标和额度,由地方政府或行业主管部门根据指标推荐企业发行股票的一种发行制度。核准制则是介于注册制和审批制之间的中间形式。一方面取消了政府的指标和额度管理,另一方面引进证券监管机构对股票发行的合规性和适销性条件进行实质性审查,并有权否决股票发行的申请。注册制是在市场化程度较高的成熟股票市场所普遍采用的一种发行制度,证券监管部门公布股票发行的必要条件,只要达到所公布条件要求的企业即可发行股票。但注册制并不意味着公司上市的数量会大幅增加,由于各个环节都需要对公司的质量承担法律责任,因此注册制其实是扶优汰劣,在保证公司质量的前提下推动优质公司上市。

（二）注册制的内涵

注册制的内涵应理解为比较彻底的市场化发行。

1. 发行条件的市场化

证券监管部门公布股票发行的必要条件,只要达到所公布条件要求的企业即可发行,这有利于提高上市公司的质量。以前在核准制下,很多企业会进行制度寻租导致企业上市腐败问题,使得很多不符合上市条件的企业也成功上市。在注册制下,企业上市的条件只会提高不会降低。

2. 发行价格的市场化

目前企业在中国香港或美国上市,发行的价格由市场询价决定。而核准制下,A 股的发行定价是低价发行,最高不超过 23 倍市盈率,这不符合首次公开募股(IPO)的发行规律。低价的"赢家的诅咒"发行模式,没有发挥好市场化询价机制。2023年2月,证监会修订发布《证券发行与承销管理办法》,对新股发行价格、规模等不设任何行政性限制,完善以机构投资者为参与主体的询价、定价、配售等机制,平衡好发行人、承销机构和投资者之间的利益,实现新股市场化发行。

3. 发行时间的市场化

中国证监会目前在股票的发行时间上实施核准制,只有拿到核准批文才能募集资金,而某些年份则暂停IPO,这影响了两大交易所最基本的融资功能。从IPO发行和实体经济的因果关系来看,优质公司的上市促进了资本市场的繁荣。但发行的规模还需要考虑二级市场的承受能力,在承受能力范围上市优质的公司。

4. 发行责任的市场化

在IPO的造假和责任上,证监会目前的处罚力度过低,且责任不清,未来应明确法律责任。由保荐机构负责的,保荐机构应该向投资者实施赔偿;由上市公司大股东造假带来的损失,用大股东的股份向中小投资者进行补偿;由高管带来的损失,需要由高管承担连带责任。

5. 退市条件的市场化

美国的注册制特点是每年新上市几百家企业,退市企业也有几百家。实施严格的退市制度是让价格反映它的价值。退市的核心问题是监管层的决心有多大,对于事后表现较差,存在违规行为,且不满足可持续增长的公司应强化退市责任。

(三) 注册制的实施条件和实施步骤

中国的多层次资本市场发展应该分三步走。

第一步应该是法治化,只有通过法律,约束上市公司和保护投资者,才能进一步发展资本市场和实施注册制。

第二是建立多层次资本市场,打通场外市场和场内市场的转板和退市通道。完善新三板的功能,拟上市公司先到新三板进行公开发行或者私募发行,场内亏损企业也退市到新三板重组。新股发行挂牌一年之后,符合上市条件转入场内交易所交易"转板"和"退市"是打通多层次资本市场的纽带。"转板制度"必须和"退市制度"受到同样的重视。目前,主板公司业绩下滑成为"壳公司"就会被借壳上市重组,这不利于资源的优化配置和资产定价。应该让主板公司和新三板公司实现互动,优质的新三板精选层公司可以转板到主板上市,业绩下滑的主板公司会被退到新三板市场。

第三步是吸引养老金、公积金、企业年金、保险资金、公募、私募和海外投资资金等大量资金进入多层次资本市场,提振股市信心。这包括在建立一个高质量的股票市场前提下,建立市场的"平准基金"。重视"投资端"的同时发挥"平准基金"降低市场波动率的作用。在这样的背景下,中国才能发挥好资本市场的投资功能,吸引社保资金、保险资金等大量资金进入市场。

以上三个实施条件正是注册制改革的配套制度。只有创造了良好的制度环境,注册制才会进一步促进资本市场的繁荣。

 选题思路和代表性分析

公司金融的研究一共有两种分析方法。第一种是大样本实证研究(Empirical Study),主要是收集足够多的微观样本,从动机、行为和经济后果去分析重大的事件对公司价值或投资者的影响。第二种是案例研究(Case Study)。相比学术界从实践到理论的大样本实证研究,案例研究具有更及时和更相关的突出特点,对企业、政府和投资者更有启发和意义。另外,有些最新的事件或政策具有较大的典型性,对社会影响巨大,但由于其样本较少,不适宜采用大样本实证研究,因此更适宜采用案例研究的方法。

目前我国有大量的工商管理硕士(MBA)、会计专硕(MPAcc)、金融专硕(MF),他们都需要写案例型硕士论文。习近平总书记在十九大报告中指出,"时代是思想之母,实践是理论之源"。中国经济金融领域发生的很多案例和实践正是归纳总结出新理论的沃土。案例研究最需要的就是所研究案例的影响力、典型性以及其背后蕴含的理论含义。做案例研究的难度也在于此。本书所研究的案例因此也包含及时性、重大案例、理论深度这三个突出的要素。从选题来看,本书的案例涉及了公司金融的三个大领域。第一个领域是国有企业改革;第二个领域是民营企业创新;第三个领域是公司金融中的异常行为或现象,包括股票回购、债券违约等。

第一个案例聚焦公司金融中的国有企业改革现象,分析江苏医药的混改政策。中国的国企改革借鉴了新加坡淡马锡的模式,但又存在三个中国特色。第一是改革需要完成证券化,即虽然有一千多家上市国有企业,但还有几百万家非上市国有企业;第二是需要引入战略投资者进行股权制衡;第三是实施员工持股计划形成有效的激励约束机制。但是在具体的实践中,每个地区每个企业的改革阶段又各不相同。江苏医药是一个同时进行战略投资者引入和员工持股计划的典型案例,它不仅融到了资金,完善了股权制衡,还实施了更好的长期激励,并最终加强了企业的研发创新和业绩增长。这对中国大型国有企业的混改来说具有相当重要的启发意义。

第二个案例聚焦股票回购。这里采用了高质押率公司的案例。中国当前有较多的公司实施股票回购,但是很多的股票回购方案公布之后,股价反而持续下跌。其根源在于中国独特的民营企业集团化运营模式。中国很多的民营企业不仅有上市公司,还有大股东的集团公司。当上市公司负债率平稳、资产负债表良好时,大股东却高股权质押,则整个集团的隐性债务风险很高。在这样的背景下,上市公司所谓的股票回购很有可能是一种忽悠式回购,很难真正实施。希望这样的整体分析能给其他企业提供借鉴思路。

第三个案例是纾困基金化解股权质押风险、政府资金入股的制度创新。政府产业资金主要是用来扶持新兴产业,但是东方园林案例中,政府资金主要是用来给高杠杆的企业进行纾困。纾困的背景是民营企业对资本结构的调整受到了去杠杆政策的冲击。资产是可以进行抵押的,从2014年开始,中国实施股权质押(Pledge of Stock Rights)。大股东的股权质押迅速缓解了上市公司的融资约束,提高了上市公司的业绩,更高的业绩进一步推高了股价,并带来更高比例的股权融资。这一切在2018年中国主动去杠杆背景下进行了急刹车。在货币紧缩背景下,商业银行对民营企业进行了抽贷和断贷,而紧张的现金流又带来了业绩的下滑和股权质押"爆仓"。在这样的大背景下,优质的民营企业上市公司东方园林也不得不引入国有纾困资本。希望这样的案例能给民营企业和投资者一个杠杆周期的分析思路。

第四个案例是格力电器的案例,在我国新一轮混合所有制改革中,作为家电龙头的格力电器,其混改备受市场关注。因为其作为一个"现金奶牛"和优质的企业,却出让了控制权,其混改模式值得其他省份的国有企业借鉴。实质上,格力在混改前的"管企业"模式存在弊端,使得公司治理结构及激励机制较弱,相比美的集团还有多元化成效不佳的困境。引入高瓴资本后,过渡到"管资本"的格力是否会打开新的发展空间值得期待。案例通过分析格力电器在混改前面临的困境,剖析混合所有制改革给格力股权结构、治理机制带来的变化,并分析业务层面高瓴与格力可能产生的协同效应,探讨格力管资本的模式。

第五个案例关注的是拍拍贷金融科技和人工智能的融合。中国经历了一轮"互联网金融"浪潮,涌现出大量的P2P公司,然而随着2018年去杠杆和行业监管,最终剩下的网贷公司屈指可数。案例聚焦拍拍贷的金融科技转型之路,发现拥抱AI技术后,拍拍贷已经取得了显著效果且业绩提升明显,同时案例从拍拍贷的历史发展和现在的创新业务分析公司未来的业绩,并分析判断助贷行业未来的发展空间。

第六个案例聚焦注册制背景下的企业退市风险。欣泰电气上市初期,股价一路高升,经营业绩可喜。然而事后调查才知,其经营业绩竟是建立在欺诈发行上的空中楼阁。为达上市目的,欣泰电气运用多种手段进行财务造假。案例通过分析欣泰电气从欺诈发行到强制退市的事件始末,分析财务舞弊的手段和影响,以及股票上市过程中存在的问题,帮助读者了解我国当前股票发行制度有何问题,借以防范欺诈发行的案件再次发生,推动发行制度的改革,促进我国证券市场的健康发展。

第七个案例是违约债的市场处置,聚焦永泰能源的债券违约和市场化处置。在中国债券市场,债券一直是刚性兑付的,债券产品到期后,不管能否如期兑付,公司都要分配给投资者本金及收益。刚性兑付对债券市场的危害较大,让投资者在选择理财产品时完全不考虑风险因素,只看收益高低,一旦发生风险就到银行"维权",最后银行迫于压力只好替客户承担损失。最终理财资金集中流向高风险领域,扭曲了市场利率,不利于国民经济健康发展。随着信用债的违约常态化,要保证债券市场健康发展,违约债的市场化处理便有很强的重要性和紧迫性。以跨界经营著名的永泰能源发生债券违约之后,采取了出售自有资产、债务重组以及与其他金融机构合作应对现金流不足的策略。本案例结合永泰能源从发生违约到后续处理等过程,结合行业及监管背景,对违约债的市场化处理问题进行了进一步的思考。

案例一

江苏医药：国有企业混改如何引入战略投资者和员工持股

案例摘要

自党的十八届三中全会提出鼓励非公有制企业积极参与国有企业改革以来，新一轮的国有企业改革也正式打响。近几年中央和各省市出台各项政策法规来鼓励国有企业进行混合所有制改革，国有企业混改步伐加快、领域拓宽。在众多混改途径中，引进战略投资者成为很多尚不具备上市能力的国有企业的选择，以得到资金、技术、资源的支持，并改善股权结构和管理机制，同时员工持股也作为一种方案被很多国有企业叠加到混改路径中来。江苏省医药有限公司（简称江苏医药）按照政策要求和自身战略发展需要，自2018年开始实施混改，历时一年多顺利完成同步引入战略投资者和员工持股。江苏医药对于自身面对的机遇和挑战、优势和短板有着明确的认识，对混改持有清晰的目标，其成功经验能为很多国有企业提供模板，也能够为改善当前国有企业混改中存在的种种问题提供借鉴意义。

理论分析

一、国有企业混改的定义

新一轮国有企业改革的主要内容，就是以管资本为主改革国有资本授权经营体制。

2013年,党的十八届三中全会对新时期全面深化国有企业改革进行了战略部署,明确了新时期全面深化国有企业改革的重大任务。2015年8月24日《中共中央、国务院关于深化国有企业改革的指导意见》印发,配套文件相继出台。2018年7月30日,国务院印发《关于推进国有资本投资、运营公司改革试点的实施意见》,要求通过改组组建国有资本投资、运营公司,实现国有资本所有权与企业经营权分离,构建国有资本市场化运作的专业平台,促进国有资本合理流动,优化国有资本布局,提高国有资本配置和运营效率,更好服务国家战略需要。至此,深化国有企业改革的指导文件体系"1+N"基本形成。国有企业的改革关键是将国有资产管理委员会(简称国资委)的角色从"管人管资产管事"变更为"管资本"。2018年的试点改革意见首次明确了对国有资本投资和运营公司的政府直接授权模式,推进简政放权,将包括国有产权流转等决策事项的审批权、经营班子业绩考核和薪酬管理权等授予国有资本投资、运营公司。同时,对国有资本投资、运营公司所持股的国有控股企业,符合条件的可优先支持其同时开展混合所有制企业员工持股、推行职业经理人制度、薪酬分配差异化改革等其他改革试点,充分发挥各项改革工作的综合效应。

二、引入战略投资者进行混改的理论基础

(一)委托代理理论

委托代理理论是20世纪30年代由美国经济学家伯利和米恩斯提出的,他们认为企业所有者兼具经营者的做法存在着极大的弊端,倡导所有权和经营权分离,企业所有者保留剩余索取权,而将经营权让渡。委托代理理论已经成为现代公司治理的逻辑起点。该理论的核心问题是委托人如何通过契约来有效地避免利益不一致和信息不对称带来的代理问题,从而使得代理人在追寻自身利益最大化的同时也会努力实现委托人的利益最大化。常见的委托代理问题一般有以下三类。

1. 股东与经营者之间的代理问题

委托代理理论认为,现代企业最重要的特征之一就是企业的所有权与经营权相分离,这也是委托代理问题的起源,即作为代理人的经营者很可能为了追求自身利益最大化而做出有损于企业所有者利益的决策。作为委托人的企业所有者与作为代理人的企业经营者之间可能会出现利益不一致的情况,所有者追求企业价值最大化,而经营者追求个人利益最大化。两者利益冲突时,经营者往往会为了自身的利益而舍弃企业整体或者说所有者的利益,从而会导致代理问题出现,并形成相应的代理成本。另外还存在信息不对称的问题,相比于委托人,代理人更具有信息优势,代理人会依据自身掌握的信息做出对于他最优的决策,但可能会损害持有信息量较少的委托人的利益。因而在委托代理关系中,委托人往往通过加强监督来减少代理人对其利益的损害,从而形成代理成本。因此,企业必

须建立有效的激励机制和治理机制来缓解代理问题。

2. 控股股东与中小股东之间的代理问题

在企业所有权集中的情况下,控股股东与中小股东之间也会存在代理问题。由于所有权集中,控股股东或大股东在企业管理中就会拥有更多的话语权和决定权,甚至在一些重大问题上能够起到决定性作用。这就使得其可以利用自身的权力来选择利于自身的决策,在谋取私利的同时可能会损害中小股东的利益。

3. 股东与债权人之间的代理问题

除了上述两种问题外,企业向债权人借入资金后,企业所有者与债权人之间也会形成一种委托代理关系。债权人借款给企业是为了确保本金能够到期安全收回的同时获取利息收入;而股东作为企业的所有者,其借款的目的是扩大生产经营,投入高风险高收益的项目以及获取高额的利润。因此,两者的目标并不一致。股东为了实现其自身利益最大化,就有可能损害债权人的利益,两者之间就会出现利益冲突。债权人为了自身的利益,需要监督和约束股东的行为,因此也会形成代理成本。

本案例分析中所用到的理论依据主要是第一类和第二类代理问题。首先国有企业委托人和代理人之间的问题相较于其他企业还有些特殊,因为国有企业多层级的委托代理关系十分复杂。在国有企业中,委托人的身份一般是国家委任的官员,一是行政官员可能缺乏一些专业知识和风险识别能力;二是权力可能会滋生腐败,行政官员会存在滥用权力的道德风险;三是国有企业经营管理者的任期较短,导致代理人在其任期内可能存在更多的投机行为;四是由于企业内部缺乏竞争,代理人工作动力较小,可能会影响委托人利益的实现。

因此,国有企业可以通过引入战略投资者来帮助其建立更有效的激励机制和治理机制,来解决委托代理问题;同时战略投资者成为持股比例仅次于国有股的股东,也能够在一定程度上保护其他中小股东的利益,有利于解决第二类委托代理问题。

(二)战略联盟理论

战略联盟的概念最早由美国 DEC 公司总裁 J. 霍普兰德(J. Hopland)和管理学家 R. 奈格尔(R. Nigel)提出,他们认为,战略联盟指的是由两个或两个以上有着共同战略利益和对等经营实力的企业,为达到共同拥有市场、共同使用资源等战略目标,通过各种协议、契约而结成的优势互补或优势相长、风险共担、生产要素水平式双向或多向流动的一种松散的合作模式。

战略联盟从价值链的角度可以分为横向联盟、纵向联盟和混合联盟,其中横向联盟是指双方从事的活动是同一产业中类似活动的联盟;纵向联盟是指处于产业链上下游有关系的企业之间建立的联盟,这种有利于双方采取专业化的分工与合作,各自关注自身的核心竞争能力与核心资源,利用专业化的优势与联盟的长期存续稳定地创造价值。

对于战略联盟能够形成的动因,学术界也有多种解释。从技术层面看,在新技术层出不穷和产品技术日益分散化的今天,企业已经无法长期拥有生产某种产品的全部最新技术,单纯依靠自己的能力很难掌握竞争的主动权,因此需要积极采用外部资源并实现内外资源的优势相长;同时技术开发的成本和风险也越来越高,通过建立战略联盟、传递信息,能够有效减低风险,是以低成本克服新市场进入壁垒的有效途径。还有一些学者从资源观的角度来解释战略联盟理论,认为企业可以通过战略联盟来聚集有价值的资源,并利用战略联盟来充分利用资源以及实现资源的优化配置,进而实现企业价值最大化的目标,这里所说的资源包括资金资源、原料资源、人力资源、商誉资源等。

引入战略投资者实际上就是一种战略联盟形式,有利于提升企业的竞争力,还能改善公司治理结构,因此在国有企业混改的路径中备受青睐。

(三)股东积极主义理论

股东积极主义是指作为股东的机构投资者能够积极地参与被投资企业的内部治理,重视其在被投资企业的管理中起到的作用,积极地行使监督权等各种权利,并参与被投资企业重大决策的一种理性投资策略。

在政府限制机构投资者对公司的控制权之后,机构投资者往往不愿意过多地参与被投资企业的公司治理。但这随着外部经济环境和政策的放宽而不断改变,机构投资者的投资规模和所占股份在不断增长,由于希望能够从投资中获利,避免因为投资对象的决策失误使自己蒙受损失,机构投资者往往会积极参与投资对象的公司治理和监督。

战略投资者也是机构投资者中的一类,其一般拥有战略意识,不仅着眼于短期利润,更关注被投资对象的长期发展,且自身一般拥有较完善的管理和运作机制。因此,引入战略投资者进行混改可以完善国有企业的治理机制,提高运作效率,同时也能帮助企业实现战略目标,提高绩效和竞争力,发挥混改的积极作用。

三、引入员工持股的理论基础

(一)员工持股计划

员工持股计划(Employee Stock Ownership Plans,ESOP)是股权激励的一种重要的方式,即面向公司员工(也包括管理层)实施的一种股权认购机制。员工在成为公司股东的同时获得相应的管理权,那么个人利益和公司绩效便形成了联结,起到吸引、激励、留住员工的作用,并进一步促成企业有效、良好、长期地发展。

员工持股计划最早起源于西方。美国从20世纪60年代末70年代初开始大规模在公司中推行 ESOP，并持续立法规范、鼓励 ESOP 的推行，如今已经规模较大、形式多样、法律完备。而我国是从 20 世纪 80 年代中期开始引入 ESOP 的，经历了很久的摸索阶段，直到 2014 年 6 月，中国证监会发布了《关于上市公司实施员工持股计划试点的指导意见》，对以往实践中出现的不合理、不规范等弊病进行了修改改进，加强了制度的标准化和规范性，ESOP 开始大量推行。而 2016 年发布的《关于国有控股混合所有制企业开展员工持股试点的意见》则将在国有企业混改中引入员工持股推入了试点阶段，自然也是为了激发员工的积极性，形成良好的股权激励机制。

(二) 员工持股计划相关理论

1. 双因素经济理论

双因素经济理论由美国经济学家路易斯·凯尔索在 1958 年首次提出。他认为在一个正常合理运行的经济社会中，财富是由资本和劳动这两个因素一起创造的。随着资本主义的发展，尽管资本在现代经济中所起的作用越来越大，但依然不能忽视劳动所起到的作用，由劳动和资本创造的社会财富应当在两者之间进行分配。但在现代资本主义制度下，人们对劳动和资本这两种经济要素的认可程度存在巨大的偏差，工人仅依据自身的劳动获得收入，不能参与剩余社会财富的分配，工人与资本家之间的矛盾难以得到解决，社会贫富差距越来越大，社会不公平程度也越来越严重。政府试图对经济实施有效干预，通过再分配的方式来解决，但效果并不理想。凯尔索认为造成这种状况的最根本的原因在于制度上的缺陷，没有考虑到资本和劳动这两种生产要素在生产收入分配上的公平性，导致资本所获得的社会财富的分配远远大于劳动。因此，他提出员工持股计划是一种有效解决此类问题的途径，可以得到资本和劳动的双重认可，使工人具备劳动和资本的双重属性。

2. 激励理论

激励理论是指通过特定的方法与管理体系，将员工对组织及工作的承诺最大化的过程，该理论认为工作效率和劳动效率与职工的工作态度有直接关系，而工作态度则取决于需要的满足程度和激励因素。

企业往往会通过各种方式对员工进行激励，如奖金、年薪制、股票、期权等手段，这些激励机制都是通过把被激励者的收入与企业的绩效挂钩，来鼓励员工创造绩效和收益。一些学者的实证研究表明，在各种形式的激励中，现金的激励作用最小，股权的激励作用最明显，因此实施员工持股计划是一种有效的激励手段。

激励理论认为，员工持股计划本质上是一种福利制度。目的在于使企业员工追求其个人利益的行为，正好和公司实现企业价值最大化的目标相吻合。实践表明，合理地设计员工持股计划的行权时间、股票价格、退出机制、持有比例等，能够很好地实现激励的效果。员工通过持股的方式将个人利益和企业利益更好地结合在一起,想要获得更高的收益,就必须付出努力提高企业的生产效率,提高企业的业务绩效,使企业的竞争力得到提升。同时,不妥当的机制设计会带来问题,比如导致收入差距增大、追求短期利益、股票市场波动等,激励不足也会带来"搭便车"现象。

3. 委托代理理论

员工持股计划同样能通过对经营者实施股权激励的方式,使其拥有管理者与所有者的双重身份,在一定程度上使得管理者将自身利益最大化与公司价值最大化联系起来,减少了信息不对称带来的风险,也激励了经营者更加关注企业长远的发展。

案例研究

一、江苏医药总体概况

江苏省医药有限公司成立于1953年,在计划经济时期承担着全省医药行业的管理职能及紧缺药品的市场调拨供应工作,1987年开始由行政性公司向经营性公司过渡,1989年已经成为独立核算、自负盈亏的经济实体。

2004年江苏省医药公司改制脱钩,从归属于江苏省食品药品监督管理局划归到江苏省国有资产经营(控股)有限公司,经济性质为国有企业。2007年,江苏省国信资产管理集团有限公司采取吸收合并方式重组了江苏省国有资产经营(控股)有限公司。2009年原江苏省医药公司、江苏省药材公司、江苏省医疗器械工业公司合并重组,形成了医药商品统一经营管理的省级医药商业企业。2016年6月30日,该企业改制为江苏省医药有限公司,改制后江苏省国信集团以20 000万元出资额持有江苏医药100%股权。

如今,江苏省医药有限公司已经是国家定点的麻醉药品和精神药品区域性批发企业、国家中药材储备企业以及江苏省省级药品、医疗器械储备企业,同时是江苏省仅有的三家短缺药品承储企业之一,还是南京市医保特药定点药房。

(一)业务和资产分析

江苏省医药有限公司经营范围广泛,包括化学药品、生物制品、麻醉药品、精神药品、医疗用毒性药品、中成药、中药材、中药饮片以及医疗器械、化学试剂、疫苗、玻璃仪器的批发和零售,中药材收购和咨询服务,医药信息咨询服务,展览服务,化妆品销售等,其中医药配送为江苏医药的主营业务。从表1-1来看,江苏医药在完成混改前,营业总收入一直稳步上升,但主要由主营业务贡献,主营业务收入占总收入的比重一直保持在99%以上,其他业务所占的份额非常小,业务结构相对单一。

表1-1 江苏医药业务收入

项 目	2017年度		2018年度		2019年1—4月	
	金额(万元)	占 比	金额(万元)	占 比	金额(万元)	占 比
主营业务收入	553 343.12	99.49%	562 632.33	99.61%	199 340.36	99.52%
其他业务收入	2 830.98	0.51%	2 218.14	0.39%	964.10	0.48%
合 计	556 174.10	100.00%	564 850.47	100.00%	200 304.46	100.00%

进一步拆分,江苏医药的主营业务根据产品类别可分为药品类和医疗器械类(见表1-2)。其中,药品类的配送占有较高的比例,每年都保持在95%以上。江苏医药一直侧重合资品种及国内重点工业品种药品,通过抢占高毛利率药品配送权稳固市场份额。同时也可以观察到医疗器械类配送占比从2017年仅占1.82%上升到2019年的4.64%,这是企业积极调整盈利结构的表现。江苏医药紧跟市场趋势,逐步开辟耗材市场,不断强化二级以上医院的耗材配送份额,以期实现医疗器械板块业务快速增长。

表1-2 江苏医药分产品业务收入情况

项 目	2017年度		2018年度		2019年1—4月	
	金额(万元)	占 比	金额(万元)	占 比	金额(万元)	占 比
药品类	543 264.81	98.18%	543 879.17	96.67%	190 099.61	95.36%
医疗器械类	10 078.31	1.82%	18 753.16	3.33%	9 240.75	4.64%
主营业务收入合计	553 343.12	100.00%	562 632.33	100.00%	199 340.36	100.00%

将主营业务收入根据业务种类可划分为批发/配送业务和零售业务,如表1-3所示,江苏医药的业务主要以批发/配送业务为主,业务占比一直保持在96%以上的水平。截至重组报告书签署日,江苏医药配送业务对应的医疗机构客户数量大约为500家左右,其中医院类医疗机构客户数量约占30%,销售金额占主营业务收入比例约为70%;而零售药店只有13家,1家位于江苏省淮安市,其余均位于南京市内。

表1-3 江苏医药主营业务收入构成

项 目	2017年度		2018年度		2019年1—4月	
	金额(万元)	占比	金额(万元)	占比	金额(万元)	占比
批发/配送业务	540 681.17	97.71%	547 155.31	97.25%	192 808.61	96.72%
零售业务	12 661.95	2.29%	15 477.03	2.75%	6 531.75	3.28%
主营业务收入合计	553 343.12	100.00%	562 632.33	100.00%	199 340.36	100.00%

依照业务种类的划分继续观察经营情况,混改前的三个年度,江苏医药批发/配送业务和零售业务的收入、毛利率和净利润情况如表1-4所示。两种业务毛利率较为接近,但从净利润数据来看,零售业务近三年呈下降趋势。我们将江苏医药与同行业可比上市公司九州通、上海医药、国药股份、南京医药这四家医药类公司对比。如表1-5所示,批发/配送业务方面江苏医药与它们的毛利率较为接近,但零售业务毛利率较低,主要原因是江苏医药的零售药店数量较少,零售业务规模小,无法形成规模效应。

表1-4 江苏医药主营业务盈利情况

项 目		2016年度	2017年度	2018年度
批发/配送业务	主营业务收入(万元)	486 174.57	540 681.17	547 155.31
	毛利率	4.06%	5.26%	5.87%
	净利润(万元)	3 710.70	5 823.94	6 437.46
零售业务	主营业务收入(万元)	12 898.48	12 661.95	15 477.03
	毛利率	5.78%	4.65%	7.84%
	净利润(万元)	397.84	153.95	−188.98

表1-5 同行业可比上市公司毛利率

业务类型	公司	2016年度	2017年度	2018年度
批发/配送业务	九州通	7.22%	7.81%	8.05%
	上海医药	5.89%	6.27%	7.01%
	国药股份	7.09%	7.14%	7.33%
	南京医药	4.90%	5.44%	5.71%

续　表

业务类型	公　　司	2016年度	2017年度	2018年度
批发/配送业务	平均数	6.28%	6.67%	7.03%
	中位数	6.49%	6.71%	7.17%
零售业务	九州通	20.48%	17.36%	18.93%
	上海医药	15.52%	16.69%	15.14%
	国药股份	—	—	—
	南京医药	20.96%	20.50%	21.39%
	平均数	18.99%	18.18%	18.49%
	中位数	20.48%	17.36%	18.93%

从地域分布来看，江苏医药公司的经营范围覆盖南京所有市县，已发展成为南京地区市场覆盖最全的医药商业公司之一，公司市场占有率在南京地区处于领先地位，占南京医疗机构销售份额约为30%，并作为省短缺药品承储单位，积极承担南京、苏州、无锡、常州、镇江5市短缺药品承储任务。尽管公司业务遍及江苏全省，并辐射周边省市，但公司业务主要还是立足于南京市场，南京市外业务份额比重较小。

资产状况方面，截至2019年4月30日，公司总资产近29.04亿元，由图1-1可以看到，公司总资产近年来逐步提高，且公司没有资产诉讼事项，资产质量基本良好。

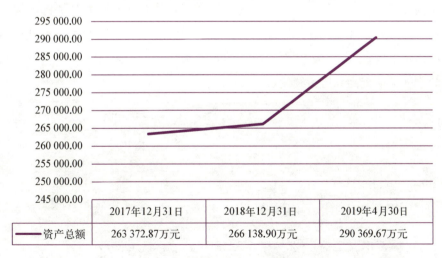

图1-1　江苏医药资产总额变化

资金状况方面，江苏医药资产负债率一直较高，在85%以上，且自有资金率较低，公司融资渠道单一，资金是制约公司发展的因素之一。

表 1-6　江苏医药资产负债情况

项　　目	2017年12月31日	2018年12月31日	2019年4月30日
资产总额	263 372.87 万元	266 138.90 万元	290 369.67 万元
负债总额	224 807.28 万元	229 572.29 万元	251 390.83 万元
资产负债率	85.36%	86.26%	86.58%

(二) 内部管理情况

1. 整体结构

混改前,江苏医药采用董事会领导下的总经理负责制,下辖 20 个部门,包括 10 个管理部门和 10 个业务部门。部门众多的情况下,公司的组织架构不完善,部门职责、岗位职责不健全。公司没有基于战略规划发展建立组织机构并明确各部门职责,组织的运行效率存在较大提升空间。

从治理结构来看,公司机构比较健全,人员配备到位,党委会 6 人,总经理办公会 4 人,经理层都是党委会成员。但在实际运行中存在一些问题,例如,部分制度未能及时修订、下发,尽管公司有"三会一层"管理权限的划分,但实际运行中权责划分还不够明晰,与集团要求还不完全相符,一定程度上影响公司运营效率。

2. 人力资源

在人力资源方面,根据 2017 年公司的诊断报告来看,公司员工总数为 500 人以上,正式合同工为 242 人(含内退人员)。如果进一步观察正式合同工的人员结构,则会发现一些问题:年龄结构上,存在年龄"断层"问题,公司中生代(31~45 岁)力量不足,会影响公司的核心力量发展;学历结构上,部分员工的知识水平与公司未来发展要求不匹配,不利于公司的创新动能提高和可持续发展。

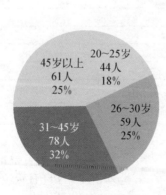

图 1-2　员工年龄结构

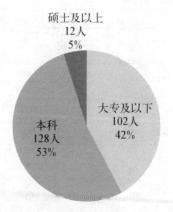

图 1-3　员工学历结构

公司员工存在合同工、临时工、劳务派遣等身份。其中,劳务派遣人员过多,占比50%以上,超过《劳务派遣暂行规定》10%的规定比例,存在一定的法律风险。

抛开人力资源本身数据来看人才激励机制,目前公司采用"老人老办法、新人新办法"的薪酬体系,使新、老员工在福利待遇上存在明显差距,不利于激发新员工的工作积极性,同时绩效考核存在"轮流坐庄"现象,考核流于形式,进一步打压了员工的工作热情。在引进人才的机制上,公司市场化选聘人才较少,人才职业发展规划缺失,人才发展通道不畅。人才是企业发展的必要条件,这些机制的不足和缺失一定程度上影响了公司未来可持续发展。

3. 其他管理

在制度管理方面,混改前公司制度的完整性不足,缺失部分重要制度,如绩效薪酬、全面预算、投资管理等。近几年,公司业务拓展较快,但管理方面没有及时跟进,制度缺失,导致内部流程衔接方面存在不足。

在信息管理方面,公司建立了较为全面的信息化管理系统,但是随着未来业务的拓展,信息化管理仍有提升的空间。目前,还没有做到物流信息的实时数据反馈与全程跟踪。此外,公司未建立统一的信息共享平台,财务与业务、业务与业务之间存在"信息孤岛"现象。

在财务管理方面,公司尚未建立全面的预算管理体系,财务分析工作对业务和经营方面的分析较少。

在风险防控方面,公司内控、审计职能较弱,组织设置和人员配备不足,内控和审计工作开展的广度和深度不够。

二、江苏医药为何要进行混改

(一)新形势带来机遇和挑战

2016—2020年正是国家"十三五"规划时期,在这一时期内我国的医药卫生体制改革深化也进入了一个关键时期,医疗、医保、医药"三医联动"和医药分开持续深化,这对于医药业提出了新的要求,即转变企业经济发展方式,建立现代药品流通体系。此外,药价市场化、药品采购新政、医院降药占比等变动都会对药品流通行业产生较大的影响。这种新常态势必倒逼医药行业内的企业重新审视发展定位,优化发展模式,挖掘商业价值,规划新的发展目标。同时在"十三五"期间,基于党的十八届五中全会提出的建设"健康中国"的战略目标,健康消费也将成为市场发展的主流,为健康产业的发展创造了机会。医药行业、药品流通业是健康产业中重要的一环,承担着促进健康产业发展和满足百姓健康消费的重要使命,因此其发展必然将收获很多利好政策,迎来战略机遇期。如何将这些机遇优势最大化,也成了企业发展改革的重要指标。

同时,我们可以看到"互联网+"对于药品流通行业产生了新的影响。物联网、移动互联、云计算、大数据等信息技术快速发展,科技进步催生的智慧供应链、智能物流、公共服务平台等形式快速涌现,也推动了医药行业创新发展的进程。一方面,这些新的技术为药品流通创造了更便利的条件,也开启了服务模式的转变;另一方面,对企业的精细化管理提出了更高的要求。面对"互联网+"新时代的挑战,医药流通业企业只有加快转型升级,充分发挥核心员工的积极性,加速提升创新能力,才能在行业进步中脱颖而出。

聚焦到江苏省内的医改形势,江苏省是全国综合医改试点省份,江苏省的医改工作在坚持医疗、医保、医药"三医联动"前提下,建立了一系列机制,基层医疗单位和基本药物将有较好发展,因此药物流通行业前景也较为乐观,省内药品批发、零售企业数量较多,且预计在"十三五"期间仍能有一个稳定快速的发展。从横向竞争的维度来看,行业竞争态势加剧,要想在众多企业中提高市场占有率,则必须切实提高公司竞争力,依照新形势转变企业发展模式。

除医药行业所面临的一系列形势变化带来的机遇和挑战外,党的十八大以来,国有企业混合所有制改革也进入了一个新的阶段,混改步伐逐渐加快,涉及领域不断拓宽,发展势头强劲,各省市在中央文件的指导下也纷纷依据本省市情况颁布混改相关政策文件,呈现出步伐加快、领域拓宽的良好态势。江苏省依据本省的实际情况,相应颁布混改及员工持股的政策文件。加快资产证券化、引入战略投资者、推进员工持股试点,是江苏省国企混改的主要路径。2017年上半年,江苏省发改委启动省内10家混改企业开展员工持股试点工作,江苏医药正是其中之一。

(二) 企业自身发展诉求

江苏医药作为省属国有大型企业国信集团的直属纯国有医药商业企业,本身就有一定的行业内优势,经营范围广泛,具有行业特有资质,其年销售额一直较为可观。作为单体医药公司,近几年以超过行业平均增幅的速度成为省内行业先锋,综合实力在省内400多家同行中排名第三。公司整体服务意识较强,在上下游客户中得到较好声誉。公司配合新医改要求积极配送基本药物,在南京市的基本药物配送份额已经占据大头,连续5年成为江苏省配送基本药物金额最大、服务质量评比第一的公司,国企品牌形象得到政府部门认可,发展势头强劲。

尽管公司近年发展态势良好,但仍存在明显的不足。首先就是业务模式单一,服务功能简单,90%左右的业务份额是南京医院终端药品配送也令公司业务略显单薄,南京市外的医院终端覆盖很少,零售药房仅有1家。江苏医药作为单体公司仅靠药品批发做到这么大的销售额实属不易,进一步扩大南京市医院市场份额的可能性较小。公司商业服务功能仍然以配送服务为主，多元化服务功能正在起步但发展缓慢。

公司在内部管理方面同样存在缺陷和短板，人才队伍结构不合理导致新生代力量出现断层、技术型人才短缺，进而限制企业发展；且对于已有人才激励不足，难以充分调动其积极性，容易使企业"安于现状"。在管理方面尤其需要引起重视的是公司的信息管理问题，当前公司的公司信息化建设缺乏前瞻性、规划性，尽管维持日常运营没有问题，但与龙头企业、先进公司有较大差距。公司信息化建设滞后带来的直接问题是运营效率低下，进而与上下游的项目合作空间会受到限制，不能及时、高效地提供技术支持，限制了公司进一步发展。

在国家招标采购导致市场集中化和医保控费导致市场增速下降的情况下，医药行业竞争愈发激烈，同时"互联网+"的冲击和国家简政放权对医药行业提出药品质量监管要求导致企业风险和成本压力骤升。如果江苏医药不能做到结合行业的现状和发展趋势重新部署互联网战略、重新规划商业模式、挖掘商业价值、制定行之有效的运营体系，存在的优势会被逐渐消磨，劣势会被放大，严重制约企业的发展。

《江苏省医药公司"十三五"发展规划纲要》中指出：要以打造商业新价值为首要任务的现代化健康服务业企业为战略目标，创新经营业态，挖掘商业新价值；横向进行扩展，逐步收购或扩建零售门店，增加辐射范围；纵向进行整合，加强与上下游客户的深度合作。在不可或缺的资本主推环节，公司看到了国有企业改革新思路能够为公司体制和机制创新增添活力的可能性，推动公司混合所有制改革，寻找国有制同市场经济相结合的形式和途径。国有资本与非公有资本的混合所有制经济，能够提高公司资源配置和运行效率，增强公司的经济活力和抗风险能力，进一步激发公司的创新能力，为公司的可持续发展提供有效的保障。战略合作者的引入也能够有效地放大国有资本功能、保值增值、提高公司竞争力，同时能够进一步完善企业法人治理结构，有效实现出资者所有权和法人财产权的分离，转换公司的经营机制，解除江苏国信集团对公司承担的全部责任，这无疑对于公司成为"自主经营、自负盈亏、自我发展、自我约束"的法人实体和市场竞争主体大有裨益。战略合作者的引入会同步引进资本、资源、人才，也将大大激发国有企业的活力与效率。员工主观能动性的积极发挥是公司"十三五"规划实现的有力保障。在培养专业技术人才和业务创新人才的同时，要改革薪酬体系，建立员工激励机制，为公司进入全国医药行业前列奠定人才基础。

由此可见，通过国有企业混合所有制改革，引入战略投资者和员工持股计划，成为摆在江苏省医药公司面前的一条转型和发展的必经之路。通过混合所有制改革扬长避短，解决制约江苏医药进一步发展所存在的问题，既是公司实施产业链延伸、调整产业布局的迫切需求，也符合管理层和职工强烈的改革意愿。

三、江苏医药如何进行混改

(一) 整体设计

江苏省医药公司明确了本次混合所有制改革的整体目标是通过改革优化公司的治理结构,确保公司制定的发展战略和产业优化能够顺利实施,助力公司长足稳定的发展,并补充公司的流动资金,提高公司的资金实力,改善公司的财务状况。

具体来说:战略方面,江苏医药希望通过战略投资者的引进,协助公司进行产业结构的优化,实施产业链延伸,做好上下游产业链的布局,利用协同效用提升经营业绩和公司核心竞争力;管理方面,江苏医药希望通过混合所有制改革实现多元股权结构,促进公司体制的改革、转变和创新,提升管理水平,完善激励体系,提升内部经营自主权,激发内生动力;效益方面,希望通过混改能够起到放大国有资本的作用,通过增量资本的引入提升内部资源配置能力,促进国有资本保值增值,并让混改在业务层面充分发挥作用,实现营业收入的进步和飞跃。

本次混合所有制改革严格按照党中央、国务院以及上级各部门的政策规定,依法实施、规范操作,维护国家、公司以及职工的合法权益,防止国有资产流失。以实事求是为原则,从公司的实际运营出发,针对当前存在的问题,围绕公司定位和发展转型目标,优化资本结构布局,着眼公司的长远发展。

基于以上目标和原则,江苏医药本次混合所有制改革的整体方案是同步进行战略投资者的引入与员工持股试点工作的实施,通过增资扩股的方式引入具有共同理念、有实力、互补性强的战略投资者,与此同时,也以增资扩股的方式实施员工持股试点工作,构造骨干员工与股东的利益共同体,激发各级员工关注公司的长期发展,最终完成混合所有制改革。

(二) 引入战略投资者

江苏医药公司引进战略投资者的原则是依法实施、规范操作,且引进战略投资者后原股东控股权不变,继续保持由江苏国信集团控股的股权结构。

引进战略投资者采取增资的方式,根据国务院国资委和财政部联合发布的《企业国有资产交易监督管理办法》的规定,应通过产权交易机构网站对外披露增资后的企业股权结构、募集资金用途、投资方的资格条件、投资金额、持股比例等信息,公开征集投资方,时间不少于40个工作日。江苏医药本次以资产评估价为底价在省产权交易所公开挂牌竞价,出价高者得。

引入战略投资者最终增资比例目标为总股本的10%,所募集资金主要用于补充公司经营所需资金,包括但不限于:(1)成立一家医药零售连锁子公司,加速网点布局,抢占零售市场;(2)在获得医药监管机构许可的前提下,在省内南京外的省辖市设立三到四家医药子公司,尽早实现全省配送范围全覆盖。

在战略投资者选择上,江苏医药也针对行业发展趋势、公司战略定位和混改目标制定了一系列的条件。首要条件为战略投资者非公有资本比例需要确保在51%以上,从而能够实现国有资本和非公有资本的融合。在产业相关度上,最优选择是医药行业的企业,即从事医药领域研发、生产和销售的企业,财务状况良好,能够为公司提供资金支持,且拥有与公司产业发展相匹配的优势资源,具备良好的管理能力和运营能力,能够助力公司的价值提升和长远发展。

增资引入战略投资者的具体过程如表1-7所示。

表1-7 江苏医药引入战略投资者过程

时间	事件
2018年10月17日	江苏省医药公司母公司国信集团审议通过了《关于〈江苏省医药有限公司员工持股试点整体方案〉的议案》
2018年11月22日	江苏省人民政府国有资产监督管理委员会做出批复,同意江苏省医药有限公司以增资方式引入社会资本实施混合所有制改革,并同步引入员工持股试点
2019年4月11日	江苏省产权交易所发布《江苏省医药有限公司增资公告》,正式公开征集非公资本战略投资者
2019年7月29日	江苏省医药有限公司董事会决议通过《关于引进江苏南方卫材医药股份有限公司作为非公有制战略投资者的议案》等事项,基本锁定引进的战略投资者
2019年8月1日	江苏省产权交易所下发《增资结果通知书》,确认南卫股份中标成为江苏医药非公资本战略投资者
2019年8月6日	江苏医药和南卫股份签署了战略投资增资合同
2019年9月16日	南卫股份向江苏医药支付增资款项5 224.222 2万元,其中2 661.344 0万元占增资后江苏医药注册资本的10%,溢价2 562.878 2万元计入增资后江苏医药的资本公积
2020年1月14日	江苏省市场监督管理局向江苏医药换发了营业执照,本次增资完成,南卫股份取得江苏医药10%的股份

所引入的战略投资者南卫股份是一家上市公司,主营业务为医用敷料产品的研发、生产和销售,长期为境内外知名的医用敷料品牌提供原始设计制造(ODM)服务,和江苏医药公司同属于医疗健康类行业,且该公司在江苏地区自主品牌产品收入约占公司自主品牌产品收入总额的20%。在医疗卫生体制改革不断深化的背景下,医药生产企业由原先

经销模式逐步转型为与医疗机构直接结算货款、与配送企业结算配送费用的模式,因此作为医药流通企业的江苏医药和作为医用产品生产企业的南卫股份属于行业内有密切关联的上下游企业,业务互补性强,能够形成产业内的协同效应,符合江苏医药的战略发展方向。

(三) 引入员工持股

江苏省医药有限公司实施员工持股计划一方面是为混合所有制改革提供一条路径,更好地实现股权多元化;另一方面是为了优化公司人力资源管理,激励和保留公司优秀的管理层核心人员和核心技术人员,调动员工的积极性,促进岗位体系、激励体系制度的改革和进步。目的是实现公司的长远发展,利用公司业绩和员工激励的有效联动,形成利益一体化的关系,提高公司员工的凝聚力和公司竞争力,助力公司的业绩增长和活力迸发,确保公司长期、稳定的发展。

员工持股计划的实施以依法合规、自愿参与、风险自担、合理流转为原则,确保计划的实施严格遵守相关法律法规,防止利益输送和国有资产流失。拥有资格的员工可自愿选择是否参加,参与后盈亏自负、风险自担,与其他投资者权益平等,且有科学合理的股权内部流转和退出机制。

江苏医药本次员工持股计划的实施与战略投资者的引进工作同步开展,2019年4月11日公司在省产权交易中心挂牌,开展战略投资者引进工作。由于员工持股计划认购股权的价格与挂牌结果密切相关,所以开展员工股权认购工作相对滞后,截至战略投资者引进工作结束,员工持股计划的认购资金也已经全部缴纳到位。

本次员工持股计划的具体设计机理有如下5点。

1. 持股对象

本轮政策规定参与持股人员应为在关键岗位工作并对公司经营业绩和持续发展有直接或较大影响的科研人员、经营管理人员和业务骨干,且与本公司签订了劳动合同,参考已经成功在混改中引入员工持股计划的国有企业。如江西省盐业集团公司员工持股人数为147人,占员工总数的4.66%。上海国际港务集团推出的员工持股计划中,持股员工占员工总人数的72%,均是根据公司自身情况决定受益覆盖面和激励范围。因此本次江苏省医药公司实施员工持股计划同样不允许全员持股,持股对象面向骨干员工。

在骨干员工的定义上,公司在制定方案前也进行了广泛的访谈以征集意见,多数人赞同不应该采用"一刀切"的工龄标准来判断,而应该采用综合认定的方式,多维度、公平、客观地考虑骨干范围。最终江苏医药根据政策规定,结合企业实际情况并参考已有国有企业混改案例,通过员工的业绩表现、司龄、岗位属性、职级、学历、职称技能等因素制定骨干员工标准,综合评价员工对公司的贡献程度。符合骨干员工条件的人员共119人,剔除夫妻等直系亲属关系影响后,符合骨干员工条件的人员共115人,占公司员工总数的

17.97%，占公司定员人数的29.95%。

2. 入股价格和持股数量的确定

在入股价格方面，本次江苏医药的员工价格与外部战略投资者实行"同股同价"。

在总持股数量方面，本轮政策规定，国有企业混改实施员工持股计划的持股总量原则上不能高于公司总股本的30%，其中公司总股本是指公司资产评估价值、引进战略投资者的非公有资本、具有持股资格的员工可认购金额三者之和。不同企业实施员工持股计划时同样根据企业自身状况设置了持股范围，如上海国际港务集团骨干员工持有1.8%股权，东方航空物流有限公司骨干员工持有10%股权，而山东省交通运输集团有限公司骨干员工持股比例达到政策最大值30%。江苏医药公司为了能够有力地强化员工、公司以及股东之间的共同利益基础，增强员工对实现公司未来成长的责任感、使命感，促进公司的可持续发展，采用增资扩股方式，设置员工持股上限为30%，按公司总股本的30%在具备持股资格的骨干中进行分配，最终持股比例视员工自愿认购的实际情况而定。

在具体的个人持股方面，政策规定员工持股并不是全员持股、平均持股，单一员工持股不高于公司总股本的1%。在已经成功实施员工持股计划的国有企业混改案例中，企业通常按照岗位、司龄等因素，给予每位骨干员工一个选择可认购股份的区间或者可认购上限，员工在范围内自愿参加。江苏医药同样根据规定，结合企业实际情况，通过多维度考量，综合确定了各层级骨干相应的可持股数量。

对于高层管理人员，可以按照岗位基础股份实施股权数量的分配；对于中层管理人员则进一步区分岗龄、司龄等因素的影响，将岗位基础股份、岗龄股份与司龄股份之和作为可认购股权数量（如表1-8所示）。

表1-8 中高层管理人员可认购股份数量占公司总股本的比例

职 级	岗 位 股 份			司 龄 股 份				
	岗位基础股份	岗龄1~5年（不含5年）	岗龄5年及以上	司龄1~5年（不含5年）	司龄5~10年（不含10年）	司龄10~20年（不含20年）	司龄20~30年（不含30年）	司龄30年及以上
董事长、总经理	1.00%	—	—	—	—	—	—	—
纪委书记、副总经理	0.90%	—	—	—	—	—	—	—
总监	0.60%	0.00%	0.05%	0.00%	0.05%	0.10%	0.20%	0.30%
经理、主任	0.40%	0.00%	0.05%	0.00%	0.05%	0.10%	0.20%	0.30%
副经理、副主任	0.20%	0.00%	0.05%	0.00%	0.05%	0.10%	0.20%	0.30%

对于除中高层管理人员外的骨干员工,江苏医药从业绩表现、岗位属性、职级、学历、司龄、职称技能六个方面进行综合评判打分,根据员工综合得分确定其可认购股份数量。如表1-9所示。

表1-9 骨干员工可认购股份数量占公司总股本的比例

综合得分	70~79分	80~89分	90分及以上
可认购股份数量	0.035 61%	0.059 44%	0.077 18%

3. 持股方式

本轮政策规定,国有企业的持股员工可以个人名义直接持股,也可通过公司制企业、合伙制企业、资产管理计划等持股平台持有股权。

其中,有限合伙企业作为持股平台,可以做到灵活安排。因为合伙人之间的权利义务关系、收益分配方式根据合伙协议约定,自主性强,便于持股调整,且合伙企业事务由普通合伙人执行管理,企业内无须设置董事会、监事、总经理等管理机构和岗位,便于管理。因此江苏医药结合公司实际情况,参考其他国有企业混改案例后,也选择了骨干员工以有限合伙企业的持股平台形式持有股权的方式,同时鉴于有限合伙企业合伙人的数量限制,为便于以后的股权管理,江苏医药设立不超过三个有限合伙企业作为员工持股平台。

4. 股权管理规定

员工股权的日常管理、股权分红、持股平台的解散清算等由江苏医药与持股平台共同管理。持股员工所持合伙企业份额的锁定期为36个月,在锁定期满后可在持股平台上进行流转。

为规范员工持股股权管理工作,完成员工持股后,公司同持股员工制定了《江苏医药员工持股股权管理办法》,保证了持股员工的合法权利,并且增加了管理的透明度,也有利于保障员工利益的实现。

5. 募集资金使用计划

本次实施员工持股计划所募得的资金,按照公司混改计划将主要用于公司的未来发展。主要计划包括四个方面:

第一,实现上游制药企业和下游医疗机构的收购,完善公司在医药流通业的上下游产业链;

第二,拟在省内除南京外的省辖市并购一至两家医药商业公司;

第三,新设一家医疗器械公司;

第四,用于补充引进战略投资者募集资金用途的资金缺口。

最终骨干员工共认购出资3 952.098 5万元,占增资后公司股权比例的14.85%,足够满足公司当前发展需求。因此在完成战略投资者和员工持股计划的引进之后,江苏医药本轮混合所有制改革也基本实现,混改前后公司出资额和出资比例变化以及混改后股权结构如表1-10和图1-4所示。

表1-10 混改前后股东出资和所占比例

序号	股东名称	混改前		混改后	
		出资额(万元)	出资比例	出资额(万元)	出资比例
1	江苏省国信集团	20 000.000 0	100.00%	20 000.000 0	75.15%
2	南卫股份	—	—	2 661.344 0	10.00%
3	员工持股平台	—	—	3 952.098 5	14.85%
	合　计	20 000.000 0	100.00%	26 613.442 5	100.00%

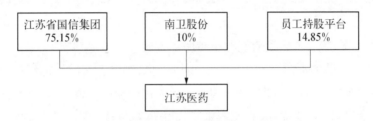

图1-4 混改后江苏医药股权结构

四、江苏医药混改为何能够取得成功

(一)抓住机会,把握时机

江苏省医药有限公司本次混改能够快速圆满地完成,很大程度上是因为受到了国家政策和政府的支持。在国家不断加速和深化国有企业混合所有制改革的进程中,省级国有企业引入非公有资本的金额大大增加。截至2017年底,央企资产的大约65%都已进入上市公司,其中省级国有企业约40%的资产进入了上市公司,上海、重庆、安徽等地均超过了50%,而江苏省也同样加快了国有企业改革的步伐,下发相关政策法规,并在混合所有制企业中试点员工计划,助力混改的多元化路径拓宽。在全国混改如火如荼的情况下,江苏医药选择开启混改,不仅仅具备足够的法律保障、政策支持,而且能够参考许多成功的国有企业混改案例,吸取经验,取长补短,制定自身混改计划。

同时江苏医药也抓住了当前医药行业发展前景良好的时机。从我国目前的人口结构来看,老龄化的趋势仍将存在,伴随而来的是老年性疾病的发病率日益上升,这将推动药物需求的增长。从经济发展趋势来看,国民收入的增加和生活水平的提高会使居民的医疗保健意识提高,医疗保健需求上升,同样也会推动药物的需求。同时,医药卫生体制的深化改革、各种配套措施的出台,有效提高了居民们的相对支付水平,从而对医药行业市场起到了扩容的作用,未来国家医疗保险的覆盖面将不断增大,药品消费需求也会日益增加。在这一系列国家产业政策扶持下,江苏医药选择及时混改,充分拓宽上下游产业链和业务范围,能够及时搭上医药业发展的便车,顺势而为,壮大企业。

(二) 目标清晰,方案科学

江苏医药的混改工作从 2018 年正式开展,但其实在 2017 年就已经进入准备阶段。在制定混改方案前,公司做了大量调研和资料收集工作,其中包括公司的基本情况、股权结构、部门架构、公司相关章程、管理制度汇编、人力资源基本情况等经营管理情况和公司近三年业绩表现、政府资金、政策补贴等财务情况,旨在全面剖析公司当前发展阶段所具备的优势和劣势。也正是因为对于公司全面、客观的评价和考察,江苏医药的发展方向和目标也愈发明晰,不管是公司的"十三五"发展规划纲要还是三年行动计划,都为公司未来的发展绘制了蓝图,也为混合所有制改革指明了方向。

因此从江苏医药的混改方案中我们也可以看出,制定方案时江苏医药不是停留在表面的引入非公有资本,更重要的是始终围绕做强做优做大国有资本这一中心,聚焦在主业上,以加快培育企业核心竞争力、提高企业发展质量和效益、激发企业发展活力和动力为目标进行细节的制定。实现混合所有制改革的途径有很多种,江苏医药除了被确定为员工持股计划实施的试点外,选择了引进战略投资者增资的方式来进行混改,也是基于政策支持和企业发展现状选择的结果。这一混改路径可以为公司提供资金支持、管理模式和产业链的衔接,能够与公司战略目标的实现相匹配,可以说是非常合理、科学的混改方案。

(三) 关心员工,保护权益

江苏医药在混合所有制改革中做到了"以人为本",尽可能地保障广大职工的权利。由于员工持股计划会涉及企业内大量不同层级的人员,因此计划能否顺利实施,离不开员工们的支持。

江苏医药在制定混合所有制改革方案前,不仅对公司中高层的员工进行了调研访谈,全面了解公司的基本情况和经营现状,也访谈了江苏医药第一届职工代表会的代表,调研他们对于公司今后战略发展方向的看法和对混改方案尤其是员工持股计划的建议。在访谈中,公司发现高管人员对员工持股计划的认识比较清晰,认为可以起到激励的效果,并发挥福利的作用。然而多数中层和职工代表对于员工持股并没有清晰的认识,对于这一政策也并不了解。因此,前期公司就通过访谈的形式加深了员工对于这一计划的了解,同时明确了员工对于持股要求的保障,主要包括公司需要明确战略规划和实施路径,提升管理水平,给员工以持股信心,同时也保证会保障员工的知情权、话语权,以及员工股权流通的顺畅,这为员工持股计划能够获得较为可观的资金奠定了基础。

在江苏医药具体员工持股的方案中,我们同样可以看到公司对于员工利益的保护,不管是对于骨干员工的界定方式,还是持股方式的选择,股权管理的规定都是基于前期充分考虑员工意见,并结合实际情况后做出的决定。同时为了便于全体员工能具体了解本次混改的员工持股计划方案,根据自愿原则做出选择,江苏医药还推出了员工持股宣传手册,解答了员工对于持股计划的种种疑虑,这对于员工持股计划的顺利实施起到了非常大的帮助。

江苏医药对于保护员工权益所表现出的态度和做法,加强了员工对于企业的信心,使得方案能够成功执行,也为之后员工持股计划在激发员工积极性,提高公司绩效方面起到了积极的作用。

(四) 审慎引入战略投资者,选择正确

选择引进战略投资者来实现国有企业混合所有制改革这一路径,混改成功的一大关键就在于是否引入了合适的战略投资者,以及所引入的战略投资者是否发挥了应有的作用。江苏医药引入南卫股份作为战略投资者后的业绩表现目前尚未体现出来,无法研究,但在选择战略投资者这一环节,江苏医药做到了认真严谨的挑选。

根据国务院国资委、财政部《企业国有资产交易监督管理办法》的规定,企业增资应符合企业的发展战略,明确投资方应具备的条件和选择标准。因此江苏医药制定混改方案时结合医药行业发展趋势、公司的战略定位和混改目标,明确了战略投资者的遴选标准。例如,倾向于选择有利于建立和完善江苏医药产业链的上游医药生产企业或下游医疗机构,股东和管理团队需要具备良好的产业运营管理能力,能够推动大健康产业的细分子行业整合,提升公司价值,推动公司发展,具有较强的资金实力,能够为公司未来发展提供资金支持,等等。

结合最后引入的战略投资者南卫股份的实际情况来看,在产业协同方面,江苏医药和南卫股份都属于医药行业企业,前者主要从事医药产品的配送业务,后者主要从事医用敷料产品的生产,在"两票制"大力推广,鼓励医院与药品生产企业直接结算药品货款、药品生产企业与配送企业结算配送费用的背景下,江苏医药的供应商已经逐步向生产企业集中。2018年度江苏医药向生产企业采购的医药产品占采购总额的70%左右,南卫股份的加入能够形成上下游产业链,为江苏医药提供一定的供应份额;同时江苏医药也能作为优先合格经销商为南卫股份加快渠道布局,完善营销网络。两者能够互相满足对方的未来战略发展方向,形成业务协同的双赢局面。

在管理能力方面,南卫股份于 2017 年成功上市,也已经建立健全了相关法人治理的基本架构,包括股东大会、董事会、监事会等,确保公司治理的有效运作,具有良好的管理能力。在增资完成后,南卫股份也提名了一名新董事加入江苏医药的董事会,共同参与公司的治理。

在资金方面,南卫股份近三年持续盈利能力良好。本次交易金额约为 5 224 万元,南卫股份有能力使用自有资金完成标的公司股权的购买,不会对南卫股份的资产结构和财务状况产生重大影响。

因此总体来看,南卫股份符合江苏医药本次混合所有制改革对于战略投资者的定位和目标要求,是比较合适的选择,相信双方能够根据市场及政策环境变化、公司规模的增长进一步深化合作,形成互惠互利的协同发展模式。

五、当前国有企业混改引入战略投资者和员工持股时存在的问题

(一)引进战略投资者初衷不明、后劲不足

在政策支持和大环境驱使下,国有企业混合所有制改革热度越来越高,有许多成功经验在前,越来越多的企业开始进行混改,但也正是因为"热情高涨",一些企业反而有些急于求成,为了完成混改的任务,企业未经深思熟虑地就去寻找非公资本,导致了混改只"混"未"改"的局面。这样的混改实际上毫无意义,无法起到让国有资本保值增值、优化国有企业治理结构、激发国有企业活力的作用,甚至还会有负面影响。

这一点在选择引入战略投资者这条路径中尤其需要引起注意,引入战略投资者本身主要就是考虑到它能够拥有的战略发展眼光、市场化的管理理念和行业内部优势能够助推企业未来长期的发展。战略投资者进入企业后首先能够改善企业的财务状况,提供资金支持,但显然这并不是唯一的目的。当企业耗费大量时间、人力、财力、物力去进行混改,最终只是获取了一些资金,完成混合所有制改革的表面工作,其实是得不偿失的。战略投资者真正应该发挥的作用是改善公司内部治理机制,优化股权结构,与企业共同整合优势资源,形成产业融合,合力促进企业的可持续发展。因此很多国有企业存在的问题是并没有明确自己引入战略投资者的初衷和目标,没有发展规划和方向,不清楚自己缺什么、要补什么,这也就导致在选择目标时缺少能够和企业优势、劣势、机遇、挑战相匹配的标准,从而进入下一个误区,即选择战略投资者时只看到条件最好的,而没有选择最合适的。这会导致引入战略投资者的优势在短期表现一下,暂时补上了一个漏洞却并没有补齐企业核心竞争力的短板,时间一长双方的合作便"貌合神离",效果远不如人意了。

混改只做到了"混",没有做到"改",除了目标不明晰这一根本问题外,多数参与混改

的国有企业还存在的一个问题是后续工作没有跟上。完成战略投资者的引入并不代表着结束,而是一个新的开始,要想真正实现国有资本和非公有资本的取长补短、相互促进,更重要的是后续的融合工作。这一融合包括如何使双方的业务协同效应发挥到最大,如何充分利用两者的优势资源布局网络,如何使双方的公司文化得以融合,利益获得平衡,以及如何在股权多元化的新情况下调整治理机制。这些问题是在引进战略投资者前需要考虑清楚的问题,更是之后需要执行落实的目标。一些国有企业缺乏这样的意识,混改后劲不足,没有建立有利于双方长期合作的机制,也没有筹划布局具体的发展规划,导致双方积极性降低,混改变得虎头蛇尾,自然无法将引进战略投资者的优势落到实处。

(二)员工持股局限较多,实施困难

在国企混改中引入员工持股计划同样也存在一些问题。首先就是政策本身的限制,目前在国有控股混合所有制企业实施员工持股还处在试点阶段,如需开展则要申请报批,企业必须具备试点条件,方有机会获得批准,这意味着试点企业的范围和数量都受到了限制。在正式开展中,其主要的政策依据是国资委2016年颁布的《关于国有控股混合所有制企业开展员工持股试点的意见》(以下简称《意见》),其中对于国有控股混合所有制企业实施员工持股计划的具体规范也做出了许多规定,如表1-11所示。

表1-11 《意见》具体要求

基本点	实施规范具体要求	要点
员工范围	关键岗位、核心科研人员、经营管理人员和业务骨干	必须是核心员工
员工出资	员工入股应主要以货币出资,并按约定及时足额缴纳	不得无偿赠与、不得垫资
入股价格	员工入股价格不得低于经核准或备案的每股净资产评估值	必须进行资产评估
持股比例	员工持股总量原则上不高于公司总股本的30%,单一员工持股比例原则上不高于公司总股本的1%	控制员工持股上限
股权结构	实施员工持股后,应保证国有股东控股地位,且其持股比例不得低于公司总股本的34%	保证国有控股地位
持股方式	持股员工可以个人名义直接持股,也可以通过公司制企业、合伙制企业、资产管理计划等持股平台持有股权	不得使用杠杆融资

可以看出,《意见》对于国有控股混合所有制企业开展员工持股计划的限制其实还是比较多的,或多或少会影响一些实施的效果。

就可持股员工的范围来看,《意见》要求必须由骨干员工持股,不能是全体员工。这一要求一方面会导致占比较大的普通员工被排除在外,可持股员工的基数变小,最终持股比例较低,达不到预期的效果;另一方面也给企业出了一个难题,就是如何界定骨干员工,有些企业仅仅根据司龄、学历、级别等来片面地判定,会导致持股员工范围具有很大局限性,无法服众,或是无法更广范围地激发员工的工作积极性,导致最终效果不佳。

再看对于持股比例的限制,总量不得超过30%,个人不得超过1%。这两个上限标准实际也一定程度上限制了员工持股计划发挥作用,尤其是对于单一员工持股比例占比较小,会影响到总的持股比例,员工持股比例若较低,将无法有效参与到企业管理中,也无法起到优化企业治理结构、监督企业生产经营的作用。从本次国有企业员工持股计划试点的实践来看,确实存在这样的问题,员工参股数量还是较少,国有资本持股比重仍然过高。例如,联通公司实施混改后员工持股比例为2.8%,四川宜宾五粮液公司的员工持股比例甚至不足2%,员工持股只是做到"象征性持股",最终能否获得应有的成效还有待商榷。这也反映了若要改变国有股权"一股独大"的局面,单靠员工持股计划是远远不够的,需要更多的路径来达到股权多元化的目的。

除了政策本身带来的局限性外,国有企业在实施员工持股计划时还存在的一大困境是员工参与持股的热情不高,出现这一局面有很多原因。首先是员工对于持股计划不了解。通过江苏医药本次在前期调研中发现很多普通员工都不熟悉员工持股计划,实际上可以反映大多数企业的现状。员工由于不了解,因此存在很多疑虑和担忧,担心自己的权利受损,此时如果企业无法详细、清晰地说明计划的具体设计和机制来打消员工的疑虑,员工自然会不愿意投资入股。除了企业需要有合理的设计外,外部的规章制度和监管体系也是保证员工愿意参股的一大要素。我国目前关于员工持股计划的法律法规尚未形成一个完整全面的体系,国有控股混合所有制企业开展员工持股计划更是在起步阶段,员工担心自己的利益无法保障,也会降低持股的意愿度。除此之外,员工愿意持有企业的股份是因为对企业未来业绩有信心,然而国有企业日益展现出来的活力不足、绩效水平不乐观、缺乏核心竞争力等问题,也是员工不愿意持股的一个重要因素。即使员工有意愿进行持股,也会受到一些因素的阻碍。最大的问题就是,本轮政策除了员工现金出资入股外,并没有明确别的出资方式,所以大多数大型国有企业出台的员工持股计划都要求员工一次性缴足现金实现购买,这对于很多员工来说都存在较大的资金压力,也就自然望而却步了。

总的来说,尽管现在国家支持鼓励国有企业混改引入员工持股计划,但更多的是限制和规范,缺乏配套的鼓励政策,如税收优惠等政策。这不仅影响了企业推行员工持股计划的效率,也极大地降低了员工持股的积极性,成为在当前试点阶段需要不断总结经验并改进的关键。

六、案例启示

当前中国经济已经从高速增长阶段进入高质量发展阶段,国有企业作为国有经济的代表,其发展也应当迈入高质量发展阶段。国有企业混改无疑为高质量发展注入了动力,然而如果不能真正做到混改实质大于混改形式,效果就会大打折扣,甚至适得其反。因此江苏医药等企业成功混改的案例也给了我们一些思考和启发。

(一) 企业层面

1. 合理选择混改路径

在企业确定要进行混合所有制改革后,迎来的第一个议题就是"如何改",第一步也是奠定基础的一步就是选择合适的混改路径。当前国有企业混合所有制改革的模式既可以从集团层面自上而下开展,又可以从子公司层面自下而上进行,同时可选择的路径也有很多种,包括上市、引入战略投资者、新设公司、重组、股权激励等。单是引入战略投资者,其方式也是多种多样的,可以是通过合资合作,或是定向增发、股权转让等,但是混改的路径和具体方案并无定式,也并不是每一种方式都适合所有企业。企业最终选择的混改方式应该是个性化的,是基于企业所处的行业、行业的发展阶段、企业的现实状况和未来发展路径所做出的综合性的考量。因此企业在混改之前,也必须从外部环境和内部调节两方面对于自身进行充分评估,深挖企业面临的核心问题,尤其是希望通过混改的方式来解决的问题,带着战略发展的眼光去选择合适的混改模式。

在过去的一些国有企业改革中曾发生过不少国有资产流失的现象,因此在选择混改方案时就更应该谨慎,要考虑到何种方式能够实现国有资产的保值增值,同时又能尽可能地权衡各方利弊,使引入的非公有资本发挥出市场的活力,提高企业的效率和市场竞争力,实现公有资本和非公有资本的互利共赢。

2. 明确引入战略投资者目的并谨慎选择

引入战略投资者已经成为很多国有企业进行混合所有制改革所选择的路径,与此同时,如何选择合适的战略投资者以及如何让战略投资者发挥作用也成了很多国有企业需要思考的问题。从江苏医药的案例和一些成功混改的国有企业的经验来看,首先要明确引入战略投资者的目的。战略投资者的引入从普遍意义来看是为了带来资金流入,增强国有企业的资金实力,同时战略投资者参与企业的治理,形成股权的制约,完善公司的治理结构,最终与企业协同发展,达到"1+1>2"的效果。具体到每一家企业,引入战略投资者需要与企业自身的未来规划和发展目标相契合,这就要求企业深入分析自身当前的营业状况和管理情况,发现企业在市场经营、人力资源、治理机制、管理机制等各方面存在的短板,从而提炼出具体的需求。

在确认企业引入战略投资者的具体目标后,需要审慎选择引入的对象。公司所需要的战略投资者,应该是具备长期战略眼光的"投资者",而不是只追求中短期财务回报的"投机者"。因此企业在选择对象时,不仅要关注对方是否有雄厚的资金实力、先进的技术水平、完善的运作机制;还需要仔细甄别对方能否贡献与企业发展方向相适应的优势资源和先进管理经验,能否利用它丰富的资本运作经验为国有企业带来市场化机制和创新理念,帮助国有企业提高绩效;同时更需要关注对方企业的投资理念和战略规划,以确保其能与企业达成长期合作的关系。国有企业应当优先考虑具有丰富的成功投资经验的企业,尤其是已经有参与国有企业改革经验的企业,这代表着该企业具备一定的经营管理水平,能够找准时机把握发展方向,为优化国有企业机制、实现混合所有制改革的最终目标增加信心和保障。

3. 合理设置多元化股权结构

当前我国国有企业存在的一个大问题就是"一股独大",这种不合理的股权结构会导致企业出现委托代理问题,即所有者追求的企业价值最大化和管理者追求的自身利益最大化相冲突;以及大股东由于股权高度集中在有关企业的重要决策中,能够掌握话语权,可能损害中小股东的利益,尤其国有企业的委托代理关系是多层级的,带有行政色彩,难免使这一问题更加突出和棘手。因此,国企需要通过混改引入非公有资本,来改善这种股权结构,最终实现股东之间的相互制衡,这也是国企选择引入战略投资者的一大原因。

但对于国有企业来说,如果给予战略投资者过高的持股比例,可能会面临国企控制权转移的风险,造成国有资产的流失;如果给予的持股比例过少,又无法达到通过引进战略投资者来形成股权之间制衡和监督关系的目的,"一股独大"的问题仍然会实质性存在。因此,国企需要针对自身行业特点以及公司发展所处阶段,合理设置战略投资者的持股比例并审慎让渡。国有企业实施混改后最终形成的股权结构首先要保证股权的多元化;其次,一方面要使国有资本继续保持其控制能力,另一方面要使非公有资本发挥其应有的作用,提升企业的管理水平和运营效率。对于不同企业的不同情况要"因地制宜",例如对于关乎国计民生,把握国民经济命脉的行业,混改要保证国有资本的绝对控股,适度引入非公有资本;而对于处于竞争性行业的企业来说,尽量多地引入一些非公有资本,能够推动国企市场化的转型发展,注入新的活力,提升企业竞争力。

4. 用好战略投资者的同时做好内生发展

在企业完成战略投资者的引入后,需要继续明确混改的方向,建立长期合作的战略关系,将混改前定下的目标一一实现。应当充分利用战略投资者的各类资源优势、管理理念优势、运营经验优势,使这些优势逐渐渗入国有企业,成为国有企业迅速成长发展的助推器。

同时国有企业也需要意识到,引入战略投资者虽然是为了利用对方的资金、技术、经验等帮助自身改善业绩和治理机制,但归根到底,企业核心竞争力的形成还是需要靠自身的发展。引入的战略投资者和国有企业应当是互助的关系,而不应是国有企业过度依赖战略投资者。企业在选择战略投资者前进行了自身优劣的分析,最终的对象也是基于当前重点需要解决的短板问题选择的。这也代表着战略投资者的引入并不可能完全解决企业存在的所有问题,只能有所侧重地进行改善。因此企业在充分利用战略投资者的同时,也要谋求自身内生性的发展道路。比如,国企应当积极汲取战略投资者所具备的先进的管理经验、投资经验,学习如何面对激烈竞争的市场环境,将这些优势加以总结、完善并为我所用,最终内化成为企业可持续发展的能力。只有这样,国有企业才能在外部环境的不断更新和内部混合所有制改革的双重压力下,保证其发展自身的核心竞争力,真正做到把国有企业做大做强。

(二)政府层面

1. 完善法律体系和监管体系

从国家层面来看,政策的支持和法律的保障是国有企业进行一切混合所有制改革动作的必要前提条件,尽管我国现在出台的很多意见和决定,明确表示了对于国有企业混合所有制改革的支持,但这些政策、指引性文件在法律上的位阶较低,法律效力较弱,缺乏更强有力的规范性。也就是说,我国目前相关的法律法规仍然处于缺位的状态。国有企业混改要取得成功,除了自身的努力,外部条件的支持和保障也是至关重要的。

就拿现在很多国有企业在尝试进行的员工持股计划来说,单单依靠现有的对于员工持股计划的指导意见和国有企业试点的意见,仅仅能提供相关政策边界和建议,还有很多具体细节并未统一标准,这会导致各地各自为政,造成制度实施时的混乱,影响员工持股计划最终在国有企业的全面推行,也会增加重新规范的成本。同时对于企业来说,缺乏相关的法律法规导致计划无法得到保障、企业热情不高,员工也会因为担心权益受损而拒绝参股,员工持股计划就无法达到激发员工工作积极性、激发企业竞争力的作用。因此国家和政府层面需要为员工持股计划提供法律位阶更高的文件来给予指导和规范,这样才能够使员工持股计划有法可依,增强保障,同时也避免一些隐含的风险和挑战。

在法律法规得到完善后,监管体系也需要跟上,有效的监督机制的设计和落实也是国有企业混改能够最终取得成功的重要条件。加强政府对于企业的监督、企业对于自身的监督、员工对于企业的监督,形成全方位、多主体的监督体系,才能够为国有企业混合所有制改革的顺利实施保驾护航。

2. 适度提供优惠政策

除了规范性的政策法规外,外部的鼓励性政策也能够有效助力国有企业混合所有制改革的顺利开展。总结一些西方国家顺利推行员工持股计划的经验来看,国家配套实施的税收优惠政策等能够对计划的深入开展起到很大的作用。当前国家对于混合所有制改革试点企业的政策建议中已经提到了对企业所得税、增值税等的相关优惠,但基本是针对企业重组、投资等的规定性动作。我们也看到目前国有企业混改的路径是非常多元化的,员工持股也正作为试点计划被鼓励推行,因此税收政策的优惠也应做到因时而新。对于企业来说,实施税收优惠政策,综合考量后将员工持股比例和企业的所得税税率挂钩,能够鼓励企业积极推动员工持股计划;而对于员工个人来说,通过给予股息红利的税收优惠等方式也能激发员工参与员工持股计划的热情。如果有可能的话,也可以制定相应的信贷优惠政策,拓宽员工持股的资金来源,准许员工从银行、融资担保类金融机构等获取信贷支持,从而使有意愿参加持股计划的员工不会因为资金限制而作罢,也有利于使员工持股计划更深入、广泛地开展。

3. 总结经验,查漏补缺

当前很多国有企业的混合所有制改革仍在试点阶段,这是为了下一步的全面深化所做的准备,因此各地政府需要对于试点企业多加关注。对于成功的企业,要作为样本和典范,吸收、总结经验,并加以推广,给予下一轮参与混改的企业以参考;而对于混改结果不甚理想的企业,则更要关注,总结在混改的设计和运作中有缺漏的地方,对之后的企业予以警示。

除去总结企业实际操作中的经验外,还需要关注指导性和政策性文件的效果,即通过政策执行到实际中的效果来对政策进行反馈,这对于出台和完善混改相关的法律法规具有重要的参考价值,政策唯有在实践中才能暴露出不足。例如针对《关于国有控股混合所有制企业开展员工持股试点的意见》,在实践中我们发现对于持股员工范围、持股比例、出资方式等方面,都还存在一些需要修改和完善的地方,通过跟踪观察试点企业实施员工持股计划的效果,研究怎么样的设置才能最大化地起到激励员工的作用,使员工持股计划发挥最大的效用,能够给予政策改进的方向,为在国有企业混改中全面推行员工持股计划做好充足的准备。

随着国有企业混合所有制改革的不断深化,相信在政府和企业的共同努力下,非公有资本的引入能成功改善国有企业当前存在的弊端,市场化机制能充分发挥它的活力,增强国有企业的核心竞争力,最终实现高质量的国有企业混改。

思 考 题

1. 我国当前为何要大力推进国有企业混改?
2. 江苏医药为什么要进行混改?

3. 江苏医药引进战略投资者的意义是什么?
4. 江苏医药实施员工持股计划的意义是什么?
5. 企业在进行混改前需要做什么准备工作?
6. 企业如何引入合适的战略投资者?
7. 国有企业在引入员工持股计划时需要注意什么?
8. 当前国有企业混改存在哪些问题?
9. 这个案例给企业的启示是什么?
10. 国家层面对于国有企业混改还能够做什么?

分析思路

这里提供的案例分析主要是根据案例的推进过程和思考题的顺序进行。

1. 可以从以下方面分析我国目前大力推进国企混改的原因:国有企业改革的历程和新阶段、国有企业当前发展存在的问题和瓶颈、引入非公有制资本对于国有企业经营和管理的改善作用、国家政策的支持等。

2. 江苏医药选择混改有多方面的因素,可以从大环境和企业自身进行分析。大环境包括国家当前对于国有企业混合所有制改革的支持力度,以及江苏省给予江苏医药的试点地位,另外还需要分析当前医药行业的变化和竞争形势,分析企业面临的机遇和挑战;企业自身方面包括对企业的历史沿革、行业地位、股权结构、经营水平、内部管理等多方面进行分析,找出企业的优势和缺陷,基于自身发展战略定位提出进行混合所有制改革。

3. 引进战略投资者对于企业发展来说有很多优势,包括能够显著提升公司的财务绩效和运营效率,有利于优化国有企业法人治理结构,有利于企业上下游产业链,为企业提供资金、技术支持,有利于提高企业管理水平和核心竞争力,等等。

4. 在国有经济混合所有制改革的背景下,推行员工持股有利于使企业建立清晰的产权结构和高效的企业治理结构,使企业的监督机制得到提升、治理机制更新升级,同时更重要的是实施员工持股计划能够激发员工的工作积极性和创造性,提升企业的收益。

5. 企业在进行混改前需要对于自身有清晰的认知,这一认知包括对于公司的战略定位、未来发展规划的确认,以及对公司当前所处行业的发展态势、公司的短板缺陷的认识,这样才能通过混改的方式改善公司当前出现的问题,并适应行业和环境的变化。

6. 企业在引入战略投资者时要明确引入战略投资者的目的,深入分析自身当前的营业状况和管理情况,带着战略发展的眼光去审慎选择引入的对象,制定引入目标所必须具备的标准,关注除资金、技术、资源外更深层次的管理运作水平和资本运作能力。

7. 国有企业在引入员工持股计划时必须以相关文件为指引,遵守政策规定,守住政策边界,同时更要结合公司自身的情况设计具体细节,充分了解员工意愿和需求后进行操作,确保员工对于所要实施的计划有清晰的认知,才能保证计划实施的效果。

8. 当前国有企业混改仍在探索深化阶段,还存在不少问题。针对本案例研究的引入战略投资者和员工持股问题,很多企业在引入战略投资者时初衷不明,导致盲目选择战略投资者,轻则使企业的混改没有任何意义、后劲不足,重则造成国有资产的流失,引入战略投资者后不知道如何加以利用,只停留在浅层的资金支持上,未能有效改善治理结构、激发企业活力。员工持股计划方面则主要受限于国家政策,当前试点阶段限制仍较多,考虑或许也不是很周全;同时员工由于对持股计划不了解、担心权益受损、资金来源有限等问题,对于持股的热情也不高,造成实施困难。

9. 通过本案例的研究,实施混合所有制改革的国有企业需要意识到自身定位和分析的重要性。首先要选择好最适合的混改路径,然后依据自身情况制定混改方案,明确混改的目的并在之后的实施中付诸实践。不能把混改只做到"混",更要做到"改",充分利用引入的非公有资本,在保值增值国有资本的前提下激发国有企业的活力,合理设置多元化股权,并且寻找好自身内生发展的道路,不过度依赖于引入战略投资者。

10. 国家层面,要保证国有企业混改又好又快地发展,需要完善法律体系,出台更多相关具有更强法律效力的规范、指导性文件,同时建立起从政府到企业的完善的监管体系,并适当地给予国有企业混改鼓励性的政策优惠,如税收优惠、信贷优惠政策等。

案例二

科陆电子：高质押率公司的股份回购

案例摘要

相比于成熟的美股市场，A股市场股份回购历时尚短，相关制度还不完善，新公司法修订、股份回购实施细则的推出为股份回购进行了解绑，由此兴起近两年的回购浪潮。然而这当中有一些公司发布公告后未履行承诺，回购数量远不及股份回购公告的下限甚至零回购。科陆电子（002121）的股份回购方案就有"忽悠"之嫌，2018年6月5日至2019年6月4日的回购期限内公司一股未购。分析该公司最近几年经营财务等基本面信息可知：公司投资失利之后经营业绩不佳、负债累累、流动性趋紧，没有进行股份回购的资金实力，且屡屡面临股权质押爆仓风险，或假借回购之名以提升股价、暂缓风险。打着这一如意算盘的科陆电子并未达到自己的目的，掉进这一陷阱的投资者也损失惨重。因此，规范股份回购行为、加强对中小投资者的保护还需要加强，将忽悠式回购扼杀在摇篮之中。

理论分析

一、股权质押

股权质押指上市公司股东以自己所持有的部分或全部公司股票作为质押标的获取融资的行为。通过股权质押融资，股东只是将出质部分股票的现金流权包括收取利息和分红的权利转让给质权人（一般为证券公司、商业银行、资管机构等金融机构），而仍然保留出质部分股票的所有权，同时保留参与公司生产经营决策的权利以及优先购买权，质押到期之后股东即可赎回股票。一旦股东无法赎回，质权人享有对于质押部分股票的优先受偿权，可以自留或拍卖出售股票，应付金额之外的剩余部分仍然归出质股东所有。国内外文献研究证明，控股股东进行股权质押可能对公司生产经营产生如下影响。

（一）代理问题

控股股东进行股权质押后，质权人享有公司股票的现金流权，而出质股东仍然享有公司控制权，加大了控制权和现金流权的分离程度，弱化了股权对于股东的激励效应，可能产生更加严重的代理问题。控股股东更有动机通过操纵公司财务报表等行为减少现金分红、损害中小投资者的利益。

（二）掏空行为

股权质押为控股股东提供了一个套现脱身的便捷通道，容易衍生出道德风险等一系列问题。当公司经营情况不佳的情况下，由于控股股东与公司外部之间存在信息不对称，股东可能通过股权质押金蝉脱壳及时止损。特别是当质押股权价值低于债务价值时，股东更有动机放弃股权加剧对上市公司的掏空、圈钱行为。

（三）风险偏好

股权质押可能影响控股股东的风险偏好。当投资成功时收益归股东所有，而在投资失败时股东可以放弃股权从而将损失转移给质权人，所以控股股东更有可能偏好高风险投资。

（四）控制权转移

进行股权质押融资之后，一旦股价下跌触及预警线、平仓线，控股股东无法追加质押品或者提前赎回，质权人可能抛售公司股票，从而引起市场恐慌，股价进一步下跌，形成恶性循环，控股股东失去控制权，最终对公司造成难以估量的损失。

（五）总体绩效

股权质押对于公司绩效的影响一直以来存在争议，大部分研究认为股权质押对于公司绩效产生较为明显的负向作用，不过也有研究证明，害怕失去公司控制权可能对控股股东形成激励效应，从而提高公司运营效率，对公司产生正向影响。郑国坚、林东杰、林斌（2014）[1]研

---

[1] 郑国坚,林东杰,林斌.大股东股权质押、占款与企业价值[J].管理科学学报,2014,17(9):72-87.

究发现民营企业股权质押对于公司经营业绩改善具有促进作用,而在国企中,股权质押与公司业绩之间的相关性不明显。

二、股份回购

国外对于股份回购的研究由来已久,并且已经取得了丰富的研究成果,其中多数研究关注上市公司进行股份回购的动因。一般认为上市公司进行股份回购是出于以下动机。

(一) 信号传递假说

公司管理者希望通过股份回购来修正投资者对于公司股票的估值以及对于公司未来发展前景的预期。丹恩(Dann,1981)[①]最早提出要约回购的信号传递假说,他研究了144个要约回购样本之后,提出传递股价被低估的信息是公司股份回购的主要动机。

(二) 自由现金流假说

通过使用多余资金回购股票,使得公司管理层自由支配的现金流减少,防止缺乏好的投资机会时管理层为了个人私利盲目投资扩大规模,损害股东利益。

(三) 财务杠杆假说

股份回购可以减少公司权益资本,调整公司杠杆水平,优化公司资本结构。由于债务利息具有抵税作用,杠杆率的适度提高可增加公司价值。

(四) 控制权假说

在公司将要被并购的情况下,通过股份回购可以抬高公司股价,提高并购成本,以抵御敌意收购行为。

案例研究

2019年1月,沪、深两所各发布上市公司回购股份实施细则,进一步放开股份回购制度

---

① Dann, L. Y. Common stock repurchase: An analysis of returns to bondholders and stockholders. *Journal of Financial Economics*, 1981. 9(2), 113-138.

方面的限制,通过多种手段规范回购行为,鼓励上市公司回购股份。叠加受到国际贸易争端、经济下行压力影响而低迷的股价表现,2019年迎来一波前所未有的回购浪潮,全年共有636家公司通过二级市场交易实施或完成回购,累计金额达1184亿元。根据同花顺数据,2019年通过二级市场交易进行A股回购金额最大的两家公司分别为伊利股份(600887)和中国平安(601318)。而股份回购总金额最大的三家公司分别为美的集团、伊利股份、中国平安。

伊利股份2019年4月8日公布股份回购方案,宣布以自有资金回购股份用于股权激励,回购数量不低于151 953 191股且不超过303 906 380股,回购价格不高于35元每股,时间限制为通过议案日起12个月。7月24日伊利股份自二级市场累计回购1.83亿股,高于1.52亿股的数量下限,回购金额达57.93亿元,提前完成股份回购计划。伊利仅用3~4个月时间就完成了A股市场自2006年以来单次支付金额最大的股份回购,不仅彰显了公司的财务实力与经营状况,也传达出公司管理层对于股票内在价值的强大信心。

中国平安于2019年3月公布股份回购方案,拟使用不低于50亿元、不高于100亿元的自有资金回购股份用于员工持股计划,回购价格不高于101.24元每股。2019年8月2日完成股份回购计划。而自回购预案公布以来至6月18日首次回购,中国平安股价从68元左右每股上涨至80元左右每股,即使回购成本大幅增加,平安仍"大刀阔斧"地顺利完成股份回购,为A股众多上市公司回购起了良好示范效应。

然而在这众多宣扬要进行股份回购的公司之中,也不乏"雷声大雨点小""光打雷不下雨"抑或"东边日出西边雨"的诚意不足的公司,打着股份回购的幌子,实则另有所图。比如,希望借助股份回购的公告提振股价,之后再以各种理由堂而皇之地终止股份回购计划,最后根本没有进行股份回购或者股份回购金额远不及下限;抑或是一边回购一边减持,白白给投资者画了一张大饼,到头来却是醉翁之意不在酒的忽悠式回购。据Wind不完全统计,金正大、中天金融、克明面业、科陆电子等多家上市公司存在忽悠式回购。如表2-1所示,2020年1月20日,拟回购8亿元至15亿元的金正大以宏观经济和流动性为由终止回购方案,最终一股未购;中天金融股票跌停之后推出3个月回购方案,截至2019年4月3日回购期满仅回购3 974万元,完成率1.08%。有忽悠式回购之嫌的公司,大部分都存在较高股权质押比率。

表2-1 6家公司2018年至2020年股份回购不完全统计

公司	计划回购	实际回购	完成率	控股股东股权质押
金正大	8亿元~15亿元	0	0%	截至2020年1月20日,质押比率94.32%
中天金融	≤36.83亿元	3 974万元	1.08%	截至2019年7月18日,质押比率65.47%
克明面业	≤2亿元	1 901万元	9.51%	截至2019年7月3日,质押比率100%
科陆电子	0.5亿元~2亿元	0	0%	截至2019年5月6日,质押比率99%

续 表

公司	计划回购	实际回购	完成率	控股股东股权质押
国际实业	≤4 330万元	186万元	4.30%	截至2019年5月10日,质押比率72.52%
司太立	2 500万元~5 000万元	713万元	28.52%	截至2019年5月30日,质押比率100%

本文以科陆电子为例,详解忽悠式回购之下隐藏的上市公司的"小心机"。

一、投资失利,跌落神坛

"过去一年,我们经历了最冷冽的冬天,银行抽贷、融资难、融资贵、企业资金链紧张、利润下滑。尽管如此,我们依然在风雪中坚定前行,知其难,守其苦,过去的一年科陆人更加团结,更加努力!"在2018年年度报告的首页,科陆电子董事长饶陆华将每年必备的卷首寄语换成了上面一段话。回顾过去两年,科陆人是不是团结无从知晓,但这家成立了二十余年的企业确实经历了史上最坎坷的一段时期。投资项目接连失利,债台高筑,营收、利润双双下降,又爆出董事长饶陆华瞒骗妻子迎娶温哥华美女跨国重婚。这家原本载誉满满、一路高歌猛进的国家级高新技术企业终于还是耗尽了它的气力,迎来了企业发展的"中年危机"。

(一) 创业:深耕智能电网

饶陆华,1965年出生于江西省丰城市。小时候家里贫苦,为了赚取自己的学费甚至到煤矿里做过苦工,也正是从小经历的苦难磨砺了他的性格,使他养成了勤奋刻苦、敢拼敢干的品性。1988年,饶陆华从哈尔滨理工大学毕业获得工学学士学位,随即被分配到电子工业部下属的武汉710厂工作,体制内的工作稳定但工资不高,盘算着买冰箱和彩电的饶陆华恐怕要工作个十来年才能实现这个小心愿。再三考虑之下,他辞了武汉的"铁饭碗",1991年的时候带着从同事那儿借来的300元来到深圳。他并没有完全丢掉自己电力相关领域的工作经验,在一家生产电力系统测试仪表的公司做销售。5年的销售经验让他看到了电力测试设备的市场,敢想敢干的饶陆华开始了创业之路。

1996年,饶陆华、严砺生、曾驱虎三人以现金100万元出资成立了深圳市科陆电子有限公司,而公司成立之初设定的主营业务就是生产电力系统测试用高精度仪器仪表。2007年公司正式在深圳证券交易所上市。锚定国内高速增长的电表仪器测量设备需求,科陆电子在研发上面投入大量资金、人力,设立了智能电网院士工作站和企业智能电网研究院,掌握了核心高精度量测技术与一二次融合技术,生产的智能配网系列全部产品通过中国电科院专项检测、协议一致性检测和加密认证检测,同时也通过多项国际主流认证,在高端检测领域居国内领先、国际一流水平。科陆电子作为主流供应商与国家电网、南方电网保持稳定合作关系,海外市场业务也开展得风生水起,已在拉美、亚洲、非洲及欧洲多地建立据点。发源于深圳创新之城的科陆电子真正成为了深圳市乃至全国电气设备创新的一张名片,"国家863计划项目承担单位""国家火炬计划项目承担单位""国家级高新技术企业""国家技术创新示范企业"多项荣誉加身,科陆电子一下收到了太多鲜花赞誉。饶陆华也成了白手起家的创业创富典范,先后当选中国计量协会副理事长、深圳市政协委员、江西省政协委员,还拿到了清华大学经济管理学院EMBA硕士学位,当之无愧的名利双收人生赢家! 当然一帆风顺的创业路是不可能存在的,光环笼罩下的饶陆华和科陆电子开始自我膨胀,这是后话。

随着科陆做大做强,一方面严砺生、曾驱虎先后转让股权退出科陆,另一方面资本市场也对这家高速成长的高科技企业青睐有加。2007年首次公开募股之前,深圳市创新投资集团有限公司、青岛高德科技创业投资有限公司、深圳市高新技术投资担保有限公司分别持有科陆电子13%、8%、5%的股份,饶陆华作为实际控制人兼第一大股东持有科陆电子65.35%股份。截至2019年第三季度,公司股权结构如表2-2所示。饶陆华仍是公司实际控制人,深圳市远致投资有限公司与饶陆华持股比例相当,为24.26%。从持股数量上看,远致投资持有341 685 291股,而饶陆华持有341 685 208股,83股微小之差使得饶陆华丧失科陆电子第一大股东之位。

表2-2 科陆电子前十大股东

股东名称	股份类型	持股数量	持股比例
深圳市远致投资有限公司	流通A股	341 685 291	24.26%
饶陆华	限售流通A股	341 685 208	24.26%
陈长宝	流通A股 限售流通A股	29 094 460	2.07%
桂国才	流通A股 限售流通A股	25 281 284	1.80%
祝文闻	限售流通A股	19 787 089	1.40%
袁继全	流通A股	12 101 125	0.86%
孙俊	限售流通A股	11 772 065	0.84%
王为国	流通A股	10 398 600	0.74%
郭伟	限售流通A股	8 265 493	0.59%
聂志男	流通A股 限售流通A股	7 966 000	0.57%

资料来源:Wind。

（二）转型：布局储能产业

储能，顾名思义即能量存储，是一个涵盖能量输入、存储或转换存储、释放输出的循环过程。由于生产生活中对于能量的需求与能量的供给会产生时间、空间上的冲突，所以产生了对储能产业的需求。根据能量存储介质的不同，可分为机械储能、电化学储能、电气储能等产业。从完整的产业链来看，储能系统可分为发电端、电网端、用户端三个部分：储能系统用于发电端可以降低用电高峰时期对发电系统产生的负荷，平滑间歇性能源的供给量，解决新能源的消纳问题；而电网端储能也是我国政府及中关村储能产业技术联盟（CNESA）较早推动的产业，通过电网端调峰调频稳定电网功率，提高用电效率，利用峰谷差价套利实现项目经济性；用户端储能在德国等发达国家已经发展得较为成熟，家庭分布式储能项目可减少电能损耗和输送电费用，保障供电稳定。

从能源产业发展的大趋势来看，煤、石油等资源会逐渐被更加清洁的新型可再生能源替代，尽管目前工业生产仍然严重依赖传统能源，各国关于新型清洁能源的探索都在紧锣密鼓进行之中。储能产业的重要应用空间之一就是与可再生能源配合，通过集中式可再生能源并网项目解决风能、光能等能源的消纳问题，解决风电站、光伏电站发电的不稳定性与季节限制问题。新能源汽车的大力推广带来了动力电池报废之后再回收利用的难题。据中汽研预测，2020年我国电动汽车动力电池累计报废量将达17万吨，数量庞大的废旧电池也催生了动力电池回收梯度利用的新兴产业，可以预见未来储能产业的应用空间将会进一步打开。作为能源革命的关键一环，储能产业顺利搭上了可再生能源、新能源汽车、市场化电价改革的东风，而其中电化学储能吸引了最多关注，这当中也包括一直在寻求转型和新能源业务布局的科陆电子。

抽水储能是目前应用最为广泛的储能方式，但是受到较多地理条件的限制，而且适合于月周期储能需求，无法进行日周期的调节。相比之下，电化学储能因为成本逐渐下降、可以进行日周期的调节、较为灵活方便、适合商用，成为科陆电子等一众企业开展储能业务的重点。从全球电化学储能项目装机规模来看，2016—2018年实现了爆发式增长，2018年累计装机量达6 625 MW，其中我国装机规模为1 072.7 MW，实现同比增长175.2%。电化学储能产业的应用未来还有很大增长空间。

在选中电化学储能业务之后，科陆电子对电化学储能的产业链进行了全方位投资布局，从应用于调频项目的零部件储能专用电芯，到储能系统充放电关键控制部分储能双向变流器（PCS），再到对整个项目架构实行综合检测管理的能量管理系统（EMS），涵盖了发电端—电网端—用电端的应用场景，加之参与研究的国家级重大研发专项课题动力电池梯次利用关键技术，已经形成涵盖电力系统发、输、配、用、储、余能回收利用的闭环产业链。鉴于科陆原本的研发实力、在电气设备领域积累的经验，以及形成的长期合作伙伴关系,转型之后的科陆依然走到了行业领头羊的位置,在储能调频领域签单金额、项目交付数遥遥居市场首位,在全球储能系统集成商、逆变器提供商排名中也位于我国公司中的前列。连续在电力设备领域的投资屡试不爽,饶陆华也开始自大冒进,进一步扩张科陆的新能源业务,并提出做世界级能源服务提供商的愿景。

(三) 反思:光伏+动力电池的失败尝试

饶陆华的野心并没有止于储能业务,打造世界级能源服务商的愿景也不是一句空口号,很快科陆电子就开始进军光伏发电产业和新能源汽车的动力电池产业。光伏+储能+新能源汽车就是科陆电子投资新能源业务的三个重点。然而新能源产业本身就是一个烧钱的行业,前期大量的资本投入使科陆电子背上了过重债务,最终陷入财务困境。光环褪去的科陆电子,被迫剥离光伏发电站与动力电池业务,重新制定发展战略,聚焦主业,以图顺利度过企业寒冬。"我们需要重新去定位我们所处的位置,重新去思考真正意义上行业的发展与用户需求的必要性。但我想这个时候我们更应该去反思我们自身:我们的激进与无知、我们的傲慢与自大,以及我们走着走着就忘掉的初心。有意义的失败,对我们而言是宝贵的经验教训,让我们重新审视自身,回归根本。"董事长饶陆华对于科陆电子这次失败尝试的反思能挽救濒临"戴帽"边缘的科陆吗?从2019年的经营数据来看,似乎并没有起到什么作用。

科陆电子2014年正式进入光伏产业,投资于光伏电站建设与运营领域,尽管风光储项目由于其清洁环保性被视为未来新能源发展的关键赛道,具有良好发展前景,但是光伏电站初始投资多、回收周期长的特征也为科陆电子带来了流动性压力。公司采用银行贷款、融资租赁以及资本市场直接融资多种渠道筹集资金,开始大规模投资新建光伏电站以及通过收购、参股运营等方式进行疯狂扩张。同时期,我国整个光伏产业也迎来了爆发式增长,2013—2016年连续四年,我国光伏发电新增装机容量世界排名第一,2016年新增装机容量34.54 GW,占全球新增装机总量的45.65%。爆发式增长的背后,主要是政府补贴在大力支撑;而光伏企业本身面临相比一般企业更为严重的现金流问题与融资问题,初始投入多、项目回收周期长、风险性高,稳定运营之后才能盈利收回资金,这些都是造成光伏企业融资难的原因,而弃光限电、入网难问题的存在也限制了光伏电站的营业收入。当政府补贴退坡之后,一大波光伏企业不可避免地陷入危机。

科陆电子在光伏发电业务上面的尝试也遭遇了滑铁卢。2014—2017年公司持续发债发股为新能源业务投资募集资金,四年累计发行公司债9亿元,非公开发行股票募资金约25亿元,合计募集资金34亿元左右(见表2-3)。除此之外,科陆电子还大量使用融资租赁建造光伏电站,申请银行贷款余额也大幅增加,2014年长期借款余额相比2013年增长了16倍(见表2-4),一则因为其2014年银行融资增加,二则因为发行了2亿元公司债用于收购润峰格尔木、哈密源和等光伏企业的股权以及用于光伏电站的建设(见表2-5)。

表 2-3 科陆电子发行证券统计

年份	证券类型	发行方式	发行日期	发行价格	发行数量	募集资金（百万元）
2014	公司债	公开	2014年9月17日	100.00元	2 000 000	20 000
2015	股票	非公开	2015年4月17日	9.12元	76 400 000	696.77
2016	公司债	非公开	2016年7月1日	5.35	1 800 000	18 000
2016	公司债	非公开	2016年11月4日	100.00元	3 200 000	32 000
2017	股票	非公开	2017年3月23日	8.52	213 099 435	1 815.61
2017	公司债	公开	2017年3月22日	100.00元	2 000 000	200.00

资料来源：科陆公司公告。

表 2-4 科陆电子借款余额统计

银行借款	2013年	2014年	2015年	2016年	2017年	2018年
短期借款（百万元）	305.00	800.85	955.00	1 209.81	2 576.70	2 845.40
YOY	—	162.57%	19.25%	26.68%	112.98%	10.43%
长期借款（百万元）	10.00	170.00	1 362.74	1 766.56	1 224.40	664.46
YOY	—	1 600.00%	701.61%	29.63%	−30.69%	−45.73%

资料来源：科陆公司公告。

表 2-5 科陆电子 2014 年收购公司一览

被购买方名称	成本（元）	比例	被购买方主营业务
润峰格尔木电力有限公司	7 698 600	100%	光伏发电
格尔木特变电工新能源有限责任公司	10 000 000	100%	光伏发电
哈密源和发电有限责任公司	1 000 000	100%	太阳能发电投资运营
宁夏旭宁新能源科技有限公司	1 000 000	100%	太阳能发电投资运营

资料来源：科陆公司公告。

光伏电站的自建和收购带来了科陆电子新能源业务规模的快速扩张，但是也为公司带来了沉重的债务负担，公司资产负债比节节攀升，财务费用大幅增加，而且光伏业务的扩张也需要公司投入大量人力物力进行研发、相应新产品服务的推广以及并购之后的公司整合。然而营业收入却因为西北地区弃光限电现象严重等一系列问题增加有限（见图 2-1）。从主营业务数据也可以看出，收入与成本大致保持一致的变化趋势，管理费用、研发投入、财务费用等期间费用的增长比率始终居高不下，快速增长的费用侵蚀了业务扩张带来的利润，归属于上市公司股东的扣非净利润甚至出现了下降，2017—2018 年均为负值。另外盲目扩张的科陆开始为还款问题发愁。综合考量之下，2018 年开始调整公司战略布局，弃车保帅，通过减持光伏电站实现资金回流以应对高额债务。2018 年科陆电子转让了卓资县 20 MW、杭锦后旗 50 MW、宁夏旭宁 30 MW、哈密源和 100 MW、哈密锦城 20 MW 等光伏发电项目，这也解释了为何其 2018 年营业收入下降。

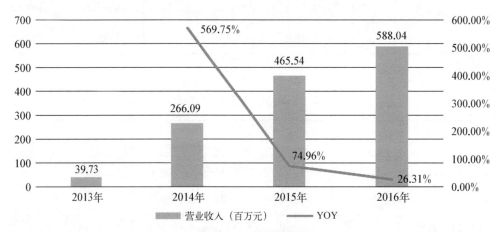

图 2-1 2013—2016 年新能源业务规模

资料来源：科陆公司公告。

动力电池是科陆电子在新能源汽车产业布局的另一个方向，2017 年科陆收购三元软包电池领域领先企业上海卡耐新能源有限公司，希望加大车用锂电池领域的投资，与公司现有的充电桩业务（深圳市车电网络有限公司）、新能源汽车运营业务（中电绿源新能源汽车发展有限公司、地上铁租车有限公司）协同发展形成新能源汽车的完整产业链，构成车、桩、网联合运营的智能互联平台。奈何收购之后，上海卡耐效益不佳，2017 年与 2018 年前三季度皆亏损，2019 年 1 月内外交困的科陆电子将持有的上海卡耐 58.07% 的股权转让给恒大新能源动力科技有限公司及时止损。而原本收购腾远钴业，向动力电池原材料钴盐领域延伸产业链投资的方案也因为钴盐价格处于历史高位未来或有下行风险而终止。科陆电子在动力电池领域的投资不得不铩羽而归。

想要蹭光伏发电和新能源汽车热度完成转型的科陆电子似乎赔了夫人又折兵，在光伏、动力电池等新能源领域的投资不仅未能盈利，还给公司带来了流动性问题危及公司其他业务。2019 年，捉襟见肘的科陆电子因为缺乏流动资金只能终止"智慧能源储能、微网、主动配电网产业化项目""新能源汽车及充电网络建设与运营项目""智慧能源系统平台项目"等募投项目,将募集资金用于补流,还出现了产品延迟交付情况,影响了公司营业收入。接连的投资失利使得科陆电子陷入困境,营业收入和利润下滑,业绩不佳又面临前期盲目扩张带来的债务负担。反思之后的科陆开始重新制定发展战略,智能电网、电化学储能、充电桩、综合能源服务解决方案是公司最后的选择。曾经想一口吃下新能源这块大蛋糕的饶陆华,最后还是放弃了光伏发电和动力电池,仅仅保留公司已经发展得较为成熟的储能系统和充电桩业务。

二、股权质押,燃眉之急

(一)爆仓边缘多次试探

得益于我国资本市场逐步成熟、股权质押相关制度的逐步发展,越来越多的上市公司选择以股权质押的方式进行融资,据 Wind 统计,截至 2018 年末,我国沪深两市约 3 600 家上市公司中有 1 986 家公司参与股权质押,其中控股股东质押比率超过 80% 的公司有 582 家,约占质押公司总数的 1/3。截至 2019 年末,质押股数达 5 800 亿股,市值超过 45 800 亿元。上市公司股东在面临融资需求时采用股权质押融资,将股权作为质押品质押给质权人如券商、信托公司等机构,在保留上市公司控制权的同时获得低成本融资。融资所得资金一般有三种去向:用于满足控股股东自身资金需求、投向被质押公司或者投向第三方公司。

同其他融资方式相比,股权质押确实有很多好处。首先,股权质押只是将涉及股票的收益权、现金流权等转移给质权人,质权人充当了当铺的角色,只有在出质人无法赎回股票或者无法追加质押股票时,质权人才能处置或自留被质押股票享有优先受偿权。控股股东采用股权质押仍保留对于公司的控制权和对被质押股票的所有权。相比于减持股权获取资金,控股股东在公司经营各项事务上的控制地位没有改变,稳定的控股股东可以给公司发展带来很多优势,并给众多中小投资者打上一剂强心针。其次,相比于申请银行贷款,股权质押因为有质押品增信,可以获得更低成本的资金;从银行的角度看流动性强的股票也比不动产之类的"大家伙"更适合做抵押品。最后,用股权质押的方式申请融资更加便捷简单,双方达成一致签署股权质押协议,到工商管理机关办理登记即可,相比于银行审批授信、发行债券、增发股票时效快、费用低。当然,以上分析都没有把最坏的情况考虑在内,如果股价下行,控股股东无法按时追加质押品就会面临平仓风险,质权人大规模的股票抛售可能引起市场恐慌、股价下跌,而控股股东则会失去对公司的控制权,这会对公司正常经营产生巨大负面影响,亦伤害中小投资者的利益。股权质押爆仓事件近年来频频发生,也引起了政府和企业多方重视,覆巢之下,安有完卵?为了企业发展和维护金融市场正常秩序,纾困基金应运而生,但是毕竟僧多粥少,寄希望于纾困基金排忧解难的上市公司还真得仔细掂量掂量。

科陆电子的股权质押开始于 2011 年,2011 年 8 月 4 日控股股东饶陆华将持有的无限售条件流通股 15 000 000 股质押给北京银行深圳分行,质押期限为自当日起至质权人申请解冻为止,登记机构为中国证券登记结算有限责任公司深圳分公司。当时饶陆华先生是公司第一大股东,持有公司 167 286 000 份股票,占公司股份总数的 42.17%,当次质押股票数量占饶陆华持有股票的 8.97%。自此之后,科陆电子便开始了频繁的股权质押。从表 2-6 可以看出,2014—2018 年 6 月期间内的大部分时间控股股东饶陆华所持有的公司股票数量保持不变,只在 2015 年第二季度末、2016 年第二季度末、2017 年第一季度末有过突增,且所持股份占比稳定在 40%~44%。2015 年第二季度,饶陆华新增持有 2 700 万股,系认购 2015 年 4 月 17 日公司定向增发股票所致;2016 年第二季度,新增持有约 29 293 万股,是由于 2016 年公积金转股本所致,以 2015 年权益分配方案股权登记日总股本为基数,面向全体股东每 10 股转增 15 股;2017 年第一季度,公司定向增发约 21 310 万股,饶陆华认购定增股份约 11 922 万股。自 2018 年 6 月至今,饶陆华先后于 2018 年 8 月 4 日、2019 年 3 月 29 日与深圳市远致投资有限公司签署股权转让协议进行股份减持,2019 年 6 月底其持股比例由 43.13%降至 24.26%,持股数量减至 341 685 208 股,失去公司第一大股东地位。而从控股股东质押股票数量可以看出,质押数量明显与持股数量保持一致的变化趋势,质押数量几次较大变化发生的时点完全与持股数量发生变化的时点一致,2015 年第二季度末、2016 年第二季度末、2017 年第一季度末质押数量相比上季度末均有显著增加,而 2018 年第三季度末、2019 年第二季度末相比上季度末质押数量皆有显著下降。从而控股股东质押比率保持在较稳定的水平,基本处于 80%~100%。截至 2019 年第三季度末,根据公告披露的科陆电子股东质押情况,前十大股东中有 7 个股东都进行了高比例的股权质押,合计未解押股票数量 43 896.39 万股,占公司总股本的 31.17%,占 7 个进行股权质押股东持股数量的 98.9%(见表 2-7)。

纵览科陆电子控股股东饶陆华近些年股权质押情况,质押比率几乎从未低于 80%,甚至数次逼近 100%,尤其是 2018 年下半年至今,质押比率几乎一直保持在 95%之上,仅从季报和年报公布时点来看均未低于 99%。游离在股权质押爆仓边缘的科陆电子为何会产生如此高的质押率?是什么样的需求几乎像一个黑洞一般吸收着科陆的股权质押所得呢?一个理所当然的猜测还是其在新能源业务上的扩张。

表 2-6 控股股东股权质押情况一览

截止时间	控股股东 持股数量	控股股东 持股比率	控股股东 质押数量	控股股东 质押比率
2013 年 12 月 31 日	168 286 758	42.42%	160 515 000	95.38%
2014 年 3 月 31 日	168 286 758	41.98%	160 515 000	95.38%

续表

截止时间	控股股东持股数量	控股股东持股比率	控股股东质押数量	控股股东质押比率
2014年6月30日	168 286 758	41.98%	168 015 000	99.84%
2014年9月30日	168 286 758	41.98%	168 015 000	99.84%
2014年12月31日	168 286 758	42.12%	150 120 000	89.20%
2015年3月31日	168 286 758	42.10%	125 720 000	74.71%
2015年6月30日	195 286 758	41.02%	180 285 000	92.32%
2015年9月30日	195 286 758	41.02%	194 785 000	99.74%
2015年12月31日	195 286 758	41.02%	165 015 000	84.50%
2016年3月31日	195 286 758	40.97%	168 595 000	86.33%
2016年6月30日	488 216 895	40.96%	394 500 000	80.80%
2016年9月30日	488 216 895	40.95%	397 625 000	81.44%
2016年12月31日	488 216 895	40.95%	392 500 000	80.39%
2017年3月31日	607 440 369	43.18%	567 173 474	93.37%
2017年6月30日	607 440 369	43.16%	574 573 474	94.59%
2017年9月30日	607 440 369	43.14%	571 873 474	94.14%
2017年12月31日	607 440 369	43.14%	566 223 474	93.21%
2018年3月31日	607 440 369	43.14%	566 223 474	93.21%
2018年6月30日	607 440 369	43.13%	607 073 473	99.94%
2018年9月30日	455 580 277	32.35%	453 093 473	99.45%
2018年12月31日	455 580 277	32.35%	453 093 473	99.45%
2019年3月31日	455 580 277	32.35%	453 093 473	99.45%
2019年6月30日	341 685 208	24.26%	338 573 474	99.09%
2019年9月30日	341 685 208	24.26%	338 573 474	99.09%

资料来源：科陆公司公告。

表 2-7 前十大股东股权质押统计

股　东	未解押股权质押数量(万股)	占总股本(%)	占其持有的股份数(%)
饶陆华	34 057.35	24.18	99.67
陈长宝	2 640.00	1.87	90.74
桂国才	2 499.69	1.77	98.87
祝文闻	1 920.00	1.36	97.03
孙　俊	1 177.21	0.84	100.00
郭　伟	826.55	0.59	100.00
聂志勇	775.60	0.55	97.36
合　计	43 896.39	31.17	98.90

资料来源：Wind。

(二) 融资助力业务扩张

在科陆电子披露的关于控股股东股份质押的公告中，提到的股权质押用途大致可分为三种——融资、股权质押式回购以及担保，但是几乎没有提到股权质押融资的资金去向，只是简单说明资金用于实业投资、没有用来购买股票基金等高风险金融投资品。考虑到控股股东饶陆华参投了众多公司，如深圳市柯妮丝丽服装有限公司、成都逗溜网科技有限公司、深圳市金粤投资有限公司等，涉及服装、计算机软件开发、实业投资等多个领域，难以追踪科陆电子股票质押融入资金中具体投向第三方公司的资金数额与投资去向。不过可以推测，科陆电子多位大股东的高比例股权质押融资与公司近年来的投资新宠新能源业务脱不了干系。

自 2014 年科陆电子开始进军光伏产业以来，其在新能源方面多个子行业布局加快，股权投资和固定资产方面投资支出的增加、签单项目保证金的增加以及研发、管理费用的上升产生了大额的资金需求。公司也和多家银行以及非银金融机构保持良好的合作关系，通过融资租赁、银行贷款、资本市场融资等方式不断拓宽融资渠道，2015 年 4 月(见表 2-8)和 2017 年 3 月(见表 2-9)分别面向控股股东饶陆华以及公司多位管理层、机构投资者完成两次定增。2015 年 4 月，服务于科陆向能源方案服务商转型的战略规划以及未来几年新能源业务投资需求的测算，公司定向增发 7 640 万股用于补充流动资金，提升资金实力，并为未来业务拓展做准备，其中饶陆华以 2.46 亿元认购其中 35.34% 的增发股票。2015 年末，公司当年投资活动净现金流出大幅增加至 8.67 亿元，相比 2014 年主要是构建固定资产和取得子公司两个项目现金流出的增加。根据公司年报,2015年收购了百年金海、深圳芯珑等12家公司,新设公司约30家,其中多数为主营光伏发电和新能源相关业务的公司。

表2-8　2015年4月非公开发行股票

发行日期	2015年4月
股票种类	人民币普通股(A股)
发行数量	76 400 000股
发行价格	9.12元/股
募集资金	总额6.967 7亿元,净额6.897 7亿元
发行对象	饶陆华、周新华、聂志勇等8名自然人,上海景贤投资有限公司、深圳市创东方慈爱投资企业
资金用途	补充流动资金
股本变化	发行前399 693 000股,发行后476 093 000股

资料来源:科陆公司公告。

表2-9　2017年3月非公开发行股票

发行日期	2017年3月
股票种类	人民币普通股(A股)
发行数量	213 099 435股
发行价格	8.52元/股
募集资金	总额18.156 1亿元,净额18.041 5亿元
发行对象	饶陆华、桂国才、孙俊等6名自然人,深圳市国银资本投资管理有限公司
资金用途	智慧能源储能、微网、主动配电网产业化项目,新能源汽车及充电网络建设与运营项目,智慧能源系统平台项目、110 MW地面光伏发电项目
股本变化	发行前1 193 762 551股,发行后1 406 861 986股

资料来源:科陆公司公告。

2017年3月公司完成总额达18亿元的定增,其中饶陆华、桂国才、孙俊、郭伟、陈长宝、祝文闻分别出资10.158、2.130、1.003、0.704、2.475、1.686亿元认购相应股数。募集资金拟用于光伏发电、智慧能源等方面,预计可覆盖约30亿元总投资金额的2/3。两次定增加起来,饶陆华出资达12亿元,这么大的一笔支出单凭个人之力实在难以想象,不过不要忘记他可是坐拥80余家公司的创业先锋,股权质押融资不是手边现成的融资手段吗?

一方面公司非公开发行股票募集资金可用于业务扩张,另一方面股本的增加也为股权质押融资带来了便利,融资所得资金同样可用于募投项目。如此看来,2015年和2017年科陆电子的两次定增可谓"一石二鸟",全面助力公司在新能源行业的扩张战略。

然而,天不遂人愿,2018年中,公司股价大幅下行,而饶陆华质押比率已接近100%,再无补仓能力,股权质押爆仓风险一触即发;屋漏偏逢连夜雨,多家银行取消科陆电子授信额度或提前抽贷,流动性危机下的科陆电子决定终止110 MW地面光伏发电项目,将募集资金用于补流和公司的其他项目投资;2019年中,面临偿债压力、流动性资金不足的科陆再次终止了另外三个募投项目,将2017年定增募得资金用于缓解公司流动性资金压力。

(三)兜底增持+国资入场

从以季度为单位统计的控股股东饶陆华先生的股权质押比率来看(见图2-2),公司2015年第三季度末质押比率接近100%曾面临平仓风险,之后质押比率下行风险化解,直到2017年第一季度末质押比率重新回到95%上下,自2018年年中至2019年底的季报中显示质押比率高企,仅略小于100%。事实上,为化解股权质押爆仓风险,自2015年起,科陆电子董事长饶陆华先生曾多次发出倡议书鼓励公司员工增持公司股票。

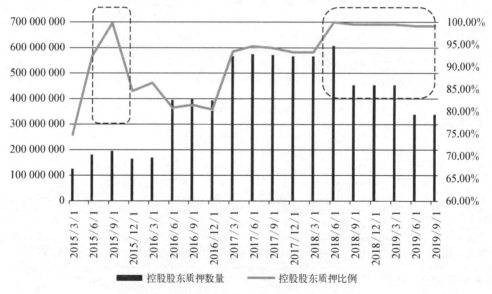

图2-2 2015年以来控股股东股权质押情况

资料来源:科陆公司公告。

2015年6月A股爆发股灾,自6月15日起,18个交易日内上证指数跌幅超30%,上半年还在高歌猛进的A股此时出现千股跌停的"盛况"。科陆电子的股价从6月初接近18元/股一路下跌至8月底约6.5元/股。股价下行再加上当时饶陆华质押比高达

99.74%，无法承受继续下跌的股价，这种情况之下公司采用了增持加股票停牌的方法。2015年8月，饶陆华向公司董事会提交倡议书，以近期A股市场遭遇非理性下跌为由倡议公司全体员工积极买入公司股票，并承诺2015年8月28日至2015年9月2日期间净买入公司股票(002121)并连续持有12个月以上(期间未离职的)，产生的亏损由饶陆华个人予以补偿，若有收益归买入员工所有。这么一个稳赚不赔的买卖当然吸引了公司员工的关注，而兜底式增持本身也传达出公司股东董事长对于企业发展的信心，向广大投资者释放出良性信号，对于吸引投资者跟进增持具有一定积极作用。饶陆华这个算盘确实打得精，股价的下行很大程度上是由于大盘和市场悲观情绪影响，当投资者恢复理性，业绩仍处于上升阶段的科陆还是会迎来反弹，员工买入公司股票稳定持有超1年很大可能是会盈利，饶陆华也就不费一兵一卒稳住了公司股价。8月28日发布兜底式增持公告之后，当天股价确实迎来了短暂的反弹，28日以7.50元/股收盘，相比前日收盘价6.82元/股涨幅达9.97%，随后股价下跌直到9月2日因筹划重大资产重组公司股票停牌。

2017年6月5日和2017年12月5日晚间，公司董事长饶陆华再次号召公司及控股子公司全体员工增持公司股票，据公司公告，2017年6月6日—12日期间共有120名员工净买入公司股票超100万股，资金净流入10 021 606.50元，2017年12月6日—12日期间，共有29名员工通过二级市场增持超过33万股，增持均价9.08元/股，增持总金额约304万元。可以看出第三次使用兜底式增持的效果远远不如之前两次。第二次增持倡议公告之后，6月6日股价隔空跳涨9.92%，以9.31元/股开盘(见图2-3)。相比前两次增

图2-3　科陆电子与市场指数累计收益率走势

资料来源：Choice。

持倡议公告之后股价短时间内的巨幅上涨,第三次倡议似乎并没有对股价起到太大作用,股价上涨有限。从中小投资者的角度看,这次兜底式增持究竟是董事长真的对未来股价表现胸有成竹,还是虚晃一枪,想要蹭兜底式增持热度提升股价还有待考量。不论是否是兜底式增持发挥的主要作用,总之科陆电子成功躲过了多次股权质押危机。然而对于流动性趋紧的科陆来说,居高不下的股权质押率始终是一颗定时炸弹。

预警线 = 质押日股价 × 质押率 × (1 + 融资综合成本) × 预警线比率
平仓线 = 质押日股价 × 质押率 × (1 + 融资综合成本) × 平仓线比率

统计 2018 年 6 月 30 日之前饶陆华先生所有未到期股权质押信息,同时按照质押率 40%、股权质押综合融资成本 10%、预警线比率 150%、平仓线比率 130% 的标准计算所有未到期股权质押的预警线和平仓线,按照数值从高到低排序,选取部分未到期质押信息如表 2-10 所示。截至 6 月 30 日,饶陆华质押比率已达 99.94%,而彼时科陆电子股票处于停牌,股价为 6.49 元/股,按照停牌之前的股价走势继续下跌的话,饶陆华没有能力再进行补仓或者提前解押,将会面临被迫平仓。这一敏感时期的股票停牌暂时救了科陆,而停牌原因正是控股股东饶陆华筹划转让部分所持科陆电子股权。面临股权质押平仓风险,号召员工增持这一手段逐渐失效,无奈之下饶陆华只能转让股权,筹资进行股权解押,暂解燃眉之急,转让对象为深圳市国资委下属深圳市远致投资有限公司。8 月 4 日,双方签订转让协议,转让科陆电子 10.78% 股份,转让价款为 10.34 亿元。引入远致投资之后,依靠国资背景增信,多家银行陆续恢复科陆电子授信额度,可以说这一举措在一定程度上暂时解决了公司流动性问题。

表 2-10 2018 年 6 月 30 日部分未到期股权质押

质押方	质押数量(万股)	质押开始日	解押日	质押日收盘价(元)	预警线	平仓线
中原证券	1 100.00	2017 年 11 月 14 日	—	10.44	6.89	5.97
东兴证券	1 000.00	2017 年 11 月 14 日	2019 年 4 月 25 日	10.44	6.89	5.97
东兴证券	1 100.00	2017 年 11 月 14 日	2019 年 4 月 25 日	10.44	6.89	5.97
东证融汇	780.00	2017 年 9 月 20 日	2018 年 8 月 3 日	10.43	6.88	5.97
东证融汇	2 850.00	2017 年 9 月 18 日	2018 年 8 月 3 日	10.19	6.73	5.83
东证融汇	2 200.00	2017 年 9 月 22 日	2018 年 8 月 3 日	10.18	6.72	5.82
东莞银行	750.00	2017 年 11 月 1 日	2018 年 8 月 3 日	10.05	6.63	5.75
中原证券	2 800.00	2017 年 11 月 1 日	2018 年 8 月 3 日	10.05	6.63	5.75

续 表

质押方	质押数量（万股）	质押开始日	解押日	质押日收盘价（元）	预警线	平仓线
东兴证券	2 400.00	2017年11月8日	—	9.86	6.51	5.64
中原证券	400.00	2017年11月7日	—	9.80	6.47	5.61
东兴证券	3 500.00	2017年11月28日	2019年4月25日	9.52	6.28	5.45
国海证券	2 300.00	2017年4月12日	2019年4月25日	9.39	6.20	5.37
国海证券	200.00	2017年4月12日	2018年8月3日	9.39	6.20	5.37
万向信托	11 922.35	2017年3月23日	—	9.18	6.06	5.25
东兴证券	1 600.00	2017年12月18日	—	9.06	5.98	5.18
东兴证券	550.00	2017年12月7日	—	8.98	5.93	5.14
万向信托	3 000.00	2017年2月21日	—	8.95	5.91	5.12
国海证券	780.00	2017年6月20日	2018年8月3日	8.79	5.80	5.03

资料来源：Wind。

三、股份回购，一毛未拔

（一）回购方案正式落地

我国上市公司股份回购开始于20世纪90年代，早期实行"原则禁止，例外许可"的正面清单管理模式，回购对象多为非流通股股份。自2005年证监会出台《上市公司回购社会公众股份管理办法（试行）》之后，才开启上市公司回购流通股的新阶段。2018年证监会连同多个部门致力于推出股份回购新政为上市公司股份回购松绑，2019年1月，沪深两所正式出台上市公司回购股份实施细则，细则中明确除用于注销以及作为后期员工持股计划、股权激励计划、可转债转股的标的股份外，上市公司在维护公司价值以及股东权益需要的时候也能进行股份回购，此种情形下回购股份不得超过公司总股本的10%且需要在3年内转让出售。松绑之举得到了上市公司积极响应，2018年、2019年沪深两市的回购金额分别为617亿元、1 180亿元。

基于以往国内外的研究文献，上市公司回购股份主要是基于以下几种动机：（1）信号传递，由于公司董事高管与股市投资者之间存在信息不对称问题，中小投资者没办法全面掌握公司信息理性做出投资决策从而导致股价与公司内在价值长期的偏离，这时公司的股份回购被认为是当前股价远低于公司内在价值的象征，通过这种信号传递完成对于投资者的引导,达成维护股票市值的目的;(2)调整资本结构,传统的公司金融理论认为出于对债务的税盾效应以及直接、间接破产成本等因素的考量,公司管理层会选择最优公司杠杆,通过调整负债股本的规模达到理想融资结构,股份回购可以帮助公司剥离闲置资产,优化资本结构,在不影响公司正常经营的情况下增厚每股收益,提高净资产收益率等;(3)用于股权激励,将回购股份作为库存股实施限制性股票或者股票期权激励计划;(4)降低代理成本,在存在闲置资金而没有较好的投资机会时,管理层可能为了扩大自己的职权范围而进行过度投资损害股东利益,相比之下股份回购是实实在在给予股东的好处;(5)防止敌意收购,通过股份回购从公众手里收回股票稳固自己控制权,防止大权旁落,企业易主。作为现金分红的一种替代方案,股份回购往往是利用公司的闲置资金,而不会影响到公司正常生产经营以及投资机会。

2018年5月19日,科陆电子发出公告,董事会审议通过股份回购事项,拟面向社会公众回购不超过2亿元流通股以备后期股权激励计划之用,回购价格不超过15元/股,回购期限为自股东大会通过股份回购方案之日不超过12个月,另于5月25日发布补充声明公告,设定回购金额下限为5 000万元。6月5日公司召开2018年第六次临时股东大会,审议通过《关于回购公司股份以实施股权激励的预案》《关于提请股东大会授权公司董事会全权办理回购股份以实施股权激励相关事宜的议案》。由于2017年度公司发放现金股利,对于原设定回购价格上限进行除权除息得到调整后上限为14.965元/股。调整公式如下,其中:P_0为调整前回购价格上限,V为每股派息额,n为股票拆分、公积金转增股本、派送股票股利的比率。

$$P = \frac{(P_0 - V)}{(1+n)} = \frac{(15 - 0.35/10)}{(1 + 0/10)} = 14.965$$

表2-11 2018年5月科陆电子的股份回购方案

回购期限	自股东大会审议通过(2018年6月5日)起12个月内
回购方式	集中竞价交易
回购资金来源	自筹资金
回购股份用途	用于后期股权激励计划
回购价格上限	15元/股,后调整为14.965元/股
拟回购金额	不低于5 000万元,不超过2亿元
拟回购数量	13 364 517股(含)以上,占公司总股本的0.95%(含)以上

资料来源:科陆公司公告。

事实上,从 2019 年 1 月沪深两所发布的回购股份实施细则来看,科陆电子的这次股份回购方案是不合规的。细则第十五条规定上市公司"应在回购股份方案中明确拟回购股份数量或者资金总额的上下限,且上限不得超出下限的 1 倍",而科陆公布的上限实为下限的 4 倍。细则还对回购价格区间做出规定,如回购区间上限高于董事会通过股份回购预案前 30 个交易日股票交易均价的 150%需要对其合理性做出充分说明。以 5 月 19 日前 30 个交易日的股票成交总额和成交总量计算均价为 8.36 元/股,其 1.5 倍应为 12.54 元/股,这样看来科陆公布的回购价格上限超过了前 30 日均价的 150%。科陆电子的回购方案是 2018 年年中公布的,早于细则推出时间而免于收监管函,不过这份回购方案现在看来确实存在诸多疑点。低回购金额下限、高回购价格上限,这次科陆的回购是否别有用心,假借回购之名提振股价?

(二)零回购告终

2019 年 6 月 5 日,历时 12 个月的科陆电子股份回购落下帷幕,公司发布股份回购实施结果公告,截至 2019 年 6 月 4 日股份回购期满公司回购股份数量为 0 股。就这一结果,科陆电子称"主要是因为在发布回购股份方案后,受金融环境等因素的影响,公司流动性一直处于趋紧的状态,公司优先满足生产经营所需资金,未能进行股份回购"。

从表面上看,这一原因合情合理,若公司正常生产经营活动资金不足或者面临有吸引力的投资机会,股份回购自然应该让位于经营活动资金需求,而考虑到科陆电子近两年经营状况:前些年在新能源业务上的扩张消耗了公司大量资金,使公司背上了沉重的债务负担,公司通过定向增发股票、公开及非公开发行公司债、融资租赁、申请银行授信、大幅增加借款多种方式融资,显性杠杆已然显著上升,股权质押融资又悄悄加上了隐性杠杆,然而即使大笔砸钱,业务扩张的资金缺口仍未堵上,更要命的是所投资业务带来的盈利增加相比为之承担的巨额投入实在有限。从表 2-13 也可以看出,相比同行业公司,科陆电子的投入资本回报率(ROIC)一直处于比较低的位置,2016 年最高时也仅为 7.04,2018—2019 年甚至为负,而国电南瑞、亿纬锂能等公司投入资本回报率虽然也有较大波动但始终较高,特别是亿纬锂能几乎一直保持增长的趋势,2019 年投入资本回报率达到 16.96;宁德时代、国电南瑞的权益乘数保持在 2 左右波动,科陆电子权益乘数经历过 2016 年的峰值 4.38 目前在逐步下降,但仍高于同业。自 2018 年起公司已经开始大幅抛出光伏电站资产,转让多个子公司股权,希望通过股权、固定资产转让实现资金回流,用于智能电网、储能等经营活动,聚焦主业。但是事实上,公司一直以来引以为傲的主业也受到了流动性紧张的影响,需要终止智慧能源、储能方面的多个募投项目永久补充流动资金。这种情况下,公司自然是没有闲置资金进行回购的,不过流动性紧张这种状况应该在股份回购方案发布之前就已经存在或者说公司管理层可以预料到未来将会面临资金紧张没有能力进行股份回购,为何要在回购期满无法回购时才说明?使用这种理由解释零回购结果的科陆电子甚至没有收到深交所的关注函,成功蒙混过关。如此看来,当初发布股份回购公告,目的就在于利用股份回购的信号传递效应忽悠投资者买入公司股票提振股价,而实际结果是上市公司一股未购。历史上的股份回购也大多是为了激励高等而不是真正注销(见表 2-12)。

表 2-12 科陆电子历史股份回购比较

最新公告日	2019年6月5日	2018年3月27日	2017年4月27日	2017年4月27日	2016年5月24日	2014年11月7日
回购进度	完成	完成	完成	完成	完成	完成
回购方式	集中竞价	定向回购	定向回购	定向回购	定向回购	定向回购
回购目的	股权激励	股权激励	股权激励	股权激励	股权激励	股权激励
预计回购数量	13 364 517	28 550	25 000	50 000	49 000	1 287 000
价格上限	14.965	2.72	2.72	1.64	4.09	4.09
已回购数量	0	28 550	25 000	50 000	49 000	1 287 000
占预计回购数量比率	0.00%	100%	100%	100%	100%	100%
已回购金额	0.00	77 541.80	67 900	81 800	200 410	5 263 830
占预计回购金额比率	0.00%	100%	100%	100%	100%	100%

资料来源:Wind。

表 2-13 财务指标同业比较

		2019年9月30日	2018年12月31日	2017年12月31日	2016年12月31日	2015年12月31日
科陆电子	投入资本回报率	−10.9%	−8.65%	6.59%	7.04%	5.62%
	权益乘数	3.28	3.67	3.14	4.38	4.23
宁德时代	投入资本回报率	9.2%	8.98%	14.37%	17.31%	33.14%
	权益乘数	2.38	2.1	1.88	1.81	5.79
国电南瑞	投入资本回报率	13.61%	14.97%	19.46%	16.03%	16.09%
	权益乘数	1.79	1.78	2.17	1.96	2

续 表

		2019年 9月30日	2018年 12月31日	2017年 12月31日	2016年 12月31日	2015年 12月31日
上海电气	投入资本回报率	6.05%	7.03%	7.25%	7.4%	9.08%
	权益乘数	2.97	2.97	2.82	3.05	3.27
亿纬锂能	投入资本回报率	16.96%	12.77%	11.38%	12%	9.77%
	权益乘数	1.93	2.71	2.33	2.1	1.4

资料来源：Choice。

这么一出忽悠式回购不仅糊弄了众多中小投资者，还没有受到监管问责，那么费尽心思的科陆电子达到了自己的目的吗？以下采用事件研究法对科陆电子的股份回购进行分析。2018年科陆电子有累计长达5个月的股市停牌，2018年2月5日—2018年5月3日因公司筹划重大资产重组，股市停牌3个月，2018年6月7日—2018年8月6日因控股股东股权转让、公司重大资产出售以及筹划发行股份购买资产等事项停牌2个月，而正好在5月4日复牌至6月7日再次停牌一个月时间内，公司首次发布股份回购的公告(5月19日发布股份回购预案)。因5月19日为非交易日，以之后第一个交易日5月21日作为事件发生日($AD=0$)，选取之前和之后10个交易日(-10,$+10$)共21个交易日作为事件窗，采用市场法计算科陆电子在(-10,$+10$)天内股票预期收益率，并与股票实际收益率比较，两者之差作为股票超额收益率AR_t，利用日超额收益率可计算累计超额收益率CAR_t(见图2-4)。所谓市场法，即选取$AD-10$之前一段时间作为估计窗，利用估计窗

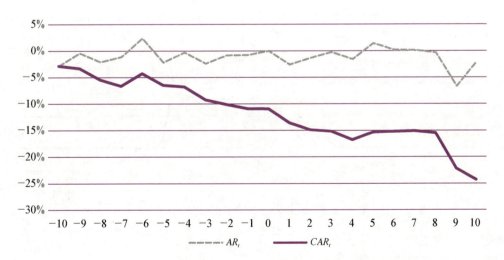

图2-4 股份回购预案首次公告前后累计超额收益率

资料来源：公开数据整理。

个股收益率与市场指数收益率构建回归模型,根据得出的参数和事件窗(-10,+10)市场指数收益率得到个股预期收益率。这里以 2 月 2 日(含)停牌之前 120 个交易日作为估计窗,以深证成指作为基准指数。

$$R_t = \alpha + \beta Rm_t + \varepsilon_t$$
$$AR_t = R_T - \hat{R}_T$$
$$CAR_t = \sum_{AD-10}^{T} AR_t \quad T = AD - 10, \cdots AD + 10$$

其中,R_t 表示个股收益率,Rm_t 表示市场指数收益率。

如图 2-5 所示,5 月 19 日科陆电子首次公布股份回购信息之后,5 月 21 日($AD-0$)股价隔空跳涨,从 5 月 18 日收盘价 7.84 跳涨 2% 至开盘价 7.99 元/股,当日以 7.90 元/股收盘,相比上一交易日上涨 0.77%,涨幅微弱,但是后来仍然延续了之前的下跌走势,至 6 月 7 日再次停牌,公司股价下跌至 6.49 元/股。从超额收益 AR_t 和累计超额收益 CAR_t 来看,科陆电子公布股份回购预案似乎并未达到理想效果。窗口期内(-10,+10)科陆电子股票日超额收益大多数时间为负,仅有 4 天为正且数额微小。累计超额收益基本上是一路下行,仅在 $AD+5$ 至 $AD+8$ 期间内(5 月 28 日至 5 月 31 日)出现短暂停滞,该段时间内日超额收益为微小正值,联系公司信息披露时点分析推知可能是受上一交易日披露的股份回购补充说明公告和公司董事增持公告的影响。截至 $AD+10$(6 月 4 日),累计超额收益为 -24.3%,科陆电子跌幅达 24.26%,而同期深证成指跌幅为 -2.1%,上证综指、沪深 300 基本持平。看来自 2017 年 12 月开始就一路下跌的科陆并未通过股份回购力挽

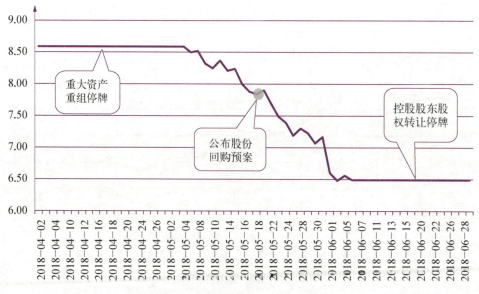

图 2-5　2018 第二季度科陆电子日收盘价(元)

资料来源:Choice。

狂澜,从股价走势来看,科陆电子的股份回购预案仅仅可以算是激起了一点水花,并未对下跌的走势产生大的影响。其中的原因大概还是科陆电子自身糟糕的经营状况。前期的盲目扩张埋下日后持续经营的隐患,科陆电子在光伏业务、新能源汽车业务上的投资败笔逐渐显现,在融资紧张的环境下为了补充流动性资金用于核心业务,公司开始卖资产、卖股权,动用募投项目的资金维持主业。由于长时间的股市停牌,业绩变差以及流动性危机的信息未完全被市场消化,5月4日复牌之后,公司又接连发布了多条利空消息,5月10日发布终止募投项目将募集资金永久补充流动资金的公告,5月18日发布关于转让全资孙公司卓资县陆阳新能源有限公司的公告,5月22日发布关于2018年累计新增借款超过上年末净资产20%的公告。轮番打击之下,科陆电子股价奔泻而下,业绩颓势尽显,妄想利用股份回购忽悠投资者提升股价的科陆最终还是竹篮打水一场空,不过中招的投资者确实被坑惨了。

四、高质押率公司的回购陷阱

(一) 业绩走弱,科陆四面楚歌

从2007年科陆电子成功上市以来,科陆电子的发展战略迎合宏观政策以及行业状况发生了多次重大转变,刚开始科陆电子主营业务为智能电网仪器仪表设备,产品主要包括发电、输变电、配电系统的一二次设备。一次设备为直接接入电力系统的核心高压设备如变压器、断路器、逆变器等;二次设备主要是对一次设备、电力系统进行监测、调节、保护的低压设备,如控制开关、电能表检定装置、报警器、各种检测仪表等。然而这个细分行业无疑受制于电网系统投资运营状况而存在天花板,渐渐壮大的科陆电子开始寻求新能源业务的转型,以火电、水电为主的发电市场还存在很大的新能源发电空间,风电、光电等可再生清洁能源无疑是下阶段电力设备行业的布局重点,随着锂电池成本的下降,电化学储能也会迎来重大发展契机。

然而战略上高瞻远瞩的科陆电子恰恰栽在了盲目扩张上面。光伏发电是条前途无限的好赛道,不过当下还是面临着诸多问题。光伏发电波动性大、随机性强、可调节程度差,为了电力系统发电质量和稳定性考虑,光电并网发电还是存在较大障碍,目前大部分地区光电企业依赖于国家补贴生存。"531新政"发布之后光伏行业进入阵痛期,为进一步推动平价上网早日实现,2018—2019年光伏补贴持续退坡以倒逼光电企业降低光伏发电成本,实现行业优胜劣汰。在光伏发电上面投入血本的科陆似乎将成为被淘汰的一批企业,因为光电业务投资表现不佳,科陆电子近两年已逐渐剥离该业务。电力行业因关系到国计民生受到高度管控,在中国只有国家电网和南方电网是直接出售电力的公司,生产生活用电需求直接归集到国家电网、南方电网两家公司,再由两家公司招标落实电网设备供应商,行业的特性决定了电力设备供应商的相对弱势地位。电力行业目前正处于结构性调整的阶段,经历过前期电源投资、电网输变电系统投资的阶段,电力总投资正走下坡路,重点投资领域转为配电自动化设备,相对有限的发展空间、需求集中到两家垄断地位公司,以及招投标的行业模式都限制了该行业公司的盈利(见图2-6)。

图2-6 电工电网行业盈利状况

资料来源:Wind。

从科陆电子近些年各种业务毛利率走势来看(见表2-14),2016—2018年主营业务中占比最大的智能电网毛利率一直下降,自2016年的31.61%降至2018年的24.37%,2019年上半年有所回升,占比第二的综合能源管理服务2019年经历了断崖式下跌,相比2018年度下降超22%;储能业务毛利率下降约20%;2018年度智慧城市业务毛利率同比下降约40%,目前科陆已经放弃了该业务。各种业务毛利率齐下降的科陆电子正经历着成立以来前所未有的经营危机。

表2-14 科陆电子各业务毛利率变化

主营业务	2019年1—6月	2018年度	2017年度	2016年度
智能电网	32.20%	24.37%	28.06%	31.61%
储能业务	10.13%	29.62%	21.30%	21.21%
智慧城市	—	-8.52%	30.54%	29.61%
综合能源管理及服务	3.83%	26.36%	34.37%	38.83%

资料来源:公司公告。

进一步采用杜邦分析拆分科陆电子的净资产收益率,并与同行业市值前十的宁德时代(300750)等公司(见表2-15)。2015—2017年科陆电子销售利润率稳定在9%上下,仅仅相当于宁德时代的1/2,且低于市值前十公司的平均水平;总资产周转率稳定在0.3左右,十家公司平均总资产周转率处于 0.6 之上;意料之中的是科陆电子的权益乘数远远高于行业均值,2016 年甚至达到 4.53,行业平均为 2.44,亿纬锂能为 1.88。在科陆电子营业收入达到峰值的 2017 年度,净资产收益率仅为 12.28%,宁德时代净资产收益率为 19.77%,亿纬锂能为 16.05%,十家平均为 15.85%。通过烧钱进行业务扩张的科陆并没有取得理想的效果:一方面受到规模效应影响,面临着公司议价能力低导致销售利润率低于市值较大的公司;另一方面到处建厂收购公司、产能提高并没有转化成实际的营收,产能利用率低,公司的资产周转率与行业平均相差甚远。如此扩张,在资产账面价值膨胀的背后,净利润增加相当有限且公司杠杆高企,埋下了隐患。2018 年,公司业绩急剧恶化,营收、利润双双下降,销售净利率达-32.09%,净资产收益率为-29.35%,当年度归属于母公司所有者净利润为-12 亿元,据公司业绩预告,2019 年预计亏损 20 亿~25 亿元。连续两年亏损的科陆电子似乎逃不过戴帽的命运了。

表 2-15 同业公司杜邦分析

公司	指标	2018 年度	2017 年度	2016 年度	2015 年度
科陆电子(002121)	净资产收益率(%)	-29.349 8	12.281 4	10.927 7	10.402 5
	权益乘数	3.473 8	3.706 5	4.530 5	3.973 3
	总资产周转率(次)	0.262 6	0.316 1	0.280 6	0.301 8
	销售利润率(%)	-32.090 0	9.042 8	8.763 7	8.933 9
宁德时代(300 750)	净资产收益率(%)	11.752 4	19.765 7	36.098 8	123.219 7
	权益乘数	2.143 4	1.947 0	2.225 6	7.644 9
	总资产周转率(次)	0.479 4	0.511 1	0.798 6	0.987 7
	销售利润率(%)	12.616 5	21.443 5	20.757 5	16.668 4
亿纬锂能(300 014)	净资产收益率(%)	17.179 8	16.050 4	13.786 5	11.279 0
	权益乘数	2.632 8	2.357 2	1.882 1	1.553 7
	总资产周转率(次)	0.497 5	0.503 4	0.680 6	0.647 2
	销售利润率(%)	13.397 2	14.521 3	13.474 1	12.306 5
市值前十公司平均	净资产收益率(%)	14.672 9	15.848 1	17.251 1	27.282 6
	权益乘数	2.597 5	2.597 7	2.438 4	2.932 1
	总资产周转率(次)	0.611 7	0.620 9	0.644 7	0.700 8
	销售利润率(%)	11.758 6	12.654 1	13.037 3	12.648 5

资料来源:Choice。

如果我们详细拆分近几年科陆电子的利润表就可以看出,业务扩张带来的毛利润少得可怜,奠定2015—2017年净利润增长的基础是投资收益。2015—2017年毛利润分别为7.301亿、10.073 6亿、13.081 8亿元,毛利率分别为32.28％、31.86％、29.89％,营业总收入减去营业总成本差值分别为70.44万、-34.45万、-46.29万元,说明期间费用的增加其实已经侵蚀了大部分毛利润。2016年、2017年投资收益占营业利润的比例为119％、87％。投资收益中处置长期股权投资产生的投资收益占很大比例,2016—2017年公司分别处置了参股公司北京国能电池、深圳金粤投资、分宜县陆辉光伏发电公司等的股权,正是这些投资收益极大地美化了前几年的利润表数据。然而这层遮羞布终究是被揭开了,扩张之下的隐患也很快爆发,2018年没有高额投资收益支撑的营业利润急速回落至-11.99亿元,而其中除了投资收益的减少外还有资产减值损失的巨额增加,坏账损失同比增加3.21亿元、固定资产在建工程减值损失同比增加近1.20亿元、商誉减值损失增加约2.20亿元。据公司称,资产减值损失的增加主要因为收购百年金海、深圳芯珑等公司业绩未达预期,2016—2017年百年金海业绩承诺完成率仅为93.3％和39.5％。宏观经济下行、新能源补贴退坡、公司业绩走弱、股价一路下跌,控股股东面临被迫平仓的风险,银行抽贷,资金周转紧张,科陆电子显然正在经历成立以来最严重的危机。

(二)流动性堪忧,回购资金何来

2018年年中时发布股份回购方案的科陆电子,在2019年年中回购期届满时又以流动性紧张优先满足企业正常生产经营资金缺口为由解释了一股未购的原因。其中的蹊跷就在于2018年上半年公司已经面临着流动性紧张的问题。为了维持核心业务的经营资金投入公司,一方面终止募投项目,补充流动资金,先保证已有订单生产交货;另一方面通过折价转让大量股权资产尽快实现资金回流,补充日常所需和偿还应付到期债务。

从近几年偿债能力指标来看(见表2-15),流动比率自2017年年中开始大幅下降,2018年越过100％的警戒线,流动资产增速不及流动负债增速,去除周转需要较长时间且价值不稳定的存货,速动比率自2017年年末开始一直在100％之下。2018—2019年,现金比率仅为20％左右,同期全行业平均流动比率为152％,速动比率为124％,几乎为科陆电子指标的2倍。凭库存现金仅能支付流动负债的1/5,要全额支付流动负债还需要企业加强应收账款管理、加快存货周转、通过融资偿还债务,这就为企业带来了资金周转的风险,连续几年保持低速动比率、低现金比率经营的科陆电子无异于玩火自焚。具体分析2018年年中发布股份回购公告之际,公司持有货币资金17亿元,应收票据及应收账款33.43亿元,存货15.43亿元,短期借款28.45亿元,应付票据及应付账款24.39亿元,一年内到期非流动负债9.226亿元。排除存货之后,公司的货币资金和应收账款甚至难以应付短期借款和应付账款,更不用说货币资金中还有将近5.5亿元的资金用于合同保证金和质押而用途受限。考虑到电网订单一般采用"181"或"361"的方式付款,施工过程中需要公司垫付大笔资金,应收账款回收期限也较长,2018年中报显示账龄一年以上的应收账款占比超20%。资产周转速度慢、应收账款回收期限长、大笔货币资金使用受限,现金流紧张的科陆电子2018年通过多种方式进行融资,多次甩卖之前举债收购的光伏电站资产,并终止2017年定增资金投入的110 MW光伏发电项目,将剩余资金约3.3亿元永久补充流动资金,多次追加申请银行授信额度,截至2018年年末公司累计向银行申请不超过85.2亿元授信额度、子公司向银行申请不超过21.7亿元银行授信额度。同时公司通过多种方式盘活账面资产筹集资金,2018年3月,公司还将对科陆能源的7.11亿元应收账款债权作价5.6亿元转让给长城资产深圳公司,2018年12月以4亿元应收债权融资得到2.51亿元并约定1年之后以不超过10%溢价金额回购。如此高的融资成本下,科陆仍然急于达成交易,可见其资金紧张程度。即便国资接盘纾困,科陆电子还是没有完全解决资金周转问题,其流动性问题积重难返。冰冻三尺非一日之寒,业绩不佳连续两年亏损、持续被流动性问题困扰的科陆电子哪里来的资金进行回购呢?

表 2-15 科陆电子偿债能力分析

偿债能力指标	2019年中报	2018年年报	2018年中报	2017年年报	2017年中报	2016年年报	2016年中报
流动比率	0.85	0.90	1.10	1.04	1.32	1.05	0.90
速动比率	0.69	0.74	0.89	0.85	1.05	0.85	0.76
保守速动比率	0.62	0.65	0.78	0.77	0.97	0.75	0.66
现金比率	0.22	0.18	0.23	0.26	0.35	0.19	0.13
利息保障倍数	0.59	−1.96	1.37	2.70	2.00	2.28	1.91
流动负债/负债合计	87.65	77.43	64.25	70.02	60.44	58.59	60.83
经营活动现金流量净额/流动负债	0.02	0.05	0.00	0.03	−0.01	−0.01	−0.06

资料来源:Choice。

(三)忽悠式回购缓解质押风险?

近几年科陆电子为进行业务扩张,进行多渠道融资,股权质押率始终居高不下,多次面临平仓风险,通过号召员工进行兜底式增持、董事高管增持、国资出手纾困等方式暂时躲过一劫。在缺乏资金、注定零回购结局的情况下,公司2018年年中公告将面向社会公众进行股份回购,而这一时间点刚好是公司面临股权质押爆仓危机焦头烂额的时候,目的已然昭然若揭。

再回看公布股份回购计划之际,公司控股股东饶陆华的股权质押状况。2018年6月30日,饶陆华共有未到期股权质押46笔,质押总数量达62 667万股,占其持有科陆电子总股数的99.94%,以质押率40%,质押成本10%计算,包括质押融资成本在内的需偿还金额总计为24.6亿元左右。由图2-7可见,预警线分布在3.5~7元/股之间,5.5~6元/股之间的质押笔数居多,其中一笔约1.2亿股的质押预警线为6.06元/股,平仓线分布在3.7~6元/股。在质押率几近100%的情况下,饶陆华已经没有补仓能力,一旦触及预警线只能提前解押或者被平仓。当时科陆电子正处于停牌阶段,停牌之前以6.46元/股价格收盘,且股价处于连续下跌阶段。试想一下,如果复牌之后股价跌至6.06元/股,上述1.2亿股的质押将会被平仓,而其他已经进行补仓的股权质押可能也会被出售,一旦触发平仓,引起市场恐慌,股价将会断崖式下跌,更多股权质押触发平仓,产生恶性循环,对公司产生极其恶劣的影响。事实上,复牌之后几日股价一度下跌到了5.3元/股。在这之前的2018年5月19日,公司突然发布要进行股份回购的消息,极有可能就是已经预料到公司将会面临的险况,因此忽悠投资者从二级市场买入公司股票以提振股价、维护市值、暂缓股权质押风险,可惜并没有起到相应效果,股价继续下跌直到6.46元/股。此时,饶陆华被逼无奈开始谋划转让股权为解押筹资,而这正是6月末科陆股票停牌的原因。

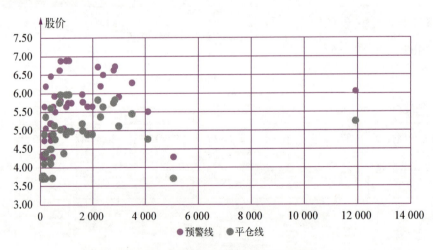

图2-7 各个预警线对应股权质押数量

资料来源:由Wind数据整理。

通过详尽的分析,我们可以看出在宣布股份回购方案之际公司已经深陷流动性危机,没有实力进行回购,另外当时科陆电子的股价一路下行逼近大笔股权质押的预警线且饶陆华的股权质押率已经很高没有办法再进行补仓,公司有动机通过假回购来解除质押风险。多种迹象表明,2018年6月—2019年6月的股份回购其实就是科陆电子别有用心,给众多中小投资者挖下的陷阱。

五、结语:规范股份回购,任重道远

仅仅从股价的走势上看,科陆电子这场忽悠式回购的闹剧并没能雪中送炭,最终还是靠国资入场纾困。但是不论结果如何,科陆、海思科、金正大都应该为采取忽悠式回购坑骗中小投资者的行为付出代价。这种蓄意为之的骗局本质上就是发布虚假信息误导投资者,然而当前监管机构对于这类行为的处罚力度还远远不够,相对于忽悠式回购可能带来的股价提升等好处而言,收到监管函抑或60万元的处罚太轻。所以会有一个又一个公司甘愿顶着风险前仆后继走上这条投机取巧之路,而广大中小投资者们则是不知不觉中就中了圈套,付出了沉重代价。这种情况下,只有强化股份回购事中事后全流程监管、从严惩处忽悠式回购这类违法违规行为、提高上市公司的违法成本,才能避免该类行为的出现,更好地保护投资者权益,规范上市公司股份回购行为,促进证券市场良性发展,也避免上市公司股东将希望寄托在忽悠式回购之上,进行高比率股权质押,一次次逼近警戒红线。

一路走来,科陆电子从默默无闻的小公司发展到国内领先的电气设备制造商、深圳市电气创新的名片,再沦落到四面楚歌的境况,可以说成也投资,败也投资。科陆电子处于成立以来最凛冽的寒冬,只得剥离冲动"买买买"引入的光伏业务以及动力电池业务,退守智能电网、储能、充电桩的阵线,疯狂投资蹭了一鼻子灰的科陆还能回到正轨吗?又一次陷入高股权质押率危机,控股股东和上市公司本身都面临资金周转困境的科陆可以守得云开见月明吗?一切都还是未知。

思 考 题

1. 为实现公司扩张布局新能源业务,科陆电子近些年采取了哪些融资方式?
2. 上市公司进行股权质押融资有哪些利与弊?
3. 面临股价下行、股权质押爆仓风险,科陆电子曾采取过哪些措施?
4. 分析远致投资有限公司接手饶陆华转让的股权,对科陆电子产生了哪些影响?
5. 上市公司股份回购一般有哪些动机?

6. 科陆电子股份回购的结果如何？对公司产生了什么样的影响？

7. 为何说科陆电子2018年年中公布的股份回购是在忽悠投资者？科陆电子忽悠式回购的目的是什么？

8. 联系新证券法，分析此案例对于资本市场有何启示。

分析思路

这里提供的案例分析主要是根据案例的推进过程和思考题的顺序进行。

1. 科陆电子成立之初专注于智能电网设备，后来布局新能源业务作为公司业务扩张的落脚点，电化学储能业务、光伏电站建设运营业务、新能源汽车业务是公司新能源业务发展的"三驾马车"。新能源行业属于资本密集型行业，自2014年正式进军光伏产业以来，公司通过多种方式进行了大量融资：2015年和2017年两次非公开发行股票募资，募资达25亿元；2014年和2017年公开发行公司债券、2016年两次非公开发行公司债券，累计募集资金9亿元；频繁申请银行授信额度，利用光伏电站等不动产做抵押大幅增加银行借款，2015—2017年度母公司深圳市科陆电子科技股份有限公司分别向银行申请授信51.9亿元、50.15亿元、56.15亿元；盘活账面资产，通过开展售后回租等模式进行融资租赁，利用公司的光电系统、风电系统等不动产以及电动客车等资产进行融资；公司股东股权质押融入资金也用于参与定增投入业务扩张之中。

2. 股权质押融资相比于其他融资方式申请流程简单，相比于定增和公开增发几乎不涉及行政机关审批程序，所以时效更快，使用起来更加便捷灵活；股权质押只是将股份收益权用于质押，控股股东仍然拥有公司控制权，一般股东仍可以享受优先购买权、知情权、表决权；股权质押相当于抵押贷款，融资成本更低。正是因为对于上市公司来说，股权质押融资是一个近在手边的便利融资工具，所以容易产生过度质押引发风险，一旦触发预警平仓线，无法提前解押或补仓，质权人进行平仓，控股股东失去控制权，会引发市场恐慌、股价暴跌，严重影响公司正常经营。当质押比率较高时，由于股权的现金流权和公司治理权的分离，更容易引发代理问题，不利于公司发展。另外，存在上市公司股东利用股权质押掏空公司的风险。

3. 自2014年开始，公司控股股东股权质押率高企，数次面临爆仓风险。为提振股价、缓解股权质押风险，公司采取了诸如兜底式增持、股票停牌、忽悠式回购、股权转让回流资金等多种措施。2015年8月28日，受宏观经济状况等多种因素影响，科陆电子股价下行逼近多条质押预警线,而饶陆华的股权质押率接近100%,爆仓风险一触即发,公司首次采用兜底式增持,倡议员工买入公司股票。随后2017年6月和12月公司又进行了两次兜底式增持,三次兜底式增持协议公告之后股价都迎来了短暂上涨,然而从上涨幅度和增持金额来看,第三次增持倡议所起的作用有限。2018年年中,业绩不佳股价下行的科陆再次面临爆仓风险,公司假借股份回购公告意图逆转下行趋势,然而没有达到目的。随后饶陆华采取转让股权的方式回流资金解除多笔股权质押。

4. 2018年8月,饶陆华将所持科陆电子10.78%的股权转让给深圳市远致投资有限公司,获得资金10.34亿元,利用所得资金提前解除多笔股权质押,大大缓解了股权质押风险。另外,公司当时就已面临债务偿付危机,同时核心业务所需的流动性资金也不够,因为公司经营状况堪忧且面临财务危机,银行抽贷、公司融资无门,而有深圳市国资委背景的远致投资接盘之后,依靠国资背景增信,光大银行等多家银行恢复了科陆的授信额度,流动性危机暂时得到缓解。

5. 上市公司进行股份回购的动机可概括为如下几点:信号传递效应,传递给投资者股价被低估的讯息,提升股价维护市值;调整资本结构,剥离无用资产,增厚每股收益,提升公司运营效率;回购所得股份用于股权激励计划;回购公众股份,加强对企业控制权,防止敌意收购;避免公司管理层过度投资反而不利于公司价值最大化的目标,减轻代理成本。

6. 2019年6月公司公告股份回购结果,截至6月4日股份回购期限届满公司一股未购,针对这一结果公司解释称:受金融经济环境多重因素的影响,公司流动性一直处于紧张状态,资金优先用于正常生产经营,所以未实施股份回购。采取事件研究法以2018年5月21日首次公布回购预案作为事件发生日($AD-0$)进行分析,发现($-10,+10$)窗口期内,科陆电子股票并未取得显著为正的累计超额收益,且股价仍然延续之前的下跌走势,分析原因可能是公司经营业绩不佳,且面临较严重的财务危机和股权质押风险,种种基本面因素对公司股价产生了较大影响。

7. 通过对公司经营状况全面系统的分析,发现公司存在流动性危机,甚至连偿付债务和正常的经营交付订单都成问题,公司已通过折价变卖资产转让股权、终止募投项目将募集资金永久补流、多次申请追加银行授信额度、低价转让应收账款到期高溢价回购等方式募集资金,对资产负债表的分析也证明公司速动比率、现金比率偏低,库存现金紧张,根本没有闲置资金进行回购。另一方面,发布回购公告之际,公司股价持续下跌,且饶陆华的股权质押率接近100%,面临着股权质押爆仓风险,为了维护市值提升股价防止质押股票被平仓,公司有很大动机进行忽悠式回购。

(8)科陆电子的忽悠式回购并不是个例,仅在2019年已经出现多个类似案例,这些公司在公布回购方案之后或一股未购或回购金额远远不及下限,这也反映出在股份回购方面监管仍然存在需要改进的地方。特别是上市公司股份回购细则为上市公司回购股份解绑之后，针对股份回购的事中事后监管措施更要跟上，防止这样的忽悠式回购再次出现。建议监管部门严惩忽悠式回购这类违规信息披露问题，提高违法行为成本，同时加强股权质押融资监管力度，加快纾困机制建立落地。忽悠式回购不仅扰乱了证券市场秩序，而且也对投资者们造成了实质性损失，联系新证券法备受关注的焦点——证券民事诉讼制度，防止忽悠式回购可考虑发挥广大投资者的监督作用，通过证券民事诉讼制度切实保护中小投资者的权益，也对有这一念头的公司起警示作用。

案例三

东方园林：纾困基金化解股权质押风险

案例摘要

2015年以来，东方园林PPP（Public-Private Partnership，政府和社会资本合作）订单总额不断增长，被业界称为"PPP拿单王"。虽然业绩急剧高涨、市值快速翻番，但亮眼的成绩单难掩资金流断裂的隐忧。2018年，在去杠杆、紧信用的金融大环境下，东方园林遭遇了巨大的困局，发债受挫引发股价崩盘，高股权质押下的爆仓危机一触即发。北京市朝阳区国资委和农业银行投资纾困基金的及时落地，让东方园林的股权质押风险得到了有效缓释。本案例通过分析东方园林的发展历程、收现能力及融资行为，发现公司由于过度扩张出现了回款能力差、债务结构不合理等问题，最终引发股权质押危机，其过度负债的教训值得投资者与企业管理层进一步思考。案例研究了纾困基金的设立动因、纾困过程及效果，可为投资者及监管层提供借鉴。

理论分析

一、PPP模式

PPP是政府和私人组织之间合作建设某些公共设施项目或其他基础设施项目的一种合作方式。

PPP模式的起源可以追溯至18世纪欧洲的收费公路建设计划。从我国实践看,PPP不仅是一个新融资模式,还是管理模式和社会治理机制的创新。PPP作为制度供给的创新,其顺利运行和长久发展特别需要强调现代文明演进中的法治建设和契约精神建设的相辅相成。

PPP管理模式的运行具有三个重要特征:伙伴关系、利益共享和风险分担。

(一) 伙伴关系

伙伴关系是PPP的首要特征。它强调各个参与方平等协商的关系和机制。伙伴关系必须遵从法治环境下的契约精神,建立具有法律意义的契约伙伴关系,即政府和非政府的市场主体以平等民事主体的身份协商订立法律协议,双方的履约责任和权益受到相关法律、法规的确认和保护。

(二) 利益共享

PPP项目一般具有很强的公益性,同时也具有较高的垄断性(特许经营特征)。政府和社会资本之间共享项目所带来的利润的分配机制是PPP项目的第二个基本特征。PPP项目的标准至少包括两个,即政府公共投资的项目和由社会资本参与完成的该政府公共投资项目,包括建设和运营。PPP项目中政府和非政府的市场主体应当在合作协议中确立科学合理的利润调节机制,确保社会资本按照协议规定的方式取得合理的投资回报,避免项目运营中可能出现的问题造成社会资本无法收回投资回报或者使得政府违约。

(三) 风险分担

PPP模式中合作双方的风险分担更多是考虑双方风险的最优应对、最佳分担,尽可能做到每一种风险都能由最善于应对该风险的合作方承担,进而达到项目整体风险的最小化。要注重建立风险分担机制。风险分担原则旨在实现整个项目风险的最小化,要求合理分配项目风险,项目设计、建设、融资、运营维护等商业风险原则上由社会资本承担,政策、法律和最低需求风险等由政府承担。

二、大股东股权质押

股权质押是指公司股权的持有者(出质人)将自己所持有的股权向银行、证券公司等金融机构(质权人)进行抵押而获取相应贷款的一种融资方式。只要出质人在质押期间没有发生违约行为,到期后出质人可解除质押收回股权。在股权质押期间,质权人并不享有质押品的所有权,只享有相应的担保范围内的优先受偿的权利。出质人虽然进行了股权质押行为,但仍享有被质押股份所对应的表决权、余额返还请求权以及优先认购新股权。

在某种程度上,出质人的控制地位并不会因为股权质押而发生改变,这是股权质押在资本市场上广受欢迎的原因。

股权质押可以分成主动型和被动型。主动型为出质人拥有某公司高比例的股权,出质人为了充分发挥该股权再融资方面的作用,并增加其流动性,将该股权进行质押,以活的资金来实现对外投资;被动型则是在资金链断裂等急需资金的情况下,运用股权质押行为来获取所需资金。

大股东的股权质押带来的信息不对称问题主要体现在逆向选择和道德风险上。

三、纾困基金

纾困基金是一种特殊背景下形成的金融救助机制,其实践性研究最早源自欧债危机期间欧盟和国际货币基金组织设立的用以缓解各成员国压力的一种应急机制。从欧债危机中纾困资金的效果来看,最终结果显示纾困基金确实缓解了欧债危机的扩大化。

当前中国纾困基金尚未有明确法定概念。广义概念下的纾困基金主要包括专项银行信贷、专项债券、信用保护工具和专项投资基金在内的特定纾困机制;狭义概念下的纾困基金则主要为旨在缓解民营上市公司流动性压力和上市公司大股东股权质押风险而设立的专项投资载体。

纾困基金的设立形式主要包括资产管理产品形式和私募基金形式。其中,前者包括证券公司资产管理计划、保险资产管理公司专项产品,后者包括证券公司通过私募投资子公司设立的专项纾困基金、地方政府牵头设立的私募投资基金。

案例研究

2018年9月4日,中国人民银行和全国工商联举办了"民营企业和小微企业金融服务座谈会"。会上,东方园林董事长何巧女的一番话道出了民营企业家们的心声:"现在民营企业太难了,如果易行长给我批准一个银行,我一定拯救那些企业于血泊之中,一个一个地救。"

民营企业长期以来代表着中国经济的蓬勃动力,是推动经济结构转型升级不可或缺的力量。然而,2018年以来,受经济下行、监管升级等因素影响,民营企业的经营、融资状况均表现不佳,面临着"融资难"与"高股权质押下爆仓风险高企"的双重困境。

一方面,在去杠杆的大背景下,受股权质押新规、资管新规等相关政策影响,银行等金融机构纷纷收缩信用体系;民营企业在社会信用融资方面亦存在劣势,2018年前三季度,国有企业债券融资规模为2017年全年的79%,而民营企业仅为33%。企业外部资金来源渠道受阻,现金流严重承压。随着债券集中到期,民营企业违约事件频发,市场信心受到冲击,企业融资进入恶性循环。

另一方面,民营上市公司大股东股票质押比率较高。截至2018年12月底,A股上市公司控股股东股票质押比率50%以上的上市公司中,民营企业占比高达87.7%;质押比率90%以上的上市公司中,民营企业占比高达83.8%。股票质押融资中,若股价下跌,质押股票市值缩水至触及平仓线时,质权方将要求出质方追加股票或补充保证金,否则采取平仓措施。在2018年经济增速放缓、股价持续承压的背景下,民营企业股权质押风险加剧。2018年大股东首次发生股权冻结的上市公司高达123家,是2017年的3.7倍,绝大多数为民营企业。股权冻结的主要原因之一正是大股东股权质押违约引发诉讼。大股东无股可押,同时又无法归还本金利息,若质押股票被出售,公司将面临控制权被动转移的风险,股权的不稳定性进一步加大了融资难度。

即便是曾被市场称为"中国园林第一股""PPP第一股"的东方园林也未能幸免。2018年5月21日,东方园林公告显示,公司原计划发行的10亿元公司债认购率仅为5%。发债遇冷引发了市场对其偿债能力的担忧,公司股价一路狂跌,半年内市值蒸发近400亿元,缩水幅度超六成,股权质押的爆仓危机一触即发。

一、东方园林:从园林工程跨界生态环保

(一)发展历程:业务转型从未间断

东方园林(002310.SZ)全称北京东方园林环境股份有限公司,成立于1992年8月,于2009年11月登陆深圳创业板,成为中国园林行业第一家上市公司。

从持股结构看,公司是典型的家族式企业,截至2018年6月末,何巧女持股比例为41.52%,为公司控股股东,与其夫唐凯(持股比例7.65%)共同为公司实际控制人。

东方园林靠园林工程业务起家,上市之后,大举进军市政园林领域,切入业务发展快速路。2009—2013年,东方园林业绩增势迅猛,公司营业收入由5.8亿元增至49.7亿元,年均增长70.8%;净利润由8 373万元增至8.9亿元,年均增长81.5%。

2013年,公司提出了水资源管理、水污染治理和水生态修复及水景观建设的"三位一体"生态综合治理理念。2014年,受房地产市场下滑和地方政府债务调控等外部因素的影响,公司园林工程业务出现业绩下滑,营业收入、归母净利润分别同比下降6%、27%。公司积极转型,在尝试通过PPP模式开展业务的同时,于2015年确定了水环境综合治理与危险废弃物两大发展方向。2015年11月,东方园林以12.75亿元价格完成对上海立源

水处理技术有限责任公司和中山环保产业股份有限公司的收购,逐步完成由从事市政园林工程建设为主的企业向以水系治理为主的生态修复企业的转型。2017年,公司通过并购迅速扩大危废处理能力,并进一步延伸产业布局,开展全域旅游业务。

目前,东方园林已经成为环境、环保、文旅"三驾马车"驱动的大型综合生态集团。得益于新增业务提振,2016—2017年,东方园林分别实现营收85.6亿元和152.3亿元,同比分别增长59%和78%;实现归母净利润12.7亿元和21.8亿元,同比分别增长115%和68%(见图3-1、图3-2)。同期,公司市值由171.84亿元的低位升至614.06亿元,增幅超过两倍。

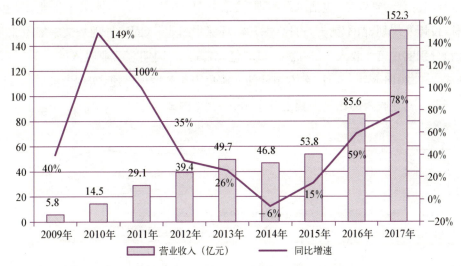

图3-1　2009—2017年东方园林营业收入及增速

资料来源:Wind。

图3-2　2009—2017年东方园林归母净利润及增速

资料来源:Wind。

(二)产业拼图:三大平台体系建制已成

东方园林内部分为环境集团、环保集团、文旅集团三大业务板块。环境集团主要包括园林工程、水系治理、生态修复等业务;环保集团成立于2015年,业务方向为危险废弃物的无害化处理与资源化利用;文旅集团主要从事全域旅游项目的建设与运营。

环境集团业务是东方园林业务的核心,也是整个集团价值和经营现金流的创造主体。2017年,公司环境集团业务实现营业收入125.8亿元,占公司同期总营业收入的82.6%,其中水环境综合治理业务(包括水系治理、生态修复)占比46.0%,园林工程业务(包括市政园林、设计及规划、苗木销售)占比35.7%;环保集团业务(固废处理)、文旅集团业务(全域旅游)分别实现营业收入15.0亿元、11.0亿元,占公司同期总营业收入的9.9%与7.2%(见图3-3)。2018年1—6月,东方园林的文旅集团业务增长迅速,实现营业收入11.6亿元,占当期总营业收入的比例大幅上升至18.0%(见图3-4)。

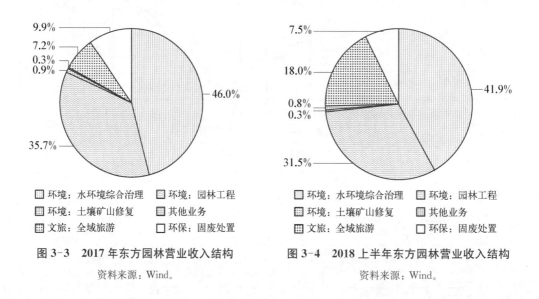

图3-3 2017年东方园林营业收入结构
资料来源:Wind。

图3-4 2018上半年东方园林营业收入结构
资料来源:Wind。

1. 千亿订单待哺

东方园林环境集团业务收入主要来源于市政园林和水环境综合治理两大业务。市政园林为公司传统业务,水环境综合治理业务则由水系治理和生态修复业务合并而来。2015—2017年,市政园林业务收入复合增速超50%,水环境综合治理业务营业收入复合增速约55%,两项主要业务均保持强劲的增长态势,毛利率基本维持在30%以上(见图3-5)。

东方园林水环境综合治理业务的快速崛起,与PPP订单的快速累积相关。

PPP模式早已有之,但在中国发展缓慢。2014年以前的30年间,中国PPP项目仅

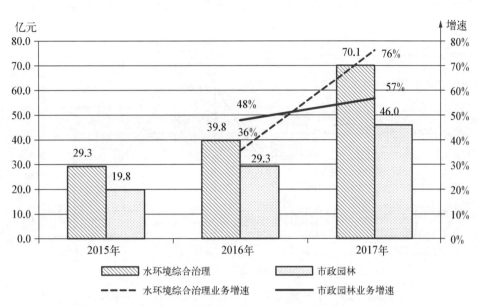

图 3-5 2015—2017 年东方园林环境集团主要业务营业收入及增速

资料来源：Wind。

1262 个。2014 年 9 月,由于地方债风险高企,财政部印发《财政部关于推广运用政府和社会资本合作模式有关问题的通知》,指出尽快形成有利于促进政府和社会资本合作模式发展的制度体系;10 月,国务院印发《关于加强地方政府性债务管理的意见》,明确指出剥离融资平台的融资职能,推广使用政府与社会资本合作模式。一时间,PPP 备受追捧,东方园林也参与到 PPP 项目的投标中。

2015—2017 年,东方园林 PPP 订单总额不断增长,被业界称为"PPP 拿单王"。如图 3-6 所示,2017 年,东方园林共计中标 PPP 项目 50 个,中标金额合计 715.71 亿元,同比增长 88.3%;截至 2017 年年底,公司累计中标 PPP 项目 88 个。根据《2017 年度中国 PPP 发展报告》,民营资本中,东方园林 PPP 总中标金额仅低于华夏幸福。2018 年上半年,东方园林共中标 PPP 订单项目 36 个,中标金额 339.48 亿元,同比增加 18.7%,这些订单主要以水环境综合治理为主,也覆盖全域旅游、市政园林和土壤矿山修复等领域。根据年报,正常情况下,东方园林的项目运作周期约为 1~3 年,部分项目周期约为 3~5 年。这意味着,仅以 2017 年至 2018 年 6 月间新增订单规模计算,未来 5 年,东方园林的年均可执行订单金额接近 300 亿元。随着中标项目逐步释放收益,带动公司业绩出现了大幅增长。

自 2014 年起,东方园林开始尝试改变原有的工程业务模式,逐步向 PPP 投资模式转型。通常由公司(东方园林)作为社会资本方,与政府共同设立特殊目的实体(Special Purpose Vehicle,SPV);SPV 承接政府 PPP 项目并获得特许经营权,再将工程承包给东

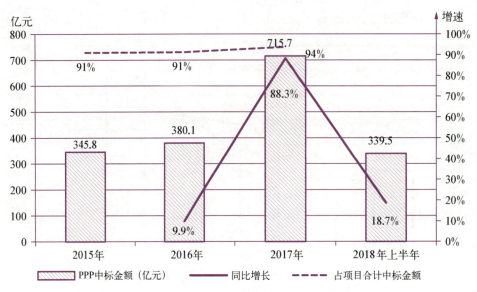

图 3-6 2015 年至 2018 年上半年东方园林 PPP 订单中标情况

资料来源：Wind。

方园林；东方园林负责建设工程，按完工进度百分比法分批确认工程收入，未能实收部分确认为应收账款；建设期内（通常为 2~3 年），SPV 公司利用资本金和长期银行贷款支付工程费用；运营期内，政府方每年向 SPV 公司支付可用性服务费，SPV 公司享有项目经营收益权，向银行偿贷后将剩余的资金根据出资比例对政府公司、东方园林及社会资本联合体进行利润分配；运营期结束后，SPV 公司将工程项目的所有权移交给政府。从 PPP 项目全周期来看，东方园林的现金支出主要是前期资本金投入与工程建设成本，而现金收入包括工程建设收入及运营期间的以出资方身份获得的投资收益。

PPP 项目的资金来源主要包括项目资本金和外部融资。根据行业经验，项目资本金占项目总投资比重约为 30%，其中 20% 由社会资本方支付，10% 由政府出资。公司与政府合资成立 SPV 公司，然后经由 SPV 作为融资主体向金融机构进行贷款融资，完成整个项目的施工。由于社会资本参与项目投融资，PPP 模式下的工程项目可以在很大程度上缓解公共部门的短期财务支出和债务扩张压力。同时，SPV 公司凭借"资本金＋长期银行贷款"可将工程款当期支付给项目承担企业，回款压力大幅度减小。由于社会资本承接工程可以获得接近 15% 的业绩回报，社会资本仅需承担项目投资总额 5% 左右的额外支出便可以撬动项目运转，并将原本的项目资本金用于其他 PPP 项目开发，实现项目订单和收入的高速增长。

以东方园林为例，年报数据显示，2017 年，东方园林投入 PPP 项目公司的股权投资款约为 55.37 亿元，较 2016 年同比增加 36.22 亿元；同期，公司经营活动产生的现金流量净额约为 29.23 亿元，计算得到公司投资 PPP 项目公司净流出资金约为 6.99 亿元。2017

年,东方园林各类施工业务合计实现营业收入127.03亿元。以PPP业务占比80%计算,公司净流出资金占PPP类业务收入比重约为6.88%。

由上所述,PPP项目承接公司存在约占项目投资总额5%的资金缺口,若考虑到工程付款是分批支付,且部分工程款项在运营期根据考核结果发放,实际上的资金缺口将更大。因此,东方园林曾表示,公司的成长空间更有赖于企业的融资规模。除融资能力以外,PPP公司现金流背后的资金运营管理能力也非常重要。

2. 多板块业绩扩张待释放

2015年起,东方园林先后拓展了固废处置及全域旅游业务。

2015年9月,公司以现金1.416亿元收购了吴中固废80%的股权并增资,以现金2 000万元收购富阳金源铜业100%股权并增资;10月,公司以现金14.6亿元收购申能固废60%的股权(已转让),经此三大收购步入危废处理领域。2017年,东方园林先后收购南通九洲、绿嘉净水剂、东方瑞龙等多家危废处理企业。公司逐渐形成城市危废处置、金属危废处置、石油石化危废处置和特殊危废处置四个系列业务。

公司危废处理规模快速增长。根据年报数据,2017年,东方园林取得的工业危险废弃物(简称危废)环评批复约为126万吨,其中核准经营规模约为62万吨/年;当年,公司危废处置业务实现营收15亿元,占比约10%(见图3-7)。截至2018年6月,东方园林累计取得工业危废环评批复规模已增至176万吨,较2017年年末增长39%。同期,公司约有8个项目在建,合计持证处置规模49万吨/年。与东方园林项目施工业务相比,危废处理业务现金流稳定,行业集中度较低。

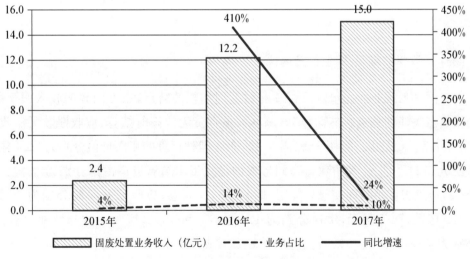

图3-7 2015—2017年东方园林固废处置业务发展情况

资料来源:Wind。

除危废业务以外,目前,全域旅游业务是东方园林增长最为迅速的业务板块。全域旅游是指在一定区域内,以大众休闲旅游为背景,以产业观光旅游为依托,通过对区域内经济社会资源进行全方位、系统化的优化提升,以旅游业带动和促进经济社会协调发展的一种新的区域协调发展理念和模式。在具体的业务模式上,主要通过PPP模式开展。2017年6月,国家旅游局正式发布《全域旅游示范区创建工作导则》。此后,东方园林中标的腾冲市全域旅游PPP项目为全国首个开工的全域旅游PPP项目。

截至2017年年末,东方园林共中标9个全域旅游PPP项目,涉及总投资约133亿元。2018年1—6月,东方园林全域旅游业务共实现营业收入11.6亿元,同比增长1 078%,占同期营业收入比重约为18%;同期,公司共中标11个全域旅游项目,涉及总投资约127亿元,是2017年全年的95%。

二、过度扩张与资金流断裂隐忧

作为PPP的龙头企业,东方园林业绩急剧高涨,市值快速翻番。然而,亮眼的成绩单难掩资金流断裂的隐忧。

园林行业是资金密集型行业,企业正常运营所需的资金要依靠多样化的融资渠道获得。PPP实质是短债长用,对于现金流充裕的企业而言,PPP是市场拓展的有效方式;而在去杠杆的宏观环境下,经济体系信用收缩,金融机构减少放款,流动性难以周转,经营就会出现问题。后退一步,不做新项目,公司业绩增长无法保障,也无法通过新工程建设获得现金流回流;前进一步,继续拓展新项目,企业将背上更大的压力。正是这种对外融资依赖性极强的发展模式,让投资者们对环保民企的前景提出了质疑。

(一)应收账款难回,现金流量堪忧

由于园林景观业务先垫资后付款和付款周期长的特点,东方园林的收入回现能力成为投资者关注的焦点。然而,东方园林大量存货无法按时结算,应收账款无法收回。2015—2017年(见图3-8、图3-9、表3-1),东方园林存货的账面价值分别为70.4亿元、87.8亿元、124.3亿元,其中建造合同形成的已完工未结算资产占比分别为88%、88%和94%,可见很多项目即使已经完工,回款仍然成问题;应收账款净额分别为37.9亿元、51.2亿元、74.7亿元,增速分别为12%、35%和46%;应收账款与营业总收入之比分别为70%、60%、49%。梳理应收账款账龄可发现,2016年,东方园林1~2年应收账款占比为12.47/58.5=21.31%,2017年该比率仍为16.18%,应收账款的账款较长。

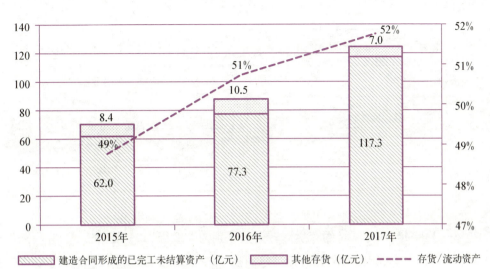

图 3-8　2015—2017 年东方园林存货情况

资料来源：Wind。

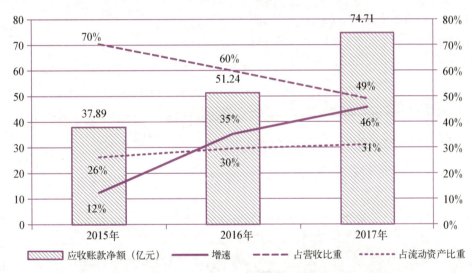

图 3-9　2015—2017 年东方园林应收账款情况

资料来源：Wind。

表 3-1　2015—2017 年东方园林应收账款账龄情况　　　　（单位：亿元）

账　龄	2015 年	2016 年	2017 年
1 年以内	19.87	30.45	51.90
1～2 年	9.53	12.47	13.81
2～3 年	9.55	6.87	8.92

续表

账　龄	2015年	2016年	2017年
3～4年	2.02	5.84	3.97
4～5年	0.86	1.64	4.31
5年以上	1.00	1.23	2.41
合　计	42.83	58.50	85.31

资料来源：公司年报。

2015—2017年，东方园林的存货周转天数分别为622天、495天、366天，应收账款周转天数分别为239天、187天、149天。与同属PPP概念股的园林上市公司蒙草生态（300355.SZ）、岭南园林（002717.SZ）、铁汉生态（300197.SZ）、美晨科技（300237.SZ），以及环保上市公司碧水源（300070.SZ）、首创股份（600008.SH）、启迪桑德（000826.SZ）相比，东方园林的周转效率明显较差（见图3-10、图3-11）。

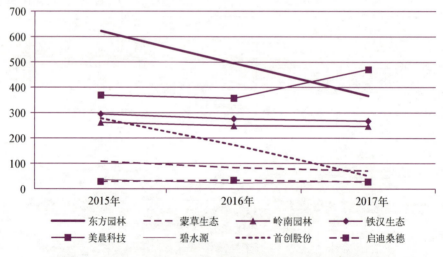

图3-10　2015—2017年东方园林与可比公司存货周转天数比较

资料来源：Wind。

公司现金流也不容乐观。PPP模式下，首先需要工程公司注入资本金，在现金流量表上表现为投资活动的现金流出；随着工程的陆续推进，实际收到的工程款项在现金流量表上反映为经营活动的现金流入。东方园林的整体运营现金净流量（=经营活动现金净流量+投资活动现金净流量）为连续负值，且无改善迹象。2015—2017年，东方园林整体运营现金净流量分别为−12.69亿元、−10.76亿元和−15.87亿元（表3-2），纳入融资活动

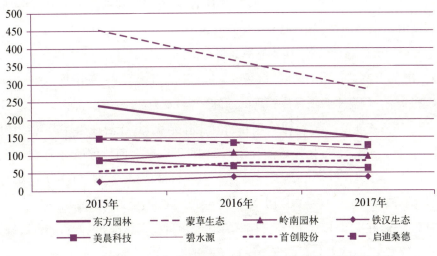

图 3-11　2015—2017 年东方园林与可比公司应收账款周转天数比较

资料来源：Wind。

后的现金流量净额分别为 −5.62 亿元、−0.24 亿元和 0.24 亿元，在危险的悬崖边缘游走。2018 年上半年，资金缺口继续扩大至 −22.96 亿元。

表 3-2　2015—2017 年东方园林现金流情况　　　　　　　　　　（单位：亿元）

	2015 年	2016 年	2017 年	2018 年上半年
经营活动现金净流量	3.68	15.68	29.24	4.27
投资活动现金净流量	−16.37	−26.44	−45.11	−27.23
整体运营现金净流量	−12.69	−10.76	−15.87	−22.96
筹资活动现金净流量	7.07	10.53	16.11	10.77
本期现金净增加额	−5.62	−0.24	0.24	−12.19

资料来源：Wind。

此外，资金回流速度跟不上投入速度。从东方园林 2017 年度报告披露的公司重大销售合同履行情况来看，20 个项目中有 16 个为 PPP 项目，施工合同金额较高，但现金回款金额较低，整体运营现金净流量为负。

(二) PPP 遭遇速冻，频繁融资下债台高筑

无论 SPV 是否并表，PPP 企业的收入本质还是来源于 PPP 形成的资产以及政府资金，考虑到公司所属行业 PPP 资产变现能力较弱，公司收现不可避免地受到地方政府的

资金状况以及周转速度影响。而在严监管背景下,地方城投违约的消息时有出现。财政部的数据显示,截至 2017 年末,地方政府债务余额为 16.47 万亿元,债务率为 76.5%,如果再加上规模巨大的隐性债务,其债务率或将翻倍。

因此,在 PPP 高速扩张的同时,市场的态度已悄然生变。以《关于规范政府和社会资本合作(PPP)综合信息平台项目库管理的通知》的印发为标志,财政部在 2017 年 11 月开启了对 PPP 的清理规范。截至 PPP 项目清理工作结束,共计清理出库 2 407 个 PPP 项目,涉及总投资额约 2.39 万亿元。部分银行 2018 年以来全面暂停所有 PPP 融资业务,PPP 业务面临"速冻"。尽管东方园林没有一例项目被清退,且在 2017 年仍中标 50 个 PPP 项目,但在大环境下,作为以 PPP 项目为主的公司,仍受到较大影响。

如前文所述,在 PPP 模式下,东方园林存在着项目投资总额 5% 左右的资金缺口。工程订单的快速增长,意味着公司的资金缺口不断扩大。为了维持高增长,在公司资本金有限的情形下,东方园林对外的融资需求不断提高。东方园林于 2016 年先后发行 3 期公司债融资 22 亿元,于 2017 年发行 3 期超短期融资债及 1 期短期融资债,发行规模达 32 亿元。

尽管行业杠杆水平总体较高,2015 年至 2018 年上半年,公司的资产负债率始终处于高位,由 63.83% 上升至 70.22%(见图 3-12);从负债结构来看,公司以流动负债为主,流动负债规模从 96.9 亿元上升到 253.7 亿元,在负债结构中的占比进一步从 86% 上升到 90%,远高于同行业的负债率(见图 3-12);流动比率和速动比率出现不同程度的下降趋势,短期偿债压力不断加码(见图 3-14)。

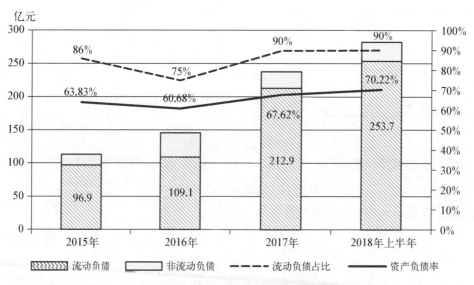

图 3-12　2015 年至 2018 年上半年东方园林负债规模与结构

资料来源:Wind。

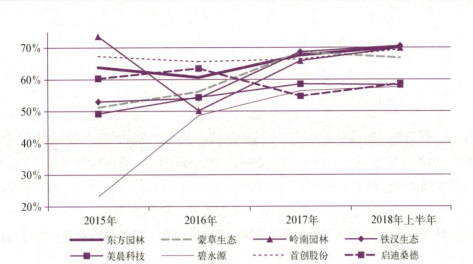

图 3-13　2015 年至 2018 年上半年东方园林与可比公司资产负债率对比

资料来源：Wind。

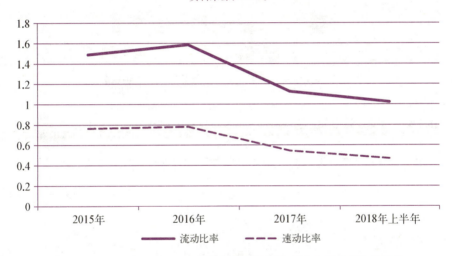

图 3-14　2015 年至 2018 年上半年东方园林流动比率及速动比率变化

资料来源：Wind。

如上所述，东方园林亮丽的成绩单背后暗藏着资金流断裂的隐忧。公司战略扩张过快，应收账款难回，外有债台高筑，债务结构不合理，短期债务集中到期，导致流动性较为紧张，公司抗风险能力较差。看起来意外的发债遇冷，其实也是顺理成章。

三、爆仓危机一触即发

2018 年，在去杠杆、紧信用的金融大环境下，加之 PPP 政策收紧，东方园林陷入了巨大的困局。截至 5 月 10 日，东方园林还剩约 4 000 名员工平均 3 个月的薪酬及补偿待发放，共计约 2.39 亿元，其中还未包含不少员工垫付资金和报销涉及的金额。大面积欠薪暴露出的是东方园林的资金流断裂危机。此后,发债遇冷、股价暴跌、质押告危,无一不是雪上加霜。

(一) 发债受挫引发股价崩盘

5月17日,东方园林发行"18东林01/02"的公告引发市场不安,债券市场传递了公司融资不顺的信号公司股价开始下挫(见图3-15)。原因之一是远高于市场水平的中标利率,此次债券中标利率为7.00%,而同期中证3年期公司债(AA+级)的到期收益率约为5.32%;原因之二是公告本次债券品种2无实际发行规模,即无人认购附有第二年票面利率选择权及投资者回售选择权的债券产品,意味着没有投资者愿意长期持有东方园林的公司债。

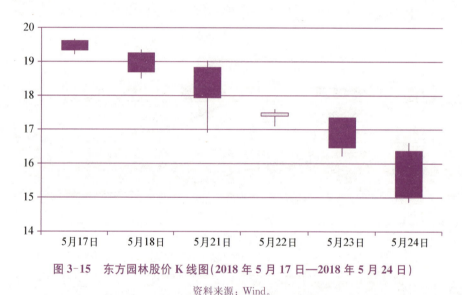

图3-15　东方园林股价K线图(2018年5月17日—2018年5月24日)

资料来源:Wind。

5月21日,东方园林一纸"史上最凉发债"公告坐实了市场的猜疑,成为2018年一系列危机的导火索。公司原计划发债10亿元,最终发行规模仅为5000万元;原本打算将其中的5亿元募集资金用于部分兑付5月22日到期的8亿元超短期融资券"17东方园林SCP002",不承想发债募资意外巨额缩水。事后,东方园林也承认,面对资管新规落地和部分信用债券主体违约引发的大量债券取消和延期发行情况,未能及时调整发债时点和进度,希望市场理解。但发债遇冷仍然引发市场悲观情绪,东方园林股价连续重挫,4个交易日累计跌幅近20%,最低成交价几近跌停板水平,市值缩水近百亿元,公司迫不得已在5月25日以重大资产重组为理由公告停牌。

8月17日,东方园林发行一期超短融,票面利率高达7.7%,而同期(8月13日)同为民营企业龙头的万科20亿元的超短融利率仅为3.25%,即使算上评级差异(东方园林为

AA+,万科为 AAA),东方园林利率仍明显偏高,二季度评级为 AA+的超短融平均发行利率仅为 5.48%。超短融发行成功的背后,显示了高利率融资下,东方园林已经高度承压。

东方园林为了向市场证明"偿贷能力良好"使出了浑身解数。在公告停牌后,东方园林便针对媒体质疑发表说明公告,以历史回款情况说明公司对即将到期的债务有充分的偿付能力;2018 年 8 月以来,东方园林先后获得了民生、兴业、广发、华夏银行超过 64 亿元的授信和融资支持及多家银行提供的总额超 15 亿元的新增环保贷款、续贷和续承。

但诸多利好消息并没有给市场带来足够的信心。8 月 27 日,东方园林首日复牌便"一字"跌停,报 13.47 元。东方园林股价持续下跌,截至 10 月 16 日以 7.46 元收盘,相较首次公告第一期私募公司债募集说明书当天,跌幅超过 60%,此时的东方园林市值与 2016 年 7 月时的规模相当(见图 3-16)。

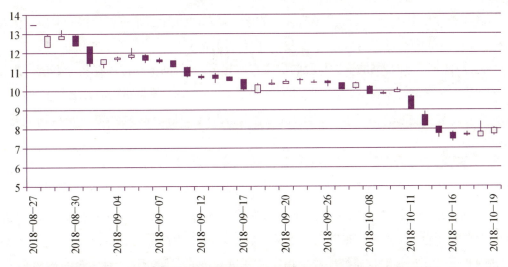

图 3-16　东方园林股价 K 线图(2018 年 8 月 27 日—2018 年 10 月 19 日)

资料来源:Wind。

(二)股权质押风险高企

随着东方园林股价的大幅下挫,控股股东何巧女夫妇的对外质押股权被强制平仓的风险骤增,二者相互交织、相互促成,爆仓危机一触即发。

股权质押融资本质就是质押贷款,出质人(借款人)将持有的股权作为质押物,从质权人(出款人)获取一定额度的贷款资金,并支付利息。当出质人到期不能履行债务时,质押方可以按照约定将质押的股票进行处置,以其所得优先受偿。质权人一般包括银行、券商、信托等其他金融机构。

作为一种体外融资方式,股权质押业务的再次兴起与上市公司融资渠道受限、融资成本不断上升有直接关系。2017年2月,证监会发布定增新规,大大增加了定增产品的退出难度;2017年5月,证监会发布《上市公司股东、董监高减持股份的若干规定》,对上市股东的减持行为进行严格限制;同时在去杠杆形势下,债券违约,可转债破发,借贷利率抬升,而信贷资产、信托贷款、委托债权等"非标"融资业务也大幅度缩水,市场融资环境极为紧张。

在此情形下,上市公司股权质押业务再次受到热捧。股权质押拥有诸多优势,例如,手续简单,不涉及公司实物资产,无须监管审批;融资效率高,不仅不会稀释股东对公司的控股比例,而且限售股也可用于质押;赋予大股东双向选择权,股价上涨时可以选择赎回股权,股价下跌时则选择暂不还款,将股权贬值的风险和损失转移给质权人;资金用途上,在2018年3月出台股权质押新规之前,质押融入的资金无用途限制,可用于资金周转、实业投资、参与定增等。根据市场数据统计,2015—2017年是股权质押规模的快速上升时期,巅峰时融资金额曾达到6万亿元。

在实务操作中,质押率是股权质押业务的核心要素,由资金方依据被质押的股票质量及借款人的财务和资信状况与借款人确定。质押获得的融资金额=质押股票市值×质押率×100%。由此可见,质押品的价值与股票价格直接相关,股价的下跌即质押物的贬值。此外还需要商定预警线与平仓线,当质押股票的股价接近预警线时,金融机构会要求股东补仓;当到达平仓线时,若大股东无法补仓,金融机构有权将出质人所质押的股票在二级市场上进行抛售。

股票被强制平仓,一方面会大幅增加市场上的卖盘,另一方面往往意味着上市公司控制权的巨大变化,易引发投资者对上市公司经营管理的负面预期,导致恐慌性抛售,进而股价继续下跌,形成恶性循环。金融机构面临的信息不对称的风险也促使金融机构尽早地选择强制平仓:金融机构难以充分了解控股股东的信用情况与融资能力,现实中也曾出现过控股股东通过股权质押违约变相实现高位减持的案例,因此,对于金融机构来说,与其等待不确定的补仓承诺,尽早平仓、及时止损是更优的选择。

由前所述,东方园林中标大量PPP项目,但PPP项目的施工期限较长,投资规模较大,同时由于与地方政府的一些合作,投资回报上存在不确定性。且PPP模式前期需要企业大量垫资,一旦融资收紧,现金流问题将随之显现。于是,股权融资成为了东方园林的不二选择。

为了维持公司运营和项目投资,东方园林2013—2018年进行了上百次股权质押,其中2018年共质押26笔股权,2017年共质押25笔,2016年共质押36笔。截至2018年8月底,何巧女累计质押东方园林股权80 140.25万股,累计质押股份占其持有公司股份的71.95%,占总股本比例达到29.87%;累计质押股份占其持有公司股份的最高值达到88.37%,占总股本比例达到41.72%。

表 3-3　2018 年东方园林实控人股权质押情况

股东名称	质押股份(万股)	开始日期	质权人	用途
何巧女	2 380	2018 年 1 月 24 日	中信证券	个人融资
何巧女	2 759	2018 年 2 月 8 日	五矿证券	个人融资
何巧女	406	2018 年 2 月 14 日	恒泰证券	个人融资
何巧女	3 315	2018 年 3 月 6 日	银河证券	个人融资
何巧女	2 341.9	2018 年 3 月 20 日	安信证券	个人融资
何巧女	2 769	2018 年 3 月 27 日	平安证券	个人融资
何巧女	3 970	2018 年 4 月 16 日	中信证券	个人融资
何巧女	4 011	2018 年 4 月 24 日	中信建投债券	个人融资
何巧女	2 930	2018 年 5 月 8 日	东兴证券	个人融资
何巧女	4 110	2018 年 5 月 15 日	国海证券	个人融资
何巧女	2 324	2018 年 5 月 25 日	第一创业证券	个人融资
何巧女	122	2018 年 5 月 25 日	五矿证券	个人融资
何巧女	300	2018 年 5 月 25 日	华创证券	个人融资
何巧女	360	2018 年 5 月 25 日	国海证券	个人融资
何巧女	450	2018 年 6 月 20 日	华福证券	个人融资
何巧女	510	2018 年 7 月 5 日	银河证券	个人融资
何巧女	1 000	2018 年 7 月 6 日	中信证券	个人融资
何巧女	904	2018 年 8 月 1 日	第一创业证券	个人融资
何巧女	200	2018 年 8 月 28 日	华福证券	补充质押
何巧女	164.6	2018 年 8 月 27 日	五矿证券	补充质押
何巧女	475.7	2018 年 8 月 27 日	安信证券	补充质押
何巧女	460	2018 年 8 月 27 日	恒泰证券	补充质押
何巧女	1 000	2018 年 8 月 27 日	华创证券	补充质押
何巧女	720	2018 年 8 月 28 日	华创证券	补充质押
唐 凯	2 672	2018 年 8 月 27 日	中海信托	补充质押
唐 凯	1 050	2018 年 8 月 28 日	东兴证券	补充质押

资料来源：公司公告。

2018年5月,东方园林发债遇冷。受发债失利影响,5月22日起,公司股价出现连续下跌,导致股票质押跌破平仓线,实际控制人何巧女遭遇流动性危机。8月27日,东方园林股票复牌后,情况也不容乐观。为了避免被强制平仓而导致丧失控制权,何巧女和唐凯分别补充质押30 203 153股和37 220 106股,各占其持股比例2.71%和18.13%。至此,何巧女的累计质押数量占股比例高达71.95%。截至2018年10月17日,何巧女及其一致行动人持有公司股份13.43亿股,占公司总股本的50.07%,其中共质押股份11.13亿股,占其持股比例的82.88%。

一方面,股价下跌至警戒线,导致质押股票爆仓风险高企,公司面临控制权转移风险;另一方面,通过观察东方园林的股价发现,在公司发布股权质押公告的后几日,股价一般呈下降趋势。控股股东在短期内频繁地进行股权质押,给市场传递出利空信号,投资者担心控股股东的财务状况,怀疑公司的持续经营能力,产生恐慌情绪,进而抛售公司股票,也将导致公司股价进一步下跌,损害企业价值。

四、纾困驰援,泥淖突围

(一) 纾困基金概述

1. 纾困基金的设立背景

2018年,A股市场持续大幅下跌,股票质押的顺周期特性导致股权质押平仓风险快速上行。民营企业面临的流动性困境引起了政府的高度重视,当年,党中央、国务院多次要求地方政府和监管部门采取措施纾解民营企业困境,指明了民企纾困的主要内容、方式和原则,为地方制定具体的落实政策提供了指引(见表3-4和表3-5)。

表3-4 党中央、国务院对民营企业纾困的指示

时间	场景	内容
2018年8月24日	国务院金融稳定发展委员会防范化解金融风险第一次专题会议	防范化解上市公司股票质押风险要充分发挥市场机制的作用,地方政府和监管部门要创造好的市场环境,鼓励和帮助市场主体主动化解风险
2018年10月19日	国务院副总理刘鹤接受人民日报、新华社、中央电视台联合采访	鼓励地方政府管理的基金、私募股权基金帮助有发展前景的公司纾解股权质押困难
2018年10月20日	国务院金融稳定发展委员会防范化解金融风险第十次专题会议	聚焦解决中小微企业和民营企业融资难题,实施好民营企业债券融资支持计划,研究支持民营企业股权融资,鼓励符合条件的私募基金管理人发起设立民营企业发展支持基金
2018年10月22日	国务院常务会议	针对当前民营企业融资难,运用市场化方式支持民营企业债券融资,由人民银行依法向专业机构提供初始资金支持

续 表

时间	场景	内容
2018年11月1日	习近平在民营企业座谈会上的讲话	对有股权质押平仓风险的民营企业,有关方面和地方要抓紧研究采取特殊措施,帮助企业渡过难关,避免发生企业所有权转移等问题; 对地方政府加以引导,对符合经济结构优化升级方向、有前景的民营企业进行必要财务救助; 省级政府和计划单列市可以自筹资金组建政策性救助基金,综合运用多种手段,在严格防止违规举债、严格防范国有资产流失前提下,帮助区域内产业龙头、就业大户、战略新兴行业等关键重点民营企业纾困

表3-5 针对民企纾困的金融监管政策及表态

时间	监管部门	政策名称	政策要点
2018年10月22日	中国人民银行	《设立民营企业债券融资支持工具 毫不动摇支持民营经济发展》	由人民银行运用再贷款提供部分初始资金,由专业机构进行市场化运作,通过出售信用风险缓释工具、担保增信等多种方式,重点支持暂时遇到困难,但有市场、有前景、技术有竞争力的民营企业债券融资
2018年10月22日	中国证券业协会	《证券行业支持民营企业发展集合资产管理计划的意向性方案》	首次由11家证券公司达成意向出资210亿元设立母资管计划,作为引导资金支持各家证券公司分别设立若干子资管计划,吸引银行、保险、国有企业和政府平台等资金投资,形成1000亿元总规模的资管计划,专项用于帮助有发展前景的民营上市公司纾解股权质押困难
2018年10月21日	中国证券投资基金业协会	《关于对参与上市公司并购重组纾解股权质押问题的私募基金提供备案"绿色通道"相关安排的通知》	针对参与上市公司并购重组交易的私募基金和资产管理计划的新增产品备案申请或变更申请,将在材料齐备后2个工作日内完成备案或变更手续
2018年10月25日	中国银保监会	《中国银保监会关于保险资产管理公司设立专项产品有关事项的通知》	允许保险资产管理公司设立专项产品,不纳入权益类资产计算投资比例
2018年10月26日	中国银保监会	《保险资金投资股权管理办法(征求意见稿)》	取消保险资金开展股权投资的行业范围限制,通过"负面清单+正面引导"机制提升保险资金服务实体经济能力
2018年11月	北京、上海等地证监局	《关于支持辖区证券基金经营机构积极参与化解上市公司股票质押风险、支持民营企业发展的通知》	公募基金管理机构以自有资金或多渠道募集社会资金,通过成立资产管理计划等形式,参与化解民营上市公司流动性风险; 符合规定的基金公司私募股权投资基金管理子公司可设立专项用于化解民营上市公司流动性风险的资产管理计划

在此背景下,地方国资、各类金融机构纷纷设立纾困基金,用以纾解民营企业的融资困境及股权质押风险。10月中旬,深圳率先发起首批百亿元国资驰援上市公司。随后,北京四区政府陆续推出百亿元纾困基金。截至2018年12月18日,各地方政府所设立纾困专项基金规模合计2 825亿元,纾困基金的总规模已经超过5 000亿元。

2. 纾困基金的运行机理及设立形式

纾困基金并非旨在获取优质标的资产,而旨在降低负外部性,因此其在投资过程中往往不谋求标的企业控制权,而是以单纯财务投资为主要表现形式。由此,纾困基金的运行机理可以概括为,政府及金融机构设立专项资金,针对具有核心竞争力但存在流动性风险的民营企业,在尽力保障资产价值和企业控制权的前提下,通过适当的投资重组模式来缓解其面临的流动性风险(图3-17)。

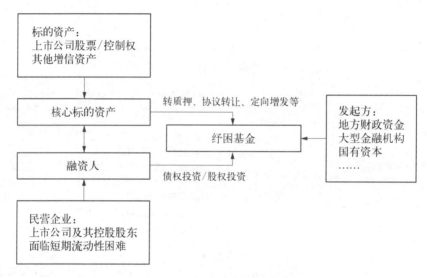

图3-17 纾困基金运行机理

在我国,广义的纾困基金包括专项银行信贷、专项债券、信用保护工具和专项投资基金等帮助民营上市公司纾困的资金;狭义的纾困基金主要指帮助民营上市公司及其大股东化解流动性风险和股票质押风险而设立的专项投资载体,设立形式主要包括资产管理产品和私募投资基金。

以资产管理产品形式设立的纾困基金包括证券公司资产管理计划和保险资产管理公司专项产品;以私募投资基金形式设立的纾困基金包括证券公司通过私募投资子公司设立的专项纾困基金和地方政府牵头设立的私募投资基金。

证券公司资产管理计划投资标的首选存量资产,包括自有资金投资和银行通道项目;保险资产管理公司专项产品更多地追求安全性和固定收益,投资标的偏向于可转债、纾困专项债。与专项资管产品不同,以私募基金形式设立的纾困基金投资策略更灵活。证券公司纾困私募基金相对市场化,受到地域性影响较小;地方纾困私募基金的显著特征则是因地施策,主要目的是化解区域内民营企业、民营上市公司流动性风险。

从规模来看,地方纾困私募基金是我国纾困基金的主力,其主要模式是在地方政府主导下,以地方国资为平台,联合证券公司、银行、保险等金融机构设立。地方纾困私募基金通常为母子基金运作模式,宣告成立的为母基金,通过设立子基金来对接银行、信托等资金来源,并对具体项目进行投资。主流模式是采用合伙制、平层交易结构,不做结构化安排,分期发行。由于不做结构化安排,只设同一份额,每一份额均享有相同的权益、承担同等的风险。自有资金与社会资金享有同等权益,承担同等风险,在一定程度上限制了风险偏好较低的银行和保险资金的投入。另外,由于子基金可以对接社会资金,这一模式有希望带动更大的基金规模。

地方纾困私募基金原则上以流动性支持为主,不干预企业的正常经营活动,不谋取控股权。但除了纾解股权质押困难,部分地方纾困私募基金兼有产业基金战略投资职能,可能对战略新兴项目和重大项目入股甚至控股;部分地方纾困私募基金还明确表示可能择机选择优质壳资源,进行控股型投资。

3. 纾困基金的运作模式

目前,纾困基金运作模式主要包括债权型投资和股权型投资,也存在"债转股"等混合型投资的运作模式。

债权型投资的纾困标的是面临中短期流动性问题但基本面良好的民营企业上市公司或大股东。与传统的债权融资方式相比,纾困基金的债权型投资可以通过提高质押率、延长质押期限、突破质押比例等方式缓解融资人的短期还款压力,同时维护融资人的控股地位。

从类型上分,债权型投资分成提供借款、购买公司发行债券、股权质押、抵质押、转质押等基本操作方式。向融资人发放借款是最基础的债权型纾困模式,纾困借款期限较长、来源稳定,有助于改善债务期限结构;股权质押适用于上市公司股权流动性好的情况,但常见的问题是融资人质押比例已经较高,并无额外充足的股权进行质押;若融资人无法质押上市公司的股份,可以选择将非上市公司股权、不动产和固定资产等其他资产进行抵质押来获取资金;转质押模式可概括为"借新还旧",即纾困基金给大股东提供借款,大股东用这部分资金解除之前质押的股份,同时将这部分股票再进行质押。质押模式对上市公司要求较高,主要适合股东质押比例较高、股价下跌等原因导致股东短期出现资金缺口的情形。

股权型投资主要适合有意愿出让较多股权或股东有减持的意愿、具备长期投资价值的上市公司,主要包括协议受让上市公司股份、认购上市公司非公开发行股份、重组控股股东等模式。

协议受让上市公司股份(见图3-18),主要指上市公司大股东将部分上市公司的股份通过协议转让方式转让给纾困基金,或伴随着表决权、提案权的转移,一般体现为"股份协议转让＋股份表决权委托"的形式,上市公司大股东再以转让股权所得的资金解除之前质押的股份。由于发生股份转让,控制权或许会发生变化。

图3-18 协议受让上市公司股份

纾困基金认购上市公司非公开发行的股份也可能发生控制权的变更;重组控股股东,主要指纾困基金通过对上市公司控股股东进行股权转让、资产注入、资产重组等多种方式,实现绝对控股,适用于质押融资方是企业而不是自然人的情况。

总的来说,债权型投资操作相对便捷,时效性强,能够更迅速地化解大股东股票质押平仓风险,其退出期限较为明确,且不影响融资人的控股地位,但需要建立有效的增信机制来降低信用风险,往往要求融资人提供足够的抵押品或进行个人担保。债权型投资可以解决大股东的当务之急,但本质上仍然是借款,没有从根本上解除民营企业或大股东的流动性困境。

股权型投资是民营企业纾困基金的主要模式,也是解决民营企业债务问题的最终路径。股权型投资能切实减少债务规模,从根本上化解流动性风险。同时,引入新的股东,尤其是国资背景的股东,一定程度上能够为公司带来更多业务机会,优化融资环境。

但对于多数民营企业大股东而言,放弃一部分股份甚至控制权将是一个艰难的选择。如果公司或大股东认为债务压力尚可承受,一段时期后现金流状况有希望好转,一般优先考虑通过举债获得短期应急资金;如果感到债务压力过大,或对未来经营的现金流情况预期悲观,可能会选择转让股权或者控制权。从纾困基金的角度来说,在通过专业判断选择出有成长前景的民营企业之后,相对偏好能够获取长期收益的股权型投资。

(二)纾困动因

质权人面对平仓风险时在没有纾困基金介入的情况下会有两种选择:一种是抛售股票,这种情况会导致市场上不良信号的传播,使投资者认为公司的资金出现了问题,随之可能进行恐慌性抛售,若强卖规模过于集中,易对资本市场形成进一步杀跌;另一种是起诉出质人,可能引发大股东股权冻结。纾困基金的介入,使得质权人持有的股权质押余额有所下降,能够有效降低公司的股权质押风险。

此外,民营企业与纾困基金资金方的结合,总体来看是双赢的。民营企业引入资本,缓解了资金压力,降低了融资成本;在拓展融资渠道的同时,也获得业务合作机会,资金方本身拥有较多产业资源,为民营企业的发展带来了诸多可能性。对于资金方而言,也可以获得民营企业完备的供应链,借助民营企业灵活的机制更好地打开市场。

纾困基金的投资标的往往为辖区内先导性与支柱性产业之中具有增长潜力和核心竞争力的优质企业,往往兼具"风险紧急而暂时"和"成长迅速而稳健"两种特性。与传统投资基金重视"价值洼地"而规避紧急性风险的理念相反,纾困基金所选择的上市公司或其大股东往往已经(或即将)发生明显的流动性困难,并且这种流动性压力预计将对企业的运作乃至生存构成威胁,但与此同时这种流动性风险又是暂时性的,仅为宏观市场波动所引致的短期性压力,并非企业经营或管理不善所引致的长期流动性困难。被投企业应具有市场前景及发展潜力、拥有核心竞争力、企业内部管理规范,且信用良好。

以债转股的纾困方式为例,根据2018年6月银保监会发布的《金融资产投资公司管理办法(试行)》第三十五条,金融资产投资公司确定作为债转股对象的企业应当具备以下条件:(1)发展前景良好但遇到暂时困难,具有可行的企业改革计划和脱困安排;(2)主要生产装备、产品、能力符合国家产业发展方向,技术先进,产品有市场,环保和安全生产达标;(3)信用状况较好,无故意违约、转移资产等不良信用记录。

根据该《办法》第三十六条,金融资产投资公司开展债转股,应当符合国家产业政策等政策导向,优先考虑对拥有优质优良资产的企业和发展前景良好但遇到暂时困难的优质企业开展市场化债转股,包括:(1)因行业周期性波动导致困难但仍有望逆转的企业;(2)因高负债而财务负担过重的成长型企业,特别是战略性新兴产业领域的成长型企业;(3)高负债居于产能过剩行业前列的关键性企业以及关系国家安全的战略性企业;(4)其他适合优先考虑实施市场化债转股的企业。

东方园林作为行业龙头,在去杠杆大背景下,2018年上半年营业收入达到64.6亿元,归母净利润6.64亿元。分析其背后的原因:一是来自其大量的项目储备;二是其全域旅游、环境治理、危废处理的业务布局符合未来发展趋势;三是其生态行业龙头的地位、品牌影响力和技术基础;四是其以PPP形式推进的项目净利润率维持在17%左右,保障资本金快速回收。因此,东方园林得到了北京市相关部门和机构的大力扶持。

经过系统性考察资质、成长性、信用度等,朝阳区国资委为东方园林带来了超10亿元的纾困资金,设立形式为地方政府牵头设立的私募投资基金,资金来源为国有企业出资,资金具有较强的风险抵御能力和较长的久期,对于暂时处于压力期的优质民营企业具有重要的战略支持意义;运作模式采用协议受让上市公司股份模式,在解除股权质押风险的同时不影响企业的实际控制权。

此外,农银投资也向公司旗下环保集团增资,拟出资不超过30亿元,持有东方园林全资子公司东方园林集团环保有限公司不超过49%的股权,通过以现金投资企业股权的特殊债转股方式,协助东方园林实现降杠杆、调整结构等目标。

(三) 纾困过程

10月17日,东方园林发布澄清公告称,控股股东及其一致行动人合计持有公司13.43亿股股份,占公司股份总额的50.07%;控股股东及其一致行动人共质押股份11.13亿股,占其持股比例82.88%,整体质押风险可控;控股股东拟采取多种有效措施保障质押安全。

东方园林所说的"风险可控""多种措施保障"的底气,来自政府及时出手相救。10月16日,为了避免控股股东股票质押风险传导至上市公司,严重影响公司经营稳定,也是为了维护全体债权人的整体利益,北京市证监局召集第一创业证券、浦发银行等23名债权人参加集体协商会议。会上,何巧女表达了积极还款的意愿并提出了具体的偿债计划,绝大多数债权人表达了支持公司稳定发展的意愿,并表示会审慎处置控股股东所质押的股份。10月17日,北京证监局专门向东方园林债权人发出《关于请债权人谨慎采取措施的建议函》,建议东方园林各债权人从大局考虑,给予公司控股股东化解风险的时间,暂不采取强制平仓、司法冻结等措施,避免债务风险恶化影响公司稳定经营,为东方园林争取到了极为珍贵的喘息时间。

北京证监局的干预起到了力挽狂澜的作用,10月17日,东方园林股价高开,以7.71元收盘,涨幅3.35%,这次会议也拉开了东方园林自救行动的下半场,国资在其中发挥了无可比拟的积极作用。因北京市朝阳区国资委、农银投资等国资驰援,东方园林的股权质押危机得以暂时性化解。

1. 农银债转股

2018年8月23日,东方园林的一则公告将资本市场的焦点拉到了民企债转股上。根据公告,东方园林与农银投资签署债转股计划《市场化债转股战略合作协议》。农银投资拟出资不超过30亿元持有公司全资子公司东方园林集团环保有限公司不超过49%的股权,并且将以现金形式注入。这也是农银投资做的首单民营企业债转股业务。

东方园林集团环保有限公司是公司旗下专业从事工业危废处置和环境服务的高科技环保公司之一,以南通九洲环保科技有限公司等14家危废工厂为载体为客户提供包括无害化、资源化的危废处置、环保设施设计、建设及运营管理以及驻场服务、环保技术咨询的全方位环保解决方案。2018年2—3月份,环保公司就斥资8.26亿元收购5家危废公司,流动性紧绷之际的快速扩张令公司财务承压,这也是东方园林选择债转股降低环保公司负债率的原因之一。

农银投资是中国农业银行股份有限公司的全资子公司,是国内首批获准设立的市场化债转股实施机构之一。农银投资将环保和清洁能源作为重点投资领域,2018年以来与国电投集团密切合作,水电、光伏发电等绿色清洁能源债转股项目不断落地,金额高达60亿元,对东方园林子公司环保公司增资也是这一投资思路的持续体现。

和过往的债转股案例不同,本次农银投资并非以债务置换的形式获得东方园林旗下子公司的股权,而是以现金形式注入。2018年6月29日银保监会发布的《金融资产投资公司管理办法(试行)》扩宽了债转股的业务范围,允许金融资产投资公司以债转股为目的投资企业股权,由企业将股权投资资金全部用于偿还现有债权。

11月5日,农银投资与东方园林环境投资签署增资协议,向全资子公司东方园林环保集团投资,首期增资款10亿元已到位。本次增资完成后,环境投资持有环保集团64.29%的股权,农银投资持有环保集团35.71%的股权。本次投资交割后,未来拟以不超过20亿元进一步增资,参股环保集团。

对于东方园林250亿元的流动负债而言,30亿元或许杯水车薪,但这笔现金却也能解决燃眉之急。

银行授信额度有诸多限制。一般银行给大企业批复一个总额度,额度之内包括流动资金贷款和项目贷款等,流贷基本无限制,项目贷款则必须有相应的项目才可提出来。但即使是流动资金贷款,也要求有应收账款质押或者其他担保措施。此外,银行授信很多有需要保证金的情况。所以,近百亿元的授信究竟有多少能用来解东方园林的流动性之渴仍是未知数。对东方园林来说,农银投资以30亿元现金注入的债转股投资资金,用途比贷款宽泛得多,企业也可以相对自由地运用这笔资金解决流动性上的困难。本次转股显著降低了环保集团的资产负债率,有利于拓宽其融资渠道、降低融资成本、优化债务结构。危废处置行业已经进入高速发展的黄金期,转股亦有利于公司抓住行业发展的历史机遇,加快危废处置行业布局,对生态环保业务的开展起到长期积极的影响。

2. 朝阳区国资协议受让东方园林股份

2018年11月2日,东方园林发布关于实际控制人签署《股权转让框架协议》的公告,公告称东方园林实际控制人何巧女、唐凯与北京市盈润汇民基金管理中心(有限合伙)于11月1日签订了《股权转让框架协议》。甲方拟受让不超过5%的股份,成为东方园林的战略股东,并为东方园林的健康稳定发展提供支持。具体转让比例、转让价格等事项由双方在股权转让协议中另行协商确定。

12月9日,东方园林发布公告称,公司实际控制人何巧女、唐凯与盈润汇民基金签订了《股份转让协议》。何巧女女士将其持有的公司股份82 935 718股(占公司总股本的3.09%)、唐凯先生将其持有的公司股份51 337 383股(占公司总股本的1.91%),共计134 273 101股(占公司总股本的5.00%)转让给盈润汇民基金。转让价格按协议签署日前一交易日东方园林股票收盘价九折计算,转让价款共计约为10.14亿元。

根据天眼查信息，盈润汇民基金成立于2016年10月，是北京市朝阳区国有资本经营管理中心通过旗下母基金出资参与的基金主体。北京市朝阳区国有资本经营管理中心则持有盈润基金管理中心99.99%的股权（见图3-19）。因此，此次盈润汇民基金与东方园林的股权交易是朝阳区国资委对于民营上市公司的驰援，且从披露情况来看，东方园林应是朝阳区首批获得基金扶持的民营企业。

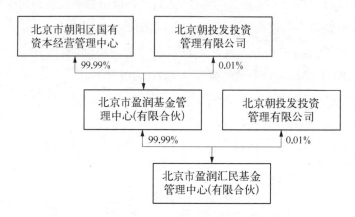

图3-19 北京市盈润汇民基金管理中心股权结构

本次朝阳国资委对东方园林的援持方案有以下几个特点。

（1）参股而不控股：本次协议转让后，何巧女和唐凯持有东方园林股份分别从41.47%和7.65%下降至38.39%和5.74%，仍为控股股东，盈润汇民基金持股5%成为东方园林的战略股东，对上市公司股权结构无较大影响，公司实际控制人未发生变更。仅参股5%而不控股，明确了朝阳区国资委对于东方园林的救扶出于诚意而非控制目的。

（2）规避大股东套现：虽然股权转让款为实际控制人个人持有股权出让所得，但此次协议明确了出让方收到的股份转让款，需用于补充东方园林流动资金等用途。股权转让款的用途明确，规避了实际控制人套现退出，将专注于扶持上市公司发展，有效改善公司短期流动性。

（3）可原价回购：协议约定，本次转让标的股份的40%，在标的股份过户至盈润汇民名下之日起22个月期满后20个交易日内，出让方可按本次转让价格（如遇除权、除息、股票拆分等情形时，股票价格应当相应调整，下同）回购。到期出让方未回购的，盈润汇民自行选择处置上述股份方式。如处置均价高于本次转让价格，高出部分归出让方所有；如处置均价低于本次转让价格，由出让方差额补足。即本次交易中占总股本3%的股权为盈润汇民实际持有，代表其对东方园林长期发展的坚定信心，愿作为战略股东协同发展；2%股权同意东方园林实际控制人在22个月后以原价回购，为公司短期提供了资金支持，体现了十足的救扶诚意。

(4) 提振市场信心：从签署意向协议到股份转让正式落地仅一月有余，彰显朝阳区国资委的救扶决心、诚意及双方效率。朝阳区国资委对东方园林援持的快速落地，也侧面表明了朝阳区国资委对东方园林业务方向、未来前景及行业地位的认可。此举被业界认为是对东方园林实打实的支持，缓解了东方园林的资金压力，也使得东方园林股价阶段性企稳。东方园林成为北京市朝阳区纾困基金的首批受益企业，而盈润汇民基金战略性帮扶东方园林，可以说是北京市支持优质民营企业的关键一步，对缓解在京民营企业信心危机有极大的帮助。国资入驻有望大幅修复公司市场信用，对后续拓宽融资渠道、降低融资成本有较大的影响。

本次引入盈润汇民作为战略股东，符合东方园林的战略发展需要，对公司未来经营有着长期积极的影响。时任朝阳区委书记王灏曾在2018年CBD创新发展年会上表示，朝阳区要打造城市副中心西部生态带，加快建设首个"公园城区"，到2020年区内将新增改造100个大中小微型公园，目前全市正在推进的12个公园中有9个位于朝阳区，要在"一绿地区"建设城市公园环，规划设计朝南万亩森林公园，而在与城市副中心相毗邻的黑庄户地区，规划建设2.3万亩农业公园，营造都市田园的特色风貌。因此，此次引入朝阳国资，对于东方园林来说不只是资金纾困，更有战略意义。从长远来看，东方园林作为生态环境龙头企业，将有望嫁接业务资源，长期协同发展。

3. 民营企业债券融资支持工具

2018年11月2日，中国人民银行营业管理部联合北京市多部门共同组织召开了"北京深化民营和小微企业金融服务推进会"。在推进会上，中债信用增进公司（作为民营企业债券融资支持工具运作方）、民生银行（作为主承销商）、中关村融资担保公司（作为示范区政策性担保机构）、东方园林（作为发行方）签署《民营企业债券融资支持工具意向合作协议》，以支持东方园林通过债券市场融资，并公布20条支持措施以引导更多资金支持科技型民营企业发展。作为中债信增公司首批债券融资支持工具合作的三家企业之一，东方园林后续发债融资获得强力支持。这一协议的签署对东方园林改善融资现状、拓宽融资渠道、降低融资成本、优化债务结构等产生了积极影响。

(四) 纾困效果

2018年11月以来，东方园林旗下环保集团引入农银投资作为战略投资者的首笔增资款到位，东方园林成为北京市民营企业债券融资支持工具的首批三家签约民营企业之一，国有资本盈润汇民基金入股。纾困基金的及时落地，让何巧女获得充足的资金来补充质押或解押，避免了债权人强制平仓下控制权转移的风险，东方园林的股权质押危机得到有效缓释；也让公司的流动性得到改善，资金面稳步修复，成为北京地区临时、针对性驰援中具有一定代表性的受益企业。

1. 公司短期刚兑压力化解

截至 2018 年底,公司债务结构中约有 30 亿元与银行相关,包括票据和贷款,受益于当时一些政策的支持,这部分债务均可通过续贷解决。从偿付压力来看,公司 2018 年第三季度以来已还款近 50 亿元(见表 3-6),并于 2019 年 2 月 18 日(因周末顺延)按期兑付 2018 年度第二期超短期融资券,未来半年无还本付息债券,解除了短期债务压力。

表 3-6 东方园林自 2018 年第三季度以来偿还的债务

到期日期	相关债项	相关事项	金额(亿元)
2018 年 10 月 24 日	16 东林 03	付息	0.24
2018 年 11 月 8 日	17 东方园林 CP001	偿还本息	10.55
2018 年 12 月 7 日	18 东方园林 SCP001	偿还本息	10.44
2019 年 1 月 19 日	18 东方园林 CP001	偿还本息	10.60
2019 年 2 月 12 日	18 东方园林 CP002	偿还本息	5.30
2019 年 2 月 16 日	18 东方园林 SCP002	偿还本息	12.45

资料来源:Wind。

2. 公司融资环境有所改善,资金流动性逐渐回暖

政策对民营企业支持力度增强提升了市场风险偏好,公司 2018 年第三季度以来已融资 52 亿元(见表 3-7)。从融资成本看,公司 2019 年第一期超短期融资券发行利率为 6.5%,大幅低于 2018 年第二、三期超短期融资券的发行利率(7.7% 和 7.76%)。

表 3-7 东方园林自 2018 年第三季度以来采用的融资手段

日期	融资事项	状态	金额	融资成本(%)
2018 年 10 月 16 日	银企合作协议	或有融资	24 亿元	/
2018 年 11 月 5 日	超短期融资券	已融资	10 亿元	7.76
2018 年 11 月 5 日	债转股	已融资	10 亿元	/
2018 年 11 月 27 日	优先股	未融资	40 亿元	/
2018 年 12 月 27 日	大股东借款	已融资	9 亿元	4.35
2019 年 1 月 15 日	公司债	已融资	5.2 亿元	7.5
2019 年 1 月 18 日	超短期融资券	已融资	10 亿元	6.5

续 表

日　期	融资事项	状　态	金　额	融资成本(%)
2019年1月21日	债券融资计划	未融资	15亿元	/
2019年1月21日	境外债券	未融资	5亿美元	/
2019年1月21日	非公开发行公司债券	未融资	30亿元	/
2019年2月1日	公司债	已融资	7.8亿元	7.5

资料来源：Wind。

3. 公司借款结构逐步调整，增加了长期借款，减轻了短期偿债压力

银行短期借款、短期融资券之和已从2018年6月底的65.22亿元降低至2019年3月底的41.93亿元。随着公司优先股的推进，公司债务结构有望进一步优化，降低对短期债务性融资的依赖。

交易数据显示，截至2019年2月27日，东方园林股价已较当年初上涨19.40%。

五、结语：后纾困时代

正如时任北京市副市长殷勇在博鳌亚洲论坛2019年年会上表示，"目前情况看，整体效果是不错的，被纾困的几大企业，东方园林、碧水源等总体上都摆脱了融资最紧迫的时刻，现在自身管理财务风险的能力、进一步发展的能力已在逐步恢复"。与国资纾困基金携手的东方园林，已经走过了最艰难的时刻，甚至在二次纾困中迎来了生机。

在大股东股权质押比例较高的背景下，类似东方园林这样承受较大流动性压力的民营企业还有很多，尤其是二、三线城市的民营上市公司，受当地经济环境的制约，融资更加困难。这些具有地方代表性的民营上市公司对当地的经济增长做出了很大的贡献，一旦企业不能正常运营甚至倒闭，将严重影响当地的经济发展。金融机构和地方政府对民营上市公司积极纾困，能够为暂时陷入流动性危机的民营上市公司和大股东解燃眉之急，维持公司的正常运营，确保当地的税收和就业水平不发生较大的变动，同时维护资本市场稳定，提升投资者信心，有利于民营经济继续活跃、发展。

但从长远来看，纾困基金虽能江湖救急，能否彻底化解风险还有待时间的检验。对于已拿到纾困资金的民营上市企业来说，在短期债务风险或质押风险得到缓解的同时，还需尽快改善企业自身的经营。

2019年2月27日，东方园林发布2018年度业绩预告：公司实现营业收入131.90亿

元,同比降低13.37%,归母净利润17.67亿元,同比降低18.87%。营业收入和利润的放缓仅是东方园林做出调整的第一步。东方园林一方面需要放缓PPP订单的执行,减少新设SPV对应的资金流出,另一方面仍需提高已建成工程的结算效率,强化现金结算与回款,重视资金的预算管理及使用效率。

东方园林的经营风险依然较高。截至2018年底,东方园林的总负债为291.84亿元,同比增速约23%;资产负债率为69.36%,相比2017年的67.62%,杠杆水平并未改善。公司所需资金的规模较大,依靠滚存利润、银行借款、公司债券等方式进行融资难以满足长期发展的资金需求。应加快调整资本结构,建立多元化融资渠道。优先股融资一方面可以降低资产负债率,提升公司抗风险能力;另一方面能够获得长期稳定的资金支持,是一种较好的选择。

此外,为了更好地防范股权质押风险,公司应加强对大股东的监管,通过引入外部投资者、建立风险预警系统来约束大股东股权质押行为,并提高股权质押行为的信息透明度。

2019年,民营企业纾困的步伐仍在继续,随着信用风险的不断暴露,包括减税、定向降准等增加融资供给、降低融资成本的政策接连出台,政策的背后是民营企业仍然高企的压力。

对于纾困资金而言,在救助民营企业的同时,也应加强自身的风险控制,严格筛选纾困对象。有些企业经过纾困满血复活,不代表所有纾困标的都能顺利过冬。首先,纾困基金对于存在严重泡沫的上市公司不能提供救助。如果投资的价格是市价或者高于市价,纾困基金就会承担很大的风险,对资不抵债的公司进行纾困,退市制度功能就会受到极大程度的影响。其次,纾困基金不能对存在严重基本面问题的公司进行救助。如果公司治理不规范,涉及严重违规行为、重大诉讼,大股东缺乏独立性,纾困基金不应该进行纾困,否则可能放大上市公司对市场和社会的负面效应,大股东也会借此机会套取利益。最后,纾困基金不能救助过剩落后产能行业,应该把其当作市场出清的机会,由相应的先进产能行业进行空缺的填补。

最后需指出的是,2018年凸显出的民营企业流动性困境看似是短期现象,实则隐含着民营企业中长期存在的经营困难。正是由于民营企业近年来自身造血能力不足,当外部融资环境突然收紧时,现金流短缺问题才变得极其突出,但纾解流动性困境无法解决经营困境。股权型项目虽然能够更彻底地解决民营企业面临的中长期困难,但除了前述实际操作中存在的障碍之外,多数民营企业也并不倾向于转让股权或者控制权,也就是说,股权型纾困不具普遍性。事实上,创造更加公平的经营环境与融资环境、缓解制度造成的市场失灵,才是民营企业纾困的最终之道。

思 考 题

1. PPP 模式运行的基本逻辑是怎样的？与传统的 BT 和 BOT 模式有何区别？
2. PPP 模式下各参与方的现金流如何变化？
3. 东方园林是如何一步步发展成为大型的综合性生态集团的？其中最重要的影响因素有哪些？
4. 如何对工程建设型公司的经营状态进行考察？在 PPP 模式下又有何不同？
5. 如何能判断东方园林存在过度经营的问题，这与以往行业龙头的规模经营有何差别？
6. 东方园林最终出现股价崩盘有哪些原因？最主要原因是什么？
7. 东方园林的股权质押危机是如何发生的？公司在此过程中又是如何应对的？
8. 东方园林能得到农银投资与朝阳国资等系列力量的援助说明了什么？这与 A 股其他遭受质押危机的民营企业有何不同？
9. 近年来愈演愈烈的大股东股权质押风险背后的逻辑是什么？
10. 大股东股权质押平仓风险将带来哪些不利影响？
11. 应对上市公司股权质押危机，有哪些化解办法？

 分析思路

这里提供的案例分析主要是根据案例的推进过程和思考题的顺序进行。

1. PPP 基本运行逻辑如下：由社会资本、政府合资成立 SPV 项目公司；SPV 公司承接政府 PPP 项目并获得特许经营权，再将工程承包给建设公司；建设期内 SPV 公司利用自身的资本金与银行贷款支付工程费用；在建设完成的运营期，政府每年向 SPV 公司支付租赁费用，SPV 公司向银行还贷，并将剩余的钱给公司与社会资本进行利润分配；运营期结束，SPV 公司将项目移交给政府。与传统的 BT 和 BOT 模式相比，PPP 负债主体是项目公司，政府只需要按照协议支付租赁费用，并无实际负债，而且政府用少量资本金即可撬动上亿元的环保工程,实现政绩目标;而对工程建设方来说,传统模式下的政府还款不一定有明确的资金安排,而PPP模式下还款主体是项目公司,资本金、银行贷款以及未来的政府预算,还款资金明确有保障。

2. 对于政府资本方,现金流出包括对SPV的初始资金注入、运营期的协议租赁费用支付,而现金流入主要是SPV偿付贷款后剩余利润的分配。对于社会资本方,现金流出为SPV的初始资金注入,现金流入为SPV剩余利润的分配。对于工程建设公司,由SPV在建设期内分批支付工程款项,在实务操作中部分工程款需要在考察期通过后才会发放。对于银行等贷款金融机构,现金流出即对SPV的初始贷款注入,现金流入即SPV在运营期对贷款的持续偿付。

3. 东方园林最初从事高端酒店植物租摆业务,并逐步扩展至房地产园林工程与市政园林业务。2003年公司专注于景观领域,并逐渐发展成为园林环境景观领域龙头。2015年确定了"水环境综合治理"与"危险废弃物"两大发展方向,完成"环境+环保"布局;2017年,开展全域旅游业务。东方园林的崛起主要因为正确地选择了发展方向:其一符合宏观政策取向与客观市场需求,空间前景广阔;其二公司以往在园林工程上的丰富经验得以发挥,转型不显突兀;其三则是拥抱PPP模式,作为平衡地方债务困局与基础建设需求的新模式,PPP模式为社会资本进入公共设施领域提供了全新的机遇,而东方园林则是其中佼佼者;其四,东方园林的技术优势与优秀品控为其赢得了市场美誉,东方园林多个项目入选PPP示范性工程,而在财政部对PPP项目的清理过程中,东方园林无一入库项目受影响,彰显了公司实力。

4. 观察工程建设类公司,由于实际回款是普遍存在的难题,这不仅可能影响公司的日常经营,更会束缚公司进一步开展业务,由此产生对外融资的需求。在动态上,对工程建设行业的公司需要着重观察其现金流的结构与变化,而在静态上要观察公司的资产负债率,并与行业水平作相应比较。另一个角度上,工程建设类公司的资产结构中,存货主要包括了已完工未结算资产,而应收账款则反映了已结算未实收收入,通过观察存货与应收账款也能有效地分析工程建设类公司的经营状态。PPP模式与传统模式不同之处在于需要由建设公司出资设立SPV,因而在现金流考察上还应该考虑在会计处理上计入"投资活动现金流出"的变化,如此才能完整而准确地认识经营PPP工程的公司主体现金流情况。

5. 过度经营是指伴随着公司规模的迅速扩张经营效率严重下降,往往还表现在经营缺乏弹性,解数使尽而见效寥寥。最典型的即东方园林不论是上市公司本体还是考虑大股东股权质押后的整体杠杆水平都高于上市可比公司,处于行业极端水平,而其现金流情况依然十分紧张,公司的经营模式难以为继。此外,东方园林重要的经营性资产(存货、应收账款)同比行业增长显著,却没有表现规模经营所有的效率提升,其经营效率反而远远低于行业水平,由此可以判断东方园林存在过度经营问题。

6. 东方园林的股价崩盘,根本的原因是过度负债经营使得公司基本面十分脆弱。外部的环境原因主要有:① 去杠杆下融资收紧,伴随资管新规落地,2018年上半年曾出现多起债券违约与发行失败,后来东方园林管理层也反思本次发行债券存在择时上的问题;② 时逢财政部对PPP入库项目进行审查清理,市场担忧未来PPP前景会受影响,而实际上是为了更好地规范PPP模式的发展,是利非弊。

7. 东方园林的股权质押危机是由其股价崩盘发展而来,随着公司控股股东何巧女所质押的公司股票严重逼近安全线与平仓线。当时何巧女及一致行动人质押的股份超过其自身股份的80%,若所有债权人都选择在二级市场抛售,将对东方园林的股东结构造成毁灭性打击。对此,虽有官方力量出手干预,但关键还是需要公司控股股东对不予宽容的债权人及时偿付,而对给予宽容的贷款在筹集资金以外,提振公司股价也是一个解决方式,不过这也要求公司改善公司状态、提振市场信心。自股价危机发生以来,短期融资券、银行授信流动资金贷款、子公司定增、战略入股等,都是控股股东何巧女与东方园林对筹措资金所做的努力。

8. 东方园林除获得北京证监局出手相助,还获得了国有资本的有力支持。民营经济是中国经济中最具活力的一环,政府对民营企业进行帮助首先是对其去杠杆政策的一种纠偏。此外,东方园林陷入此景固然有自身失误,但其PPP项目多是关乎地方政府的基础设施建设,因而官方力量的介入也有或多或少的体谅与补偿考虑。最关键的是,东方园林虽经营节奏过于激进,但不改其本身依旧是优质民营企业的事实,其专注于环保与环境等国家重点扶持领域,而其他许多民营公司的质押危机是源自短贷长投、资本炒作,所以支援东方园林也是官方力量的理性选择。

9. 股权质押拥有诸多优势,如手续简单,无须监管审批,不仅不会稀释对公司的控股比例,而且限售股也可用于质押;资金用途上,在2018年3月出台股权质押新规之前,质押融入的资金无用途限制,可用于资金周转、实业投资、参与定增等。在股价上涨周期,大股东通过股权质押,将更多的资金投入企业,企业经营业绩与企业市值双双上升,从而又能进行新的股权质押;然而当股价进入下跌周期时,一旦跌破平仓线,众多被质押的股权将同时面临需要集体补仓或被集体强制平仓的重大风险。

10. 对公司股东,励精图治的公司股东通过股权质押为公司发展拓宽融资渠道,强制平仓将使得公司股权结果剧烈变动,大股东可能失去对公司的控制地位;而仅为资本运作的无良企业家甚至期待通过平仓变相实现减持,公司价值早被掏空,最终损害的还是中小股东的利益。对金融中介,质押贷款难以收获,只能被动获得公司股权,若在二级市场抛售或损失更大。对公司本身,则可能陷入公用品悲剧。对资本市场,无良企业家获益,用心的企业家受损,劣币驱逐良币;同时,大股东操盘、股价剧烈波动、信息披露失真等都是对资本市场的伤害。

11. 对股权质押适当展期,成立纾困基金为优质企业提供融资扶持,加强金融监管、设置质押上限等方法都可化解危机。这些方法虽然有效,但根本上还是需要进行市场化改革,改善民营企业在融资方面的劣势地位,推出更灵活的政策安排或政策组合。

案例四

格力电器：国企混改如何从管企业过渡到管资本

案例摘要

作为家电行业的龙头企业，格力电器的混合所有制改革备受市场关注。格力在混改前的管企业模式存在弊端，使得公司陷入治理结构及激励机制较弱、多元化成效不佳的困境。引入高瓴资本后，过渡到管资本的格力是否会打开新的发展空间值得期待。本案例通过分析格力电器在混改前面临的困境，研究其混改动机，剖析混合所有制改革给格力股权结构、治理机制带来的变化，并对业务层面高瓴与格力可能产生的化学反应进行分析，从而对格力管资本的模式进行探讨。

理论分析

一、国企混改的内涵、路径及研究现状

（一）内涵

国有企业混合所有制改革的内涵可以从微观和宏观两个角度诠释。微观层面从企业产权出发，即企业形成国有资本、民营资本等多种形式的资本相互融合、交叉持股的产权形式；宏观层面则指形成多元化的混合所有制经济。国企混改的本质绝不只是股权的多元化，更重要的是治理结构和决策机制的规范化、市场化。在产权融合的基础上，建立与

现代企业制度相适应的产权制度,完善治理结构,才能对企业、对宏观经济起到积极作用。因此,国企混改并不是静态过程,而是动态的不断探索的过程。

国有企业作为我国经济运行的重要组成部分,混改能够提升国有资本的活力,多种形态资本优势互补、合作共赢,使企业在市场经济中获得更好的发展。同时国企混改也对我国所有制结构进行了重新定位,符合混合所有制经济的发展需求。

(二) 实现路径

市场化是混合所有制改革的核心,其本质是引入非公有制资本,促进国有企业治理机制的完善。国有企业改革路径主要有以下四条。

1. 整体上市

2015年9月,中共中央和国务院联合发布《关于深化国有企业改革的指导意见》,明确提出要加强集团公司的股权改革,推动国有企业集团整体上市。整体上市的本质是资产证券化的过程,使企业资产得以在资本市场上进行交易。国有企业整体改组上市有利于以此为突破口推动发展混合所有制的改革和国资体制改革。混合所有制改革,最重要的是国企集团层面要股权多元化并且能流动。若是只有上市子公司或者其他子公司股权多元化,改革的空间和产生的影响有限。国有企业集团整体上市,是在集团层面的变革。在这个高度上展开改革,有利于国有企业整体的激励制度体系得到改善。整体上市的经典案例就是中信集团。中信集团的整体上市之路始于2008年,但经历了多年一直没有能够成功实施,其根本原因在于国有企业上市政策不明朗。

2014年8月25日,中信泰富正式完成了对中信股份100%股权的收购,并更名为中信股份,正式在中国香港开始股票交易。至此,中信集团完成了历时多年的整体上市历程。中信股份混改成功引入了境内外共27家机构投资者,总认购金额达532.7亿港元,投资者包括社保基金等11家国有大型机构,主权财富基金淡马锡和卡塔尔投资局等13家境外机构,以及腾讯、雅戈尔等国内民营企业。上市后,中信股份的公众持股比例约为22%。在混合所有制改革的大背景下,中信集团终于成功实现了整体上市。

2. 国有企业并购

国有企业并购是指国有企业作为主并方,主动并购民营企业。通过增资换股、联合重组、合作上市等方式,保留民营资本一定比例的股权,从而实现产权的多元化。这种模式被广泛应用于国有企业子公司层面的改革。例如,中国建材集团就采取了这种模式,从2007年开始对数量众多的中小民营企业进行大规模联合重组。南方水泥经过6年的时间重组了300多家企业,其中97.68%是民营企业。目前,中国建材集团仍然持有南方水泥80%的股份,而上海赛泽等民营企业持股约占14.85%。中国建材集团通过对水泥行业进行联合重组,使行业秩序得到规范,而且实现了企业的混合所有制改革。

3. 引入民营资本

民营企业通过购买国有企业部分或全部资产,成为国有企业的所有者或者股东。民营企业参股国有企业是追求自身利益最大化的主动行为。它们之所以愿意参与,正是因为能够与国有企业融合发展,利用国有企业的优势弥补自身发展中面临的短板,发挥协同效应,提高企业竞争力。

4. 员工持股

员工持股是一种激励方式,意在追求企业利益与员工个人利益协调互动,激发员工主动性。企业部分股权转移到员工手中,在企业和员工之间结成一种产权纽带关系,形成包括国家股、法人股、其他社会公众股和员工持股的多元股权结构。

(三) 国内外研究现状梳理

国内外学者均对混合所有制改革进行了深入的研究。

国外学者主要从公司治理和绩效来对混合所有制问题进行研究。一些学者从企业目标的角度讨论了国有企业进行股权多元化和混合所有制改革的必要性。施莱弗的威斯尼(Shleifer & Vishny, 1994)认为国有企业的多重目标性是导致其效率低下的重要原因。除了企业经济目标,政府官员为了其他目标,可能利用行政手段影响国有企业经营管理者的决策,致使国有企业效率低下。维拉隆加(Villalonga, 2000)提出,国有企业进行股权多元化改革后,企业股权所有者会更以企业经济目标为导向,促使多元化的企业目标转向一元化,有利于发展战略和经营策略制定,从而提高企业效率。另外一些学者直接讨论了企业所有权结构与企业绩效的关系,从而论证混合所有制改革的必要性。

总之,国外学者关于混合所有制的研究,主要从提高企业经营效率和绩效的角度论证了混合所有制改革的必要性。通过混改使得企业股权结构多元化,有利于企业目标单一化,且企业更接近市场化运营,经营效率更高。

国内学者对混合所有制改革的意义和存在的问题进行了研究。一些学者认为混合所有制改革有利于改善公司治理结构。黄速建(2014)认为,社会资本的加入形成了多元产权主体,这会要求企业改进董事会结构和决策流程,信息披露制度将更为健全,从而有利于改善"一股独大"带来的内部人控制和监管失效等问题。谢海洋(2018)通过实证研究表明股权制衡有利于公司绩效的提升,并提出国企混改的重点和难点正是国有控股企业的股权制衡,而非国有股东委派董事能够发挥中介效应,权衡股权制衡与公司绩效。

另外,关于混合所有制企业的绩效,国内学者也进行了实证分析,通过分析得出混合所有制的股权多元化有利于提高企业效率。廖红伟、丁方(2016)以1998—2007年进行改革的267家国有企业为样本,分析了产权多元化对国有企业经济效益的影响,结果表明产权多元化改革对国有企业盈利能力和产出水平均具有显著正向影响。郝阳、龚六堂（2017）对 2004—2014 年的中国 A 股上市公司的绩效进行了实证研究，考察国有和民营参股股东对公司绩效的影响及其作用机制，认为混合所有制的股权结构提高了公司绩效。

此外，国内学者对混合所有制改革中存在的突出问题也进行了阐述。首先，国企混改过程存在体制机制不健全的问题。杨克智（2015）认为按行政化方式管理国有企业，是"管人管事管资产"，造成管得过多过细、政企不分的问题，已不适应企业和经济社会的发展要求，影响企业的竞争力。其次，有些企业在混合所有制改革之后企业治理没有发生根本改变。李红娟（2017）指出由于国有资本和非国有资本的价值理念大相径庭，融合难度高；且经营管理监督方式不同，职业经理人制度不健全，使得混合所有制企业治理调整难。

二、新一轮国企混改的内涵

（一）国企混改进入 3.0 时代

由于国有企业在我国国民经济中的独特地位和广泛影响，其改革始终是中国经济体制改革的中心环节和核心内容。我国国企混改经过了"摸着石头过河"的 1.0 时代和十八届三中全会之后的 2.0 时代，进入了混改 3.0 时代。

在 20 世纪 90 年代的国企混改探索时代，为国有企业解困是国有企业改革主旋律，出现了个体、私营、外资与公有制经济相互融合、渗透的趋势。但是当时国有企业都带有一定的被动性。混改 2.0 时代的兴起与增强企业活力有很大关系。这个阶段无论是政策制定还是企业操作，都将很大的精力用在如何"混合"这一形式要素上。而且，2014 年之后的混改大多是企业主动为之，与之前的被动性形成了鲜明对比。进入 2019 年，混合所有制改革步伐明显加快。在混改 3.0 阶段，从以"混"为主向"改"的层面大幅迈进，将混改嵌入综合性改革。尤其是在竞争性领域中，投资在下降，为了保持对竞争性领域的投资水平，国有资本退出，引进民营资本是有效途径。2019 年 5 月 17 日，国务院国有企业改革领导小组审议通过了国有企业混合所有制改革第四批试点名单，共包含 160 家试点企业。不仅数量在增加，而且向更广的领域扩展。由电力、石油等七大领域，拓展到具有较强示范意义的充分竞争领域，国企混改真正驶入快车道。

目前推行的新一轮国企混改，既是过去几十年国有企业改革传统逻辑的延续，也在不断的实践总结中进入了新的阶段。新一轮国企混改初步形成了"在国有资产管理体系上，通过重组或新建国有资本投资营运公司作为'政府和市场之间的界面'，'隔离'国资委和实体企业，由此实现从以往'管人管事管企业'向'管资本'转化"、"在经营实体层面，通过引入（民资背景的）战投，形成主要股东之间分权控制格局"等改革方向。

（二）引入战投形成所有制混合局面的混改

国企混改进入深水区，推行引入战略投资者，形成混合所有制的混改模式。也有一些已经完成混改的案例证明，这种模式确实对国有企业有利。以中国联通为例，在引入BATJ战投之后，原控股股东持股比例下降，且几个重要战投都有权委派董事，对最后决策起作用。员工持股计划也作为联通混改的一部分，水到渠成地推出。

引入战略投资者，不同背景的资本混合，在国有企业内部建立长效经营管理机制，这是市场化的过程。尤其是对于竞争领域的国有企业，面对激烈的外部竞争环境，通过混改将获得发展的持续动力。

三、国企混改的理论基础

混合所有制改革涉及多方利益相关者，且需要公司股权结构实现多元化、完善治理机制、削弱委托代理问题且提升公司治理水平。因此，以下对委托代理理论、利益相关者理论、产权理论等进行阐述。

（一）两权分离和委托代理理论

在现代企业制度框架下，公司制企业以两权分离为基础，因此公司的所有权与经营权分离理论随着股份公司的产生而产生。

19世纪后期，股权分散和管理层的专业化导致了两权分离。企业规模不断扩张的同时股权极度分散，股东逐渐被边缘化为公司的外部人，大批的股票持有人无法也无意参与公司的管理。与此同时，拥有专门管理知识并垄断了专门经营信息的经理地位及权力不断扩张，对企业的管理产生了重大的影响，钱德勒称之为"管理革命"。且随着生产力的进步，社会分工更加细化，专业化的分工使得所有者一人无力单独应对企业日常正常经营的所有事项。细化的专业分工使得职业经理人得以诞生，他们拥有专业的管理经验，能够辅助所有者管理企业财富。

法学家伯利和经济学家米恩斯在《现代公司与私有财产》中对美国200家大公司进行了分析，指出随着公司所有权变得更加分散，对公司财富的所有权与控制权由同一个人掌控的情况变得稀少。财富所有权没有相应的控制权，而财富的控制权没有相应的所有权，这似乎是公司演进的逻辑结果。由于经营权和所有权的分离，企业的经营效率提高，但同时也产生了委托代理问题。委托代理关系中的代理人即职业经理人，他们具备专业知识；委托人为企业所有者，即股东。在委托代理关系中，存在三方面的因素导致代理人偏离委托人的权益。

(1) 双方存在信息不对称。委托人和代理人在企业经营管理中负责不同的方面。一般而言，企业股东提供资金，而企业的日常运营则交由代理人。因此代理人与其委托人所掌握的企业经营信息的程度不完全相同，存在信息不对称。

(2) 委托人与代理人追求的目标是不一致的。委托人拥有剩余索取权，追求资本收益的最大化和企业价值增长；而代理人在保证满足企业利润的约束下，必然追求自身的效用最大化。因此对代理人建立约束机制十分必要，以避免代理人为了私利而损害委托人的利益。

(3) 契约不完备性。由于个人的有限理性、信息的不完全性、外在环境的复杂性，以及未来可能出现的不可预见的或然事件等因素的影响，契约的当事人无法验证或观察一切，这必然会造成契约条款的不完备。

上述三个方面的因素会导致代理人在经营管理中背离委托人的目标，具体表现为代理人的"逆向选择"和"道德风险"。为了尽可能地阻止这种情况的出现，委托人需要设计一套行之有效的监督、激励代理人的方案。执行方案会发生成本。为了解决代理问题所发生的成本，就称为代理成本，主要包括监督成本、约束成本、剩余损失三方面。

(二) 利益相关者理论

利益相关者往往参与企业经营，承担风险，并对企业进行监督制约。企业的健康发展不仅要关注股东的投资回报，还需要注重对各方相关者利益诉求的回应（张兆国等，2009）。利益相关者理论研究的对象是在各利益相关者的监督约束条件下，管理者应当采取怎样的策略平衡各方利益、促进企业发展。

根据对企业价值创造与分享的作用不同，企业的利益相关者可以划分为内部利益相关者和外部利益相关者。内部利益相关者以企业契约为依据，投入自身的专用资源，在企业的经营中直接创造、分享价值，包括企业的股东、雇员等；而外部利益相关者则通过其他契约与企业联系，并不直接参与企业价值的创造与分享，一般包括债权人、供应商、消费者、政府部门等。内部利益相关者为企业的创设发展提供了相应的资源，不同的企业性质其实代表的是背后不同类型资源禀赋的内部利益相关者。但是企业的资源需求会随自身的不断发展而变化，因此内部利益相关者的组成结构也可能随企业需求的变动而更新。混合所有制改革实际上就是这样的内部利益相关者性质的改变和重新组合。国有资本和民营资本有着各自的优缺点，混改将两类内部利益相关者结合在企业内部，可以通过优势互补实现资本配置的优化，有利于公司治理结构的优化。

(三) 新一轮国企混改的理论基础

在新的改革模式下，国企混改的理论基础是否发生了变化？

1. 现代产权理论的产权安排

2016年奥利弗·哈特(Oliver Hart)因其在产权理论和契约理论方面的贡献,获得诺贝尔经济学奖。哈特发展的现代产权理论一直被认为是中国国有企业改革的理论基础。

现代产权理论中最核心的内容就是产权的基本性质。哈特理论聚焦于产权的剩余控制权。谁是产权的拥有者,谁就有它的最终控制权或称剩余控制权。产权的重要性就在于所有者决定了资产的最终控制权,尤其是合同无法事先完全规定的那些剩余控制权。这意味着,当合同、法律等没能事先规定清楚的事件发生时,支配相关资产、企业的权力归产权的所有者。谁是所有者、谁拥有产权的最终的决定权成为讨论企业改革的最基本出发点。

哈特明确了产权的基本性质,这也可以解释如何鼓励投资者进行投资的问题。现实中由于种种因素和未来的不确定性,合约总是不能对所有事项都进行详细规定。这就会造成投资者的担忧,担心这种在不完全合约下进行的投资会给自己带来后续利益的损害。现代产权理论认为,让投资者成为企业的所有者,就可以解决投资者的这一担忧。当发生合同中没能明确的事项时,支配财富的权力是归属于企业的所有者的。尽管投资者对要投资的公司不是特别熟悉,却仍然愿意投资该公司,因为他成为了所有者,就拥有了剩余控制权。只要他是股东,上市公司就向其做出了集体享有法律保护的所有者权益这一承诺。

哈特对于产权问题的明确是直接关乎企业改革问题的。毕竟企业混改如果不触及产权,必然是无法成功的。激励机制只有在解决了产权问题之后才有可能解决。如果产权问题没有解决,光靠激励机制的设计,那只是试图模仿市场化的运作,最终模仿不出来。因为产权配置带来的激励机制设计,是企业内部的激励机制,是无法复制的。

尤其对于国企混改,现代产权理论的产权安排处于基础性地位,根本原因在于它解决了为经理人设计激励机制的长效激励问题。与国有企业相比,民营企业的盈利动机更为明确,激励机制也更灵活多样。民营企业的职业经理人得到高额薪酬是值得的,这样充分的激励让经理人有动力为企业赚更多的钱。国有企业就有点类似于用"别人的钱干别人的事",事不关己也就不追求效率,不讲究成本管控。新一轮国企混改引入民营企业,构建新的产权安排,公司的治理架构也随之改变,在投资者之间形成合作共赢的意识,由此解决了长效激励的问题。

2. 现代产权理论下的专业化分工

哈特的现代产权理论对国有企业改革还有另外一个有益的启示。只有当涉及不完全事项的合约履行时,股东以表决方式进行最后裁决的剩余控制权的行使才变得正当,也就是只有这件事项在合约中没有规定清楚,股东的决定权才有意义。例如,格力董事长提议格力并购新能源汽车项目的议案在股东大会上遭到否决。从股东所有者权益履行角度看具有合理性，因为战略调整涉及合约履行的不完全事项，合约中无法事前进行明确，股东有权以投票表决的方式对上述重要事项进行最后裁决。一方面是由于股东以出资额为限可以对最终决策承担相应的责任；另一方面就是股东集体享有所有者权益，法律保护股东作为所有者以投票表决的方式对重要事项进行最后裁决。但与之对比，严格履行薪酬合约的薪酬发放并不受股东剩余控制权的影响，股东不能通过股东大会决议对其高管薪酬予以扣减，因为薪酬发放是完全合约，并不涉及不完全合约事项。

从上述讨论中引申出的一个推论是，我们需要区分合约不完全与完全的合理边界，保持企业控制权与经营权的分离。职业经理人应当做决策的事项须给予其自主权，而把真正涉及履行不完全合约事项的资产重组、战略调整、董事会聘任等问题交给股东，这才能实现经理人职业化与资本社会化之间的专业化分工。

3. 现代产权理论的挑战

上述现代产权理论中强调的产权安排的重要性观点近年来受到"同股不同权"的挑战，如京东和阿里。京东发行 AB 双重股权结构股票，持有 A 类股票的股东 1 股只有 1 票表决权，而持有 B 类股票的股东 1 股有 20 票表决权。阿里的合伙人制度下，持股 31% 的软银和 15% 的雅虎放弃了在董事会组织中委派董事的权力，软银仅委派了 1 名没有投票权的观察员。

其实阿里在美国上市，形式上依然是同股同权构架，并没有发行 AB 股。但通过股东认同的合伙人制度，马云等合伙人取得在董事会组织中委派全部非独立董事的权力，获得了超级控制权，这与他实际持有股份所反映的责任承担能力是不相称的，从而形成事实上的"同股不同权"。哈特的现代产权理论中，投资者因为可以获得剩余控制权而有成为股东的动力。在京东、阿里的例子里，京东 A 类股票持有人，以及合伙人制度下阿里的大股东软银和雅虎等部分放弃甚至全部放弃控制权，但他们依然愿意成为京东和阿里的股东，这不是哈特的现代产权理论能够解释的。

4. 长期合伙理论的兴起

正在兴起的长期合伙理论一定程度上为同股不同权的实践提供了可能的解释。按照长期合伙理论，阿里和京东的股东退化为普通的投资者，一方面，将自己并不熟悉的业务模式创新交给专业的创业团队，自己则专注风险分担，由此实现了专业化的深度分工，提升了管理效率；另一方面，上述安排有助于双方从以往短期雇佣合约转化为长期合伙合约。

"铁打的经理人，铁打的股东"，这种模式下双方实现长期合作共赢，有利于企业的稳定长期发展。由于上述两个方面的改善，京东和阿里的这些股东们在部分甚至全部放弃控制权的情况下，不仅利益没有因为不完全合约的存在而受损，反而从长期合作共赢中赚得钵满盆满。而且通过阿里和京东的产权安排制度创新,我们发现,虽然阿里、京东的这些股东们放弃了实际控制权,但似乎并不影响合伙人制度下的阿里和双重股权结构下的京东针对管理团队进行充满生机的激励机制设计。员工持股计划的实施,使得职业经理人和优秀业务骨干"像股东一样思考",建立了风险共担机制。

长期合伙理论基于京东、阿里此类企业控制权安排的创新实践,正成为目前中国国有企业混改重要的理论基础之一。当原国有控股股东面临艰巨的保值增值任务,同时并不熟悉业务模式,最好的方法就是把经营决策权交给专业的人,以实现职业经理人和投资者的深度专业分工。这种从管企业到管资本的过渡,能够提升管理效率,也有利于形成长期合作。代表国资的投资营运实体与其他战略投资者之间形成长期合伙合约,实现合作共赢。

5. 分权控制理论的内容

现代股份公司的一大灵魂正是在于控制权和经营权分离带来的经营效率的提高。但是,正如前文委托代理理论中分析,两权分离带来的专业化分工效益只是第一层次,第二层次是两权分离产生的代理冲突。

之所以进行国有企业改革,其原因可以概括为这样一句话:"不该管的乱管,该管的不管。"一方面,"一股独大"导致监督过度;另一方面,经理人缺少长效激励机制。无论是哪一方面的问题,分权控制理论都有助于指导国有企业改革相关实践。分权控制理论是围绕解释企业为什么需要引入战略投资者的问题,由以下学者从不同视角共同发展起来的。

Bolton and Thadden(1998)从避免监督过度的目标出发,认为引入新的大股东,形成竞争,能够实现"分权控制"。Bennedsen 和 Wolfenzon(2002)的研究表明,存在多个股东时,对资金使用方向的任何偏离需要全部股东成员的一致同意。成员越多,达到一致性的困难就越大,资金则会朝着正确的方向投入。因此与只有一个股东控制企业相比,所产生的资金使用扭曲程度可能要低。Gomes and Novaes(2001)认为事后讨价还价是影响最终决议的重要因素,往往能够阻止经理人做出符合控股股东的利益但损害中小股东利益的决定,被称为折中效应。

6. 分权控制理论对国企混改的启示

由此来看,我国当下国企混改推行引入战略投资者、形成混合所有制局面的改革模式是有重要意义的。

一方面,引入民营资本背景的战略投资者可以形成主要股东之间的竞争关系,一定程度上减缓"一股独大"的过度监督问题。战略投资者的盈利动机明确,国企混改之后将建立全体股东集体享有所有者权益的现代公司治理框架。在公司战略调整、董事会组成、资产重组此类重大事项的决策上,全体股东将在股东大会上通过投票进行最后裁决。如果相关议案使战略投资者的利益受到损害,该议案会受到战略投资者的反对。

另一方面,引入民营资本背景的战略投资者,其盈利目标和国有企业保值增值的目标统一起来,不同股东之间会形成合作共赢的共识,因此有动力从公司长期发展出发,建立对职业经理人的长效激励机制,解决经理人激励不足的问题。

引入新的投资者之后,公司通过股东间的竞争关系建立了自动纠错机制。不仅可以有效地避免大股东监督过度和决策失误,同时可以形成对经理人的制约,避免内部人控制问题的出现。

分权控制的核心思想是防范"一股独大"下的监督过度问题,为国有企业如何通过混改引入战略投资者、解决目前面临的种种问题提供了很好的政策建议,也成为处理"一股独大"股权结构下容易导致的大股东监督过度与所有者缺位导致经理人内部人控制问题之间平衡的重要实现机制。因而该理论与哈特的现代产权理论以及长期合伙理论,共同构成目前中国国企混改的理论基础。

案例研究

明星企业格力电器的混改,备受市场关注,甚至有舆论将其称为"世纪招亲",从"世纪"一词足以窥见其混改的分量,也意味着国企混改步入"深水区"。

2019年12月2日晚间,此次"世纪招亲"终于落地。格力电器发布公告显示,珠海明骏投资合伙企业(有限合伙)以总价款416.62亿元受让格力电器15%股份,转让价格为46.17元/股。此次混改之前,格力电器的控股股东为格力集团,持股比例18.22%。背后的实际控制人为珠海市国资委,格力电器为地方性国有企业。根据公司年报,格力电器2018年营业总收入达2 000亿元,归母净利润达到262亿元。截至2019年12月31日,格力电器收盘总市值达3 945亿元,为珠海市当时营业总收入、总市值最高的企业。但混改之前,格力电器亦面临着公司治理结构及激励机制较竞争对手弱、多元化成效不佳的困境,空调销售收入仍然是公司营业收入的绝大部分,产品结构需进一步丰富。

此次混改正式完成之后,格力集团代表的国有资本让出第一大股东位置,格力电器将变为无控股股东和实际控制人。珠海明骏背后的高瓴资本注入格力之后,将如何处理与格力现有管理层的关系?对于格力电器这一董明珠个人色彩尤为浓厚的明星企业,高瓴资本进入后,各方话语权的博弈将会如何?高瓴资本大手笔投入之后是否只做财务投资者?这些问题或许仍悬而未决。

混改之后,格力电器实现了从管企业到管资本的过渡。市场对于高瓴资本和格力电

案例四 格力电器：国企混改如何从管企业过渡到管资本

器将产生怎样的"化学反应"充满期待，高瓴是否会给格力带来治理结构的优化和产业赋能、助力格力电器加速多元化发展战略是市场关注的焦点。

一、家电龙头的混改之路

（一）驰名世界的家电龙头

格力电器自1989年成立至1996年上市，经历了我国家电行业的普及期与成熟期，成长为如今多元化、科技型的全球工业集团。格力作为白色家电行业龙头企业多年地位稳固，在品牌、产品、渠道等层面均具备难以超越的优势。

作为目前全球最大的集研发、生产、销售、服务于一体的国有控股专业化空调企业，格力是少数成为世界名牌的中国空调业品牌，公司产品产销量连续多年全球领先。公司自主研发超低温数码多联机组、多功能地暖户式中央空调、1赫兹变频空调等一系列国际领先产品，先后中标北京奥运媒体村、南非世界杯主场馆及多个配套工程、广州亚运会14个比赛场馆、俄罗斯索契冬奥会配套工程等国际知名空调招标项目。

品牌对于格力来说不仅是一种符号，更是企业核心价值的重要载体。从"好空调，格力造"到"格力，掌握核心科技"到"让天空更蓝，大地更绿"再到"让世界爱上中国造"，格力电器坚持实施"精品战略"——打造精品企业、制造精品产品、创立精品品牌，始终坚持走"自主创新"的发展道路，秉承"工匠精神""创新精神""挑战精神"，坚持以卓越的品质和国际领先的科技来打造品牌、树立品牌。经过几十年的风雨兼程，格力品牌已享誉全球。

在获得"中国世界名牌""最具市场竞争力品牌""全国质量奖""出口免验企业""中国品牌创新奖"等荣誉后，格力电器在《福布斯》2018年发布的"全球上市公司2000强"名单中排名第294位，较上年排名上升70位；在《福布斯》发布的"2018年全球最佳雇主榜单"，排名第88位，在进入榜单的中国企业中位列第六；在《财富》（中文网）联合科尔尼咨询公司发布的"2018年中国最具影响力创新企业榜"上位列第四，居家电行业第一，展现了格力企业发展的硬实力与品牌影响力；在第二届中国品牌发展论坛上，"2018年中国品牌价值百强榜"发布，格力以687.53亿元的品牌价值位列家电行业首位。2018年，在中国质量协会用户委员会组织开展的中国家电行业用户满意度测评结果中，格力空调以80.7分的满意度指数高居第一，这也是格力空调连续第七年蝉联用户满意度第一名。

格力电器始终坚持"以消费者的需求为最高标准"，把自主创新作为最根本和最持久的动力，坚持自主研发、自主生产、自主营销和自主培养人才。公司现有9万多名员工，其中研发人员1.4万名，技术工人3万多名；建有15个研究院、96个研究所、929个实验室、

2个院士工作站,同时拥有国家重点实验室、国家工程技术研究中心、国家级工业设计中心、国家认定企业技术中心、机器人工程技术研发中心各1个。公司现拥有24项国际领先技术,获得国家科技进步奖2项、国家技术发明奖1项、中国专利奖金奖4项。截至2019年6月30日,公司累计申请专利53 134项,其中发明专利24 905项,彰显了公司强大的科研创新实力。

(二)"靓女先嫁"的混改之路

格力是优势资产而不是劣势资产,属于"靓女先嫁",是从管企业到管资本的转型。格力这次的混改备受市场关注,也具有标志性意义。格力电器处于充分竞争的家电行业,格力集团处于非控股地位,是典型的市场竞争型企业,因此为此类企业混改的重要案例。

2019年4月8日,格力电器公告大股东格力集团拟通过公开征集受让方的方式协议转让其持有的格力电器总股本15%的股票。同时披露,转让价格不低于提示性公告日(2019年4月9日)前30个交易日每日加权平均价格的算术平均值,但确定最终转让价格还需先公开征集受让方并经国有资产监督管理部门批复。2019年4月9日,格力电器发布《关于控股股东拟通过公开征集受让方的方式协议转让公司部分股权暨复牌的提示性公告》,披露格力集团正在筹划转让格力电器股份事宜。

2019年8月12日,格力电器发布公告,公开征集大股东转让15%股份受让方,本次公司征集受让方案事项已获得珠海国资委原则同意。本次方案对受让方资本实力提出严格要求:集团在意向方所属行业、收入与利润指标等方面未做详细规定,但出资额规定了不低于约400亿元且在短短15个交易日内需向格力集团缴纳。另外,根据征集方案要求,意向受让方应有助于公司持续发展,改善法人治理结构,不得有影响公司股权结构稳定的重大不利安排,同时应有能力为公司引入有效的技术、市场及产业协同等战略资源。

2019年10月29日,格力电器正式公布,经评审委员会对参与本次公开征集的两家意向受让方进行综合评审,确定珠海明骏为最终受让方。珠海明骏股东方为深圳高瓴瀚盈投资咨询中心(有限合伙)和珠海贤盈股权投资合伙企业(有限合伙),为高瓴合伙企业。这也意味着高瓴资本将受让格力集团15%股权,成为格力电器的新任第一大股东。

2019年12月2日,格力集团与珠海明骏签署股份转让协议,约定珠海明骏以46.17元/股的价格受让格力集团持有的格力电器9.02亿股股份(占总股本的15%),转让总价为416.62亿元。转让所需的416.62亿元资金中,自有资金为218.5亿元,剩余约198亿元使用银团贷款的方式提供,但本次所有贷款均不存在与市值涨跌挂钩的补仓或平仓机制。

(三) 高瓴资本+格力电器: 未来充满想象空间

高瓴资本是一家专注于长期结构性价值投资的投资公司, 由张磊创立, 目前已成为亚洲地区资产管理规模最大的投资基金之一。

高瓴资本注重科技创新与传统行业的结合, 投资覆盖消费与零售、科技创新、生命健康、金融科技、企业服务及先进制造等领域, 并且横跨最早期的种子投资、风险投资, 到私募股权投资、上市公司投资以及并购投资等股权投资的全部阶段。目前, 高瓴资本投资的知名公司包括腾讯、百度、京东、美的、美团、滴滴等。高瓴一直坚持长期结构性价值投资, 在敏锐洞察技术和产品变革趋势基础上, 找到企业转型升级的可行路径, 通过整合资源借助资本、人才、技术赋能, 帮助企业形成可持续、难模仿的"动态护城河", 完成企业核心生产、管理和供应链系统的优化迭代。梳理高瓴的历史投资, 从腾讯、京东到百丽、蓝月亮等证明了其在产业升级与产业整合方面的能力。

高瓴资本的进入将使得格力电器的治理结构更为完善, 建立更科学的决策机制。一旦格力拥有良好的治理结构, 多元化和国际化是水到渠成的事。高瓴有能力为上市公司引入有效的技术、市场及产业协同等战略资源的条件, 有利于格力电器向多元化工业集团转型。

二、管企业之难

(一) 治理结构和激励机制较弱

在引进战略投资者和内部激励机制之前, 格力电器一直处于管企业的阶段, 治理结构和激励机制与竞争对手相比较弱。如图4-1所示, 从混改前格力电器的股权结构来看, 珠

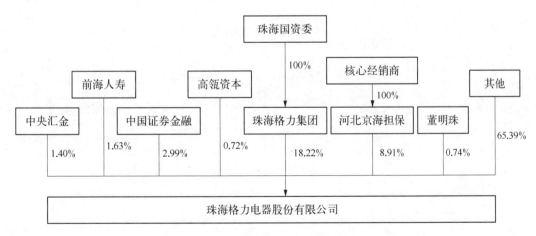

图 4-1 混改前格力电器股权结构

资料来源: Wind。

海格力集团持股18.22%,是格力电器第一大股东,其实际控制人为珠海国资委。由各地经销商组成的河北京海担保投资有限公司持股8.91%。董明珠持有格力电器0.74%的股权。因此混改前格力属于地方性国有企业,国资委对公司经营管理、人事任命等方面有决定性的话语权。长久以来格力电器的决策可以说一直是格力集团和董明珠的"二人转",治理结构和决策机制显得单调而死板,缺乏有效的市场机制。

在激励机制方面,格力的管理层股权激励较少。混改前的股权结构中,董明珠持股0.74%,格力电器执行总裁黄辉与总工程师谭建明的持股比例分别是0.12%与0.02%。管理层、核心员工骨干的利益和企业利益没有深度绑定,不利于调动积极性,易导致公司存在委托代理问题。

我们以同为白色家电巨头的美的集团作对比,可以发现美的股权具有多元属性,且有更积极完善的股权激励措施。美的经历了多次股权变动和改制,成为由管理层控股的民营企业。如图4-2所示,截至2019年第三季度,美的第一大股东是何享健先生作为实际控制人的美的控股有限公司,持股比例为31.88%,公司董事长方洪波持股1.97%,股权结构较为多元化。同时美的事业部制度改革把市场机制引入企业内部,考评和激励都以业绩为导向,使得经营权得以下放,也提高了公司内部的决策和执行效率。股权激励方面,美的集团从2014年起就持续推出股权激励计划,其模式也不断完善。美的分别针对业务骨干、经营单位与部门高管、事业部总经理进行股权激励,逐渐扩大受益群体。表4-1列出了美的六期股票期权激励计划以及三期限制性股票激励计划,可以发现美的集团的股权激励是稳定持续的,每年都会推出。在这样的激励机制下,无论是核心高层团队还是部门经营管理团队、核心骨干,其利益都与全体股东利益保持一致。

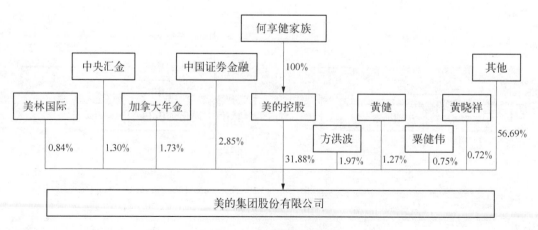

图4-2 美的集团股权结构

资料来源:Wind。

表 4-1 美的集团股票激励计划

期权	美的股票期权激励计划(针对业务骨干员工)					
项目	第一期	第二期	第三期	第四期	第五期	第六期
公告时间	2014年1月	2015年3月	2016年3月	2017年3月	2018年3月	2019年5月
激励人数(人)	693	738	931	1 476	1 341	1 131
激励规模(万份)	4 060	8 430	12 753	9 898	6 208	4 654
行权价格(元/股)	48.79	31.54	21.35	33.72	57.54	52.87

限制性股票	美的限制性股票激励计划(针对经营单位与部门高管)		
项目	第一期	第二期	第三期
公告时间	2017年3月	2018年3月	2019年5月
激励人数(人)	140	344	140
激励规模(万份)	2 979	2 501	2 979
行权价格(元/股)	16.86	28.77	16.86

与之对比,如表4-2所示,格力的股权激励计划集中在了2006、2007、2009年,近年来并未实行股权激励。目前管理层所持有的股份主要来源于2006年的股权分置改革时期,并未形成常态化的股权激励机制,因此在治理结构和激励机制上还存在很大的改善空间。

表 4-2 格力电器股票激励计划

股票激励计划	第一期	第二期	第三期
公告时间	2006年7月	2007年10月	2009年2月
激励人数(人)	94	609	1 059
激励规模(万份)	713	1 069.5	1 604.25
行权价格(元/股)	5.07	3.87	4.494

(二) 多元化、国际化成效不显著

"好空调,格力造"的口号十分深入人心,格力在空调行业的龙头地位不可动摇。据全球知名经济类媒体日本经济新闻的数据,2018年格力电器以20.6%的全球市场占有率位列家用空调领域榜首,自2005年起连续14年领跑全球。根据产业在线数据,格力家用空调产销量自1995年起连续24年位居中国空调行业第一。

但格力除了空调以外,其他产品业务对业绩拉动并不明显,形成了空调一枝独秀的局面。单一的产品结构意味着业绩的单一支撑,这在某种程度上是一种劣势。其实格力一直在尝试走多元化的道路,但这条路似乎十分坎坷。

2012年半年报中将格力定义为"综合家电品牌",2014年明确提出"从一个专业生产空调的企业发展成一个多元化的集团性企业",2015年推出格力手机,再到2018年进军芯片。但就目前格力的产品结构来看,除空调以外的其他业务并未能给格力带来较大的收入、业绩支撑。2019年上半年格力电器空调业务的营业收入占公司主营业务收入的比重仍然保持在90%以上,如表4-3所示。这反映了格力的多元化开展得并不顺利,各项新兴业务也并未能为格力带来新的增长点。相比之下,美的多元化业务进行得风生水起。2019年上半年,美的集团的1 543.33亿元主营业务收入中,暖通空调业务占比仅为46.29%,而消费电器已异军突起成为体量占比最大的业务(占比37.81%),剩下的主要是机器人及自动化系统业务(占比7.79%),如表4-4所示。美的在其科学的治理结构和决策机制下,经营灵活性较高,因此多元化战略发展迅速。在2019年1月16日格力第一次临时股东大会上,董明珠再次当选董事长,重申格力到2023年的销售目标为6 000亿元。格力要实现6 000亿元的目标,单靠空调业务的支撑有些不足,未来如何打开多元化局面,改变单一的主要产品结构将是一大关键。

表4-3 格力电器2019年上半年主营业务收入

	金额(亿元)	占比
空调	793.25	95.19%
小家电	25.61	3.07%
智能装备	4.15	0.50%
其他业务收入	10.32	1.24%
合计	833.33	100.00%

资料来源:Wind。

表4-4 美的集团2019年上半年主营业务收入

	金额(亿元)	占比
暖通空调	714.39	46.46%
消费电器	583.51	37.95%

续 表

	金额（亿元）	占 比
机器人及自动化系统	120.24	7.82%
其他业务收入	119.56	7.77%
合 计	1 537.70	100.00%

资料来源：Wind。

在国际化推进上，格力2019年上半年主营业务收入为833.33亿元，其中外销收入近139亿元，占比仅为16.64%；而美的海外收入的占比为40.39%。造成海外收入占比不同的原因在于，美的在海外进行了并购，比如收购了东芝的白色家电业务，能够借助这些海外品牌本身的影响力打开市场；而格力的策略是坚持自己的品牌推广，需要更长的时间占据市场份额，如表4-5所示。

表4-5 格力、美的海内外收入占比情况

		营业收入（亿元）	占 比
格 力	内 销	694.64	83.36%
	外 销	138.69	16.64%
美 的	内 销	916.64	59.61%
	外 销	621.06	40.39%

资料来源：Wind。

（三）业绩和估值：发展是否遇瓶颈？

如图4-3、图4-4所示，从业绩上看，格力电器2018年营业收入和归母净利润与2017年相比增速放缓，营业收入同比上升33.61%，净利润同比上升16.97%。2018年前三季度营业总收入同比增速34.11%，归母净利润同比增速36.59%。2019年格力前三季度营业总收入为1 550亿元，同比增加4.26%；归母净利润为221亿元，同比增加4.73%，由此可见2019年同比增速与2018年的增速相比明显放缓，双双跌至个位数。只看2019年第三季度，结果也不尽如人意，扣非归母净利润为81.72亿元，同比下降6.21%。

美的在2019年前三季度营业收入2 209亿元，同比增长7%，净利润213亿元，同比增长19%。奥克斯近年来更是成为一匹黑马，奥克斯近三年的空调销量维持20%以上的增速，市占率不断提升。

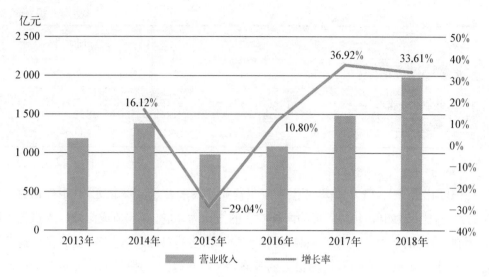

图 4-3　格力电器 2013—2018 年营业收入和增长率

资料来源：Wind。

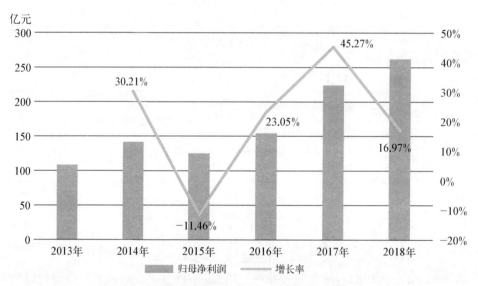

图 4-4　格力电器 2013—2018 年归母净利润和增长率

资料来源：Wind。

格力电器发展增速的放缓与行业密切相关。根据奥维云网数据显示，2019 年国内空调市场处于疲软状态，上半年零售量为 3 370 万台，同比增速 1.5%；零售额为 1 137 亿元，同比下降 1.4%。对此奥维云网分析认为主要原因是受到 2018 年房地产增速放缓的影响，对 2019 年空调新增需求造成了一定的抑制。上述谈到多元化时，提到格力营业收入支撑基本依靠空调，因此业绩受空调市场的影响较大。一旦消费者需求出现增速放缓的趋势，对公司销售、净利润就会造成负面影响。

表 4-6　2018、2019 年前三季度财务指标同比增速　　　　　　单位：亿元

	2018 年前三季度	比上年同期增减	2019 年前三季度	比上年同期增减
营业收入	1 486.99	34.11%	1 550.39	4.26%
归母净利润	211.18	36.59%	221.17	4.73%
扣非归母净利润	213.46	36.76%	215.65	1.03%

资料来源：Wind。

图 4-5 和图 4-6 将格力和美的两家白色家电巨头进行对比，发现过去五年，格力的估值和市值一直低于美的。截至 2019 年 12 月 31 日，格力电器市值为 3 945 亿元，低于美的

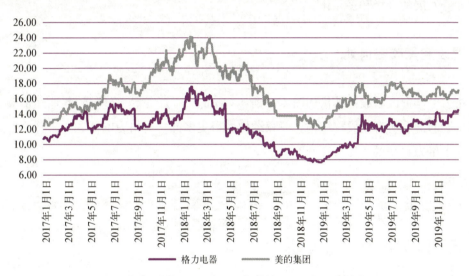

图 4-5　格力、美的 2017—2019 年估值(PE-TTM)（单位：元）

资料来源：Wind。

图 4-6　格力、美的 2015—2019 年各年底市值(单位：亿元)

数据来源：Wind。

集团的 4 042 亿元。原因在于格力的公司治理结构和业务结构的不合理导致估值水平偏低,也与格力的多元化、国际化水平低于美的有关。

混改将给格力的治理结构和业务结构带来改善机遇。此前格力决策机制缺乏有效性,管理层持股比例较低,导致委托代理问题。混改后引入战略投资者,使得格力的股权结构多元化,公司治理将朝着市场化方向发展。高瓴有望为格力带来资源协调效应,打开新的发展契机和变革,切实发展多元化布局。

对于格力电器而言,更高效的治理结构和决策链条、更市场化的激励机制、更丰富的产品结构是企业实现发展目标的必备条件。市场期待混改这把钥匙能够打开格力治理结构完善升级的空间,同时通过各种激励措施使管理层利益与股东利益保持一致,最后实现公司业务发展的升级和多元化。

三、混改究竟改在何处

格力电器混改后股权结构如图 4-7 所示,形成了高瓴资本、管理层、各地经销商多方共同持股的混合所有制股权结构。股权结构变得更多元化对格力电器意味着什么?在混改过程中格力存在哪些变与不变?

图 4-7 混改后格力电器股权结构

资料来源:公司公告。

(一) 格力电器实现无控制人

本次权益变动前,上市公司的控股股东为格力集团,实际控制人为珠海国资委,属于地方性国有企业。在股权转让之后上市公司将变更为无控股股东和实际控制人。

从股权结构上看,格力电器前三大股东分别为珠海明骏(持股 15.00%)、河北京海担保投资有限公司(持股 8.91%)、格力集团(持股 3.22%),股权结构较为分散。

珠海明骏作为第一大股东，股权占比仅比第二大股东京海担保（京海担保由格力的各地经销商持股）高 6.09%，不能认为其存在重大影响。且珠海明骏与上市公司其他股东之间不存在一致行动、表决权委托、股份代持等安排。因此混改后的格力不存在单一股东持股 50% 以上，亦无单一股东可以实际支配上市公司股份表决权超过 30% 的情况。

从董事会构成上看，根据格力电器的公司章程，董事会共有 9 名董事，除去 3 名独立董事，剩余 6 名席位提名分配权如下：珠海明骏有权提名 3 名董事，京海担保 2 人，格力集团有权提名 1 人。珠海明骏可提名的 3 位董事中，高瓴提议 1 人，Pearl Brilliance 提议 1 人，格臻投资提议 1 人。从格臻投资的出资比例看，其代表格力管理层，核心股东为格力电器董事长董明珠，持股比例为 95.482%。因此在董事会构成方面，珠海明骏无法达到格力电器董事会人数的 1/2 以上，不存在控制董事会席位的情况。

根据股份转让协议约定，珠海高瓴、HH Mansion、Pearl Brilliance 和格臻投资（管理层实体）中的任何一方均向其他方承诺，确保其实际控制人不得变更，且各方及其关联方均不谋求格力电器实际控制权。这样的转让条款保障了格力电器股权稳定，有利于企业的长期稳定发展。

表 4-7 格臻投资股权出资比例

序号	姓名	合伙人性质	认缴出资比例	在上市公司任职情况
1	董明珠	普通合伙人	95.482%	董事长、总裁
2	王凯	有限合伙人	0.889%	总裁助理
3	黄辉	有限合伙人	0.741%	董事、执行总裁
4	庄培	有限合伙人	0.593%	副总裁
5	谭建明	有限合伙人	0.519%	总工程师、副总裁
6	望靖东	有限合伙人	0.222%	董事、副总裁、财务负责人、董事会秘书
7	赵志伟	有限合伙人	0.222%	总裁助理
8	胡余生	有限合伙人	0.222%	总裁助理、总工程师助理
9	方祥建	有限合伙人	0.148%	助理总裁
10	张辉	有限合伙人	0.148%	总裁助理、副总工程师
11	文辉	有限合伙人	0.148%	总裁助理
12	胡文丰	有限合伙人	0.148%	总裁助理

续 表

序号	姓 名	合伙人性质	认缴出资比例	在上市公司任职情况
13	刘 华	有限合伙人	0.148%	总裁助理、副总工程师
14	夏光辉	有限合伙人	0.074%	总工程师助理
15	陈伟才	有限合伙人	0.074%	总裁助理
16	谢东波	有限合伙人	0.074%	总裁助理
17	张 龙	有限合伙人	0.074%	总裁助理、总工程师助理
18	李绍斌	有限合伙人	0.074%	总裁助理、总工程师助理

资料来源：公司公告。

(二) 原有管理层保持稳定，激励机制增强

格力在公开征集受让方时就提出明确要求，意向受让方在向转让方提交的受让申请材料中应提出维护管理层稳定的措施及未来与管理层合作的方案。可见保证格力管理层的稳定是选择受让方的重要前提，这也符合格力一直以来拒绝"门口的野蛮人"的诉求。最终格力股份花落高瓴，与高瓴所坚持的投资理念和过往做法是分不开的。高瓴资本是一家专注于长期结构性价值投资的公司，基础是坚持"与企业家做长期事业伙伴"的价值观。以高瓴过往私有化百丽为例，仍以原有管理层为主导，在不改变百丽原有业务流程的基础上做业务增量。另外，珠海明骏向格力集团提交的受让申请材料中提出了维护管理层稳定的措施和与管理层合作的方案，因此高瓴的投资理念以及做出的一系列协议安排都保障了格力原有管理团队的稳定。

除了稳定性得到保证之外，管理层也得到了多重激励。首先按照转让协议，格臻投资（格力管理层实体）对珠海明骏持股占比将达到41%，因此按比例，对于珠海明骏产生的全部管理费、执行合伙事务报酬和超额收益（合称"GP收益"），格力的管理层将获得41%。并且管理层实体应确保其享有的占全部 GP 收益的 8% 的部分应以适当的方式分配给对上市公司有重要贡献的上市公司管理层成员和员工。

经过此次混改，一直搁置的股权激励机制也终于提上了日程。珠海高瓴、HH Mansion、Pearl Brilliance 和格臻投资一致同意，在本次交易完成交割后，推进上市公司层面给予管理层实体认可的管理层和骨干员工总额不超过 4% 上市公司股份的股权激励计划。在第二部分格力与美的的股权激励对比中，我们发现格力对管理层、核心员工的股权较缺乏激励。此次混改之后，对核心管理团队形成常态化的股权激励机制值得期待，确保管理层利益和股东利益的一致性，过去存在的委托代理问题得以解决，公司

业务也将得到更好的发展。

(三) 公司治理制度设计理念的改变：各方利益能否得到保障

所谓混改，"混"是第一步，很多国有企业改革都在积极推进引入民营资本背景战略投资者，实现所有制的混合。但国有企业改革不只是实现混合所有制，做到股权多元化，更重要的是引入战略投资者之后进行改革，借助战略投资者的力量完善公司治理，建立现代企业制度。光混不改对国有企业来说，并不会打开新的升级空间，只有表面的变化。

中国企业研究院首席研究员李锦提出了国有企业混改路径四部曲：引战、改制、激活、提高，这是战略型投资的混合所有制改革。这种混改逻辑链条是目标倒逼式的，由最终目标层层倒逼，形成一个目标体系。有了最终目标，才催生出正确的改革途径，这也是国有企业在混改过程中所必须的探索。

以中国联通为例，其治理机制在混改之后是发生变化的，公司治理方面取得了重要突破。2017年8月，中国联通引入中国人寿和BATJ等战略投资者，成为完成混改的第一家央企，因此被称为"央企混改第一股"。联通在混改深入过程中对公司治理制度设计理念的改变对我们理解国企混改有一定的启发作用。第一步是突破公司治理的框架，引入战略投资者，形成分权控制格局。第二步便是对公司治理制度设计进行改革。联通属于基础战略性行业，无法直接让渡控制权，被迫采用"董事会组织中战略投资者占优"的模式来吸引战略投资者，达到激励相容。从联通混改后的股权结构来看，联通集团持有36.67%股份，战略投资者中出资比例最高的是腾讯和百度，分别持股5.18%和3.3%，与联通集团的占比相去甚远，因此联通集团仍然拥有中国联通的控制权。民营企业背景的战略投资者无法从股权上形成对控股股东的制衡，但董事会的设计制度使得战略投资者的自身利益得到保障。联通于2018年2月通过董事会、监事会换届议案，结合混改情况，引入新的国有和非国有股东担任公司的董事或监事。8名非独立董事中，由联通集团委派3位董事，其余5位分别来自中国人寿、百度、阿里、腾讯、京东等战略投资者。另外，百度拥有其中1名席位（相当于在董事会占比12.5%），但百度的股权比例仅为3%。这意味着股东在董事会重大决策中的影响力和持股比例所反映的责任分离，这一现象被学术界称为"超额委派董事"。公司新一届董事会、监事会人员的构成更加多元化，为董事会与监事会的规范运作、有效制衡、科学决策奠定了坚实基础。

联通的混改模式可以总结为：在股权结构上国有资产处于优势地位，而董事会组织中战略投资者占优。联通集团由于拥有控制性股权比例，在必要时可以行使"一票否决权"；而在董事会层面，各战略投资者所派出的代表将拥有更大的话语权，对公司的日常经营管理决策起决定性作用。二者的结合体现了联通治理理念的转变，即将专业之事交给专业之人，使参与混改的各方利益都得到保障，才能做到彼此合作共赢，给公司带来真正的治理结构完善和业务提升。联通有其特殊之处,由于战略性基础性行业需要保证国有资产的控股权,因此无法让渡控制权给战略投资者,混改之后仍然存在控股股东和实际控制人。上文分析格力电器混改之后将变成无实际控制人的局面,和联通有所不同。但本质上来说,混改最后的目标都是公司治理理念的转换和结构升级,在引入战略投资者之后,格力同样需要做到保障混改参与各方的利益。以董明珠为代表的格力管理层参与了此轮混改,因此格力管理层和高瓴资本在公司的经营管理中如何进行利益的博弈,保障自身的利益,谋求合作共赢将是我们关注的焦点,也是此次混改能否取得成效的关键所在。

四、业务层面:高瓴能给格力带来什么

股权结构的改变给格力带来了治理结构的提升,那么在公司业务层面会带来什么新的期待?

高瓴资本是格力电器的长期合作伙伴,在2005年就已经买入格力电器股份,并且重仓持有十几年之久,混改前持股比例约为0.72%。可以说高瓴陪伴着公司一路成长,对格力公司的业务发展过程都有着深刻的理解。这样的长期伙伴更能在格力的经营管理过程中发挥作用,提出有价值的建议。此外,高瓴资本还拥有丰富的产业资本,特别是在互联网和消费零售领域布局广泛,有望为格力带来可期待的协同和互补效应,帮助公司在新零售时代更好地扩展渠道,完善公司多元化布局。

(一)渠道变革:线上线下融合

空调的竞争格局一直保持双寡头的局面,但近年来奥克斯成为一匹黑马,销售量和收入迅速增长,这源于其紧跟电商渠道崛起的浪潮。2016年,电商渠道的高速增长给各企业指引了新的渠道建设方向。奥克斯建立了"网批模式",通过互联网直卖,取消了层层加价的模式,利用成本管控优势压低终端价格,提高终端性价比。奥克斯的低价产品在线上渠道快速放量,市场份额迅速提升。根据产业在线家用空调内销量数据,2015年奥克斯家用空调内销量市场占有率仅为4.59%(见图4-8),而2019年1—10月奥克斯在家用空调内销量市场占有率达到10.64%,高于海尔空调内销量市场份额(见图4-9)。

从奥克斯的成功可以看出渠道变革对市场竞争格局会造成冲击。奥克斯这匹黑马的崛起有两个关键性因素:成本管控能力和线上渠道的红利。但这两点并不能形成奥克斯独特的核心竞争力,龙头企业对成本的管控优势与奥克斯相比只会更强。格力暂时落后于奥克斯的,正是线上渠道的建设。2018年,中国空调线上销量榜中,格力市场份额为17%,排第三,远远落后于奥克斯29%的市占率。可见,格力的线下渠道网络十分完善,但在线上渠道方面还有所不足。

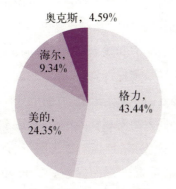

图 4-8　2015 年空调内销量市场占有率

资料来源：产业在线。

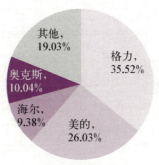

图 4-9　2019 年 1—10 月空调内销市场占有率

资料来源：产业在线。

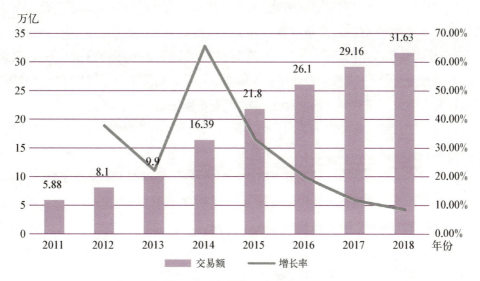

图 4-10　我国电子商务交易额

资料来源：国家统计局。

2019 年 11 月，格力电子商务公司成立，由格力电器 100％持股，注资 1 亿元，董明珠任董事长。值得注意的是，在 10 月 30 日格力电器发布的最新的公司章程修订方案中，对其经营范围进行了扩充，新增内容包括厨房用具、研发、制造、销售新能源发电产品等。可以发现格力电器新的经营范围不再包括电子商务，而电子商务是 2019 年 7 月修改章程刚新增的业务，才开展 3 个月便删去了。在 2019 年 11 月格力成立了独立的电子商务公司。将电子商务从格力电器的经营范围中抹除，意味着电子商务不再是格力的一个部门，而是拥有独立法人、独立董事会的独立公司。这一进军电商领域的动作正式落地是在 10 月 28 日，格力混改，高瓴资本拿下格力 15％股权之后。高瓴资本作为腾讯、京东的大股东，在电商领域的地位不言而喻。所以事情的发展顺序就是：高瓴资本入主—格力电器删去电商业务——成立独立的电商公司,这是格力在短时间内电商化的有序进程,也代表了格力渠道变革的决心。

格力有渠道变革的需要,若能有具备新零售转型的能力和线上渠道优势的企业助力,对于格力的渠道建设自然会是一大推动,高瓴正是这样一家投资公司。

梳理高瓴的历史投资,可以发现其在新零售转型方面积累了经验,百丽的成功验证了高瓴的能力。创立于1991年的百丽国际是中国内地最大的女装鞋零售商,专注于鞋类产品的设计生产,凭借传统零售百货渠道在国内市场快速发展,加强对零售网络的布局,在渠道的助力下实现品牌的提升与销量的增长。但百丽零售布局的优势在2015年电商渠道的冲击下消失。传统零售业遭受重创,百丽的一些零售门店因为销量不足而关店。尽管百丽经营承压,但多年的积累形成了百丽的品牌、管理、零售网络优势,构筑了完整的生产、营销、供应体系。在百丽引进高瓴之后,高瓴推动了百丽的电商化和数字化。基于百丽现有的线下零售网络优势,高瓴对其进行了供应链的升级。数字化运营产品价格和库存,同时根据大数据改革门店的产品组合、陈列模式,改善百丽的用户界面。另外,高瓴资本擅长整合产业资源,在被投企业间建立了密切的关系。高瓴为百丽对接了腾讯新零售、地平线机器人等公司在数据方面的合作,加大其在电商平台的推广程度。

其实格力和百丽是有一定的共同点的。两者都拥有不可取代的品牌、线下销售网络、管理等方面的优势,但因为受渠道环境和消费者习惯变化的影响,产生了向新零售转型的需求。因此需要结合消费市场的发展方向进行渠道变革,变革的背后是数字化、电商化的支撑。高瓴对百丽的改造将其从传统制造业转变为"+互联网"的模式,由此可见数字化赋能给企业带来的效用。有理由相信,高瓴入主格力电器之后,也会运用其互联网思维赋能格力,助力格力的渠道建设。同时高瓴善于在被投企业间建立联系,为被投企业引进产业资源。

总之,高瓴拥有新零售转型的成功经验和在互联网领域的丰富资源,有助于格力的线上渠道建设。

(二)业务多元化:第二赛道路在何方

前文分析格力的多元化之路走得并不顺畅,多次尝试并未能打开第二赛道,给格力带来新的增长。高瓴的投资遍布各行各业,与格力合作之后能否助力格力找到最适合格力的第二赛道?

2019年12月28日,格力在其主办的第四届"让世界爱上中国造"高峰论坛上,宣布将其业务从当前的四大板块(空调、家用电器、通信和智能装备)调整为消费领域和工业领域两大板块。按照新的板块调整,消费领域板块将涵盖空调、家用电器、通信,在这一板块将会着重突出整体智能家居的地位;而原先四大板块中的智能装备将被划入工业领域。

因此智能家居和高端装备将是格力的着重发展对象。

在智能家居领域,格力创造了"格力零碳健康家"系统。这个智慧系统依托光伏直流供电驱动智能产品,目标是实现全屋生态智能化管理,打造节能环保、舒适健康的全新型智能家居。涵盖了能源管理、空气管理、健康管理、安防管理和光照管理五大系统,可通过格力语音空调、格力+App、物联手机、智能门锁、魔方精灵等不同控制入口实现全屋家电联动。构建全屋智能空间的基础是品类齐全的智能家居产品,因此格力作为家电企业,具备发展智慧家居的优势。格力的智能家居系统,以其自主制造的全品类家居产品为依托,并通过在终端宣传等手段不断拓展应用。

智能家居伴随着大数据及人工智能的发展步入快速发展轨道。根据Statista数据显示,2018年我国智能家居市场规模约4 000亿元,市场渗透率为4.9%。与国际上智能家居渗透率对比,2018年智能家居市场渗透率排名前五的国家分别为美国32.0%、挪威31.6%、爱沙尼亚26.8%、丹麦22.5%、瑞典22.3%。中国的4.9%与这些国家还有差距,这意味着我国的智能家居市场还有很大空间,前景开阔。

在高端装备与智能制造领域,格力也已经取得了一些成就。格力有信心通过自主创新改变中国制造,其智能装备的发展以"精工品质,格力创造"为宗旨,坚持自主研发和精益制造。2019年1月,格力电器联合中国联通、民生银行、深圳建筑总院三大领军企业打造智能制造全产业链应用平台。通过加强装备、自动化、设计规划、信息技术等不同领域的紧密合作,共同推动中国制造业转型升级,为推动制造业高质量发展提供新模式、新样板。

高瓴资本作为一家专注于长期价值投资的公司,投资领域非常广,涵盖了消费零售、互联网与媒体、医疗健康、能源与先进制造业等,在智能制造和智慧生活的生态圈中也有广泛布局。珠海明骏出资方代表高瓴资本合伙人易清清表示:"未来,我们将充分发挥长期投资、全球研究以及帮助实体经济转型升级的经验,'加磅'中国制造,积极引入战略资源,与包括格力电器在内的优秀企业一起,以科技创新为驱动,实现从'先进制造'向'智能制造'的历史跨越。"

引入高瓴有望助力格力发展智能制造、构建智能家居生态,为公司的多元化转型提供更多战略资源。格力的业务多元化道路将何去何从,期待高瓴与格力管理层一起给出一个更清晰的答案。

(三) 助力国际化

根据公司年报,国际化一直是格力的发展战略。格力电器坚持以自主品牌拓展海外市场,目前格力产品已远销160多个国家和地区。格力的海外渠道继续推进垂直化向扁平化管理模式转变,通过实现渠道直营化和短平化,提高决策效率,公司先后成立自主品牌管理中心、国际工程(项目)服务中心、海外电商管理中心及海外技术服务中心等海外销售服务机构。

2019年上半年格力电器主营业务收入为833亿元,其中海外收入139亿元,占比16.7%,而另两大家电巨头海尔、美的均在40%以上。因此格力在国际化战略方面是落后于美的、海尔的。

高瓴的资金本身有国际化背景,且高瓴在国际化合作方面也有先例可循。比如高瓴是腾讯长期重要的投资者,2013年高瓴与腾讯及印度尼西亚媒体集团公司Global Mediacom宣布共同出资成立合资公司,在印度尼西亚发展微信业务。2017年高瓴资本在韩国知名O2O平台Woowa Bros公司和美团之间牵线搭桥,两家企业通过参观交流等方式建立了良好的相互学习机制。因此高瓴的国际化经验都有助于格力打开国际市场,加速国际化布局。

引入高瓴后,除了改善公司治理之外,也期待为格力带来新的发展动力和契机。如何挖掘各方优势和资源,实现能力互补、互利共赢,是协同效应能否实现的关键。

五、管资本的模式:无实际控制人的实质是企业在管资本

在股份转让协议中,高瓴和格力管理层都明确自身不会谋求格力电器实际控制权,但混改之后由谁说了算,仍旧是市场关注的重点。换句话说,格力从管企业转变到管资本,究竟由谁来管?谁的话语权更大?

(一)管理层话语权增强

需要注意的是,此次混改,以董明珠为代表的格力管理层是重要参与者,其话语权在混改完成之后得到了增强。话语权的变化可以从董事会和股权两方面分析。

从格力电器的董事提名来看,格力电器在2019年10月发布了最新公司章程,董事会包括9名成员,单独或者合并持有公司3%以上股份的股东有权提名董事候选人。从名额分配上来说,珠海明骏可提名3位董事候选人,其中分别由珠海高瓴提议1名,Pearl Brilliance提议1名,格力电器管理层实体(格臻投资)提议1名董事候选人。但应保持其中的至少2名董事候选人为格力电器管理层实体认可的人士。河北京海担保投资有限公司至少可提名1名;格力电器管理层及员工4%的股权激励实现之后,或亦有得到提名1名董事的可能性。京海担保一直被视作董明珠的一致行动人,因此董明珠在格力电器事务的决策上有相当的话语权。

除了提名格力电器董事候选人,格力管理层对新股东珠海明骏也有一定的牵制。受让格力电器15%股份的珠海明骏背后利益关系错综复杂。通过梳理发现,珠海贤盈

对珠海明骏的事务执行和经营管理具有决定权。再往上一层，珠海毓秀是珠海贤盈的执行事务合伙人和普通合伙人，对珠海贤盈的资产具有投资、管理和处置的权力，同时珠海毓秀的董事会对珠海贤盈的事务做出最终决策。所以层层剥开，珠海毓秀的董事会是珠海明骏的最终控制实体，有权对珠海明骏的重大事项做出决策。珠海明骏作为格力电器股东，在行使表决权的事务决策时，需要得到珠海毓秀董事会至少2/3的投票通过。

知道了珠海毓秀董事会的重要地位，只要知道其构成，便可了解各方在珠海明骏的重大事项决策中的话语权高低。珠海毓秀董事会由3名成员组成，其中珠海高瓴和HH Mansion有权共同委派1名董事、Pearl Brilliance有权委派1名董事、格力电器管理层实体（格臻投资）有权委派1名董事。因此代表格力管理层利益的格臻投资在珠海毓秀的董事会中是占有一席之地的，对珠海明骏的决策也将起到重要作用。

这对董明珠来说，是一种双重保障。董明珠在格力电器董事会中拥有一定的话语权，除此之外，其影响力还渗透到了大股东珠海明骏内部，对珠海明骏的内部决策也产生影响。对于公司的管理层来说，股东更换之后最担心出现人员大换血的情况，而格力管理层对新换的股东显然有不小的影响，自然是另一重保险。

从股权角度，代表管理层实体的格臻投资在各个层面享有的权益发生变化。根据股权转让协议，格臻投资受让珠海毓秀的股权、受让珠海贤盈的有限合伙份额、认缴珠海明骏的有限合伙份额，在各个层面享有相应的权益（见表4-8）。

（1）珠海毓秀层面：转让后管理层实体格臻投资持股珠海毓秀41%股权。

（2）珠海贤盈层面：转让完成后，HH Mansion、Pearl Brilliance和管理层实体持有的珠海贤盈的有限合伙出资份额之比为49∶10∶41，即格臻投资持有珠海贤盈41%有限合伙出资份额，并且确保其享有的占全部GP收益8%的部分分配给上市公司管理层及员工。

（3）珠海明骏层面：管理层实体认缴珠海明骏6.38%出资总额，受让珠海博韬持有的珠海明骏4.72%认缴出资总额，因此管理层实体格臻投资具有珠海明骏11.103%股权。

（4）格力电器层面：格臻投资持有珠海明骏11.103%的股权，相当于间接持有格力电器1.665 450%的股份(11.103%＊15%＝1.665 450%)；董明珠本人持有格力电器0.74%股份；且混改之后承诺了格力电器管理层实体认可的管理层和骨干员工还将获得总额不超4%格力电器股份的股权激励。三部分相加，格力电器管理层以及核心骨干员工将合计持有6.405 450%股权。此外，格力空调经销商合资设立的河北京海担保已持有的格力电器8.91%的股份。合并之后以董明珠为首的管理层和员工团队及经销商未来或将合共持有格力电器15.315 5%的股权。

因此，无论是从董事会提名要求还是从管理层持股比例来看，格力管理层对公司经营的话语权都在增强。董明珠的胜利不仅是作为职业经理人在经营决策上获得了极大的自主决策权,同时也在所有权上争取到了最大的发言权。

表 4-8 格臻投资在各个层面享有的权益

上层结构	转让细则	转让后权益
珠海毓秀层面	珠海高瓴、HH Mansion 和 Pearl Brilliance 分别按照实缴出资平价向管理层实体转让珠海毓秀的部分股权,转让价格合计为 4 305 000 元	珠海毓秀的股权比例变更为珠海高瓴 38%、HH Mansion 11%、Pearl Brilliance 10%和管理层实体 41%
珠海贤盈层面	HH Mansion、Pearl Brilliance 分别按照实缴出资平价向管理层实体转让珠海贤盈的部分有限合伙人出资份额	转让完成后,和管理层实体持有的珠海贤盈的有限合伙出资份额之比为 49∶10∶41,珠海明骏产生的 GP 收益由 HH Mansion 或其指定主体、Pearl Brilliance 和管理层实体按照 49∶10∶41 的比例享有和分配
珠海明骏层面	管理层实体作为有限合伙人认缴珠海明骏人民币 1 393 922 962 元的出资额,约占珠海明骏认缴出资总额的 6.379 4%	管理层实体格臻投资持有珠海明骏 11.103%股权
	珠海博韬将其在珠海明骏持有的人民币 1 032 118 573 元认缴出资额(约占珠海明骏认缴出资总额的 4.723 6%)转让予管理层实体	

资料来源:公司公告。

(二)高瓴资本的利益保障

高瓴资本不谋取控制权,把经营决策的控制权交给以董明珠为首的管理层,这是高瓴的让步和诚意。高瓴作为外来者,想要温和而快速地融入企业,对格力管理层采取友好的态度确实十分必要。毕竟一家企业,尤其是像格力这样的龙头,走到今天的地位,管理层的付出是不可忽视的。正是看到了人才对于企业价值的贡献,高瓴资本让格力管理层站在中心位不难理解。但高瓴资本为了成功拿下格力电器这 15%的股权,确实花费了大量精力、投入,自身的利益也不容让步。

通过分析了格力的混改方案,发现珠海明骏及其上层结构很复杂,无论是股权设置还是董事会机制都包含了多方力量的博弈。格力管理层和高瓴资本在其中相互牵制,但好在两者的目标是一致的,都是为了格力能实现新的更大突破。

复杂的混改方案背后,高瓴资本的利益如何得到保障?

根据混改后的格力电器的股权结构(图 4-11),珠海博韬是珠海明骏最大的有限合伙人(LP),即使后续珠海博韬将持有的珠海明骏 4.72%转让给格臻投资,其出资比例仍旧超过70%,依然是珠海明骏最大的LP。珠海博韬背后的受益者正是高瓴资本:高瓴天晟对珠海博韬占股比例达99.99%,珠海高瓴对珠海博韬占股比例达0.01%。除此之外,高瓴翰盈是珠海明骏的第二大LP,对珠海明骏的认缴出资比例为12.84%。总的来说,高瓴势力对珠海明骏的出资比例超过80%。LP参与珠海明骏的收益分配,因此珠海明骏对格力电器股权投资收益的80%以上都归属于高瓴。

由于有限合伙人(LP)、普通合伙人(GP)在合伙企业的利益分配和运作中的不完全对等,有效地切割了事务表决权、决策权与投资利益分配权。GP负责运作和管理,LP参与收益分配。换言之,格臻投资对珠海明骏在格力电器事务中决策的话语权大,而高瓴资本则享受到大部分股权投资的收益。高瓴的方案给予了格力管理层在经营管理上的自主决策权,发挥管理层和优秀人才的智慧发展企业,同时也能最大限度得到格力电器发展过程中产生的红利。

(三)实质是企业家在管资本

通过对混改方案的分析,按目前格力电器的决策权和收益权分割,管理层在经营决策上自主权加大,而高瓴享受到企业发展的红利。但这显然只是目前的状态,高瓴在混改的过渡期为了平稳,短期不会对决策做过多干预,但大手笔进入格力之后,高瓴会一直只做财务投资者吗?未来双方的博弈会发生怎样的变化?

混改之后格力电器虽然表面上实现了无实际控制人,但仍然有较浓厚的"董明珠色彩",背后是企业家在控制。也就是说,是企业家在代替股东管资本,这种模式是新的格力模式。我国的企业家群体是经过近30年国内外市场考验的,也是我国经济从要素拉动型到创新引领型转变的基础资源,优秀的职业经理人确实值得给予支持。董明珠自1990年进入格力电器以来,参与了格力电器发展的整个过程。格力从一个年产值不到2000万元的小厂到成为世界名牌,董明珠作为一名有作为的企业家,发挥的作用至关重要。她从业务经理做到经营部长,最终成为格力电器的董事长兼总裁,对企业的运行情况了如指掌,也带领格力走过一次次危机。董明珠兼任董事长和总裁,实际上是格力电器资源分配和经营活动的掌控者,对企业投资决策具有极其重要的影响力。

混改中格力管理层利益已经得到了最大化,董明珠不仅作为职业经理人拥有经营决策自主权,所有权也向其转移。这时候大股东的所有权如何体现?

董明珠在2019年11月的全国工商联家具装饰业商会年会上演讲时表示:"格力电器现在进行改制,是因为想变成一个真正市场化、法制化、制度化的公司。千万不要说这个公司是我的,我想怎样就怎样,这样的企业是必死无疑。"高瓴入主格力,为其发展提供新的动力和契机。高瓴作为大股东如何表达资本的意志、在进一步发挥企业家精神的基础上对董明珠团队形成制衡,目前还看不出来。格力是在探索一条无经验可参考的道路。

回顾高瓴以往的投资案例，其对京东的作用是成功范例。高瓴资本在投资"蓝月亮"和"京东"后，在两者之间牵线搭桥，利用京东这个销售平台，实现了品牌和销售的双重提升。但这个范例与如今投资格力又有所不同。高瓴在2010年投资京东时，刘强东对资金的需求只有7 500亿元，但张磊拿出了近3亿美元，来培养京东在供应链系统和物流方面的竞争力。但现在，强势的张磊碰上同样强势的格力管理层，怎样消除矛盾，使双方实现合作共赢，值得关注。

可以预见的是，高瓴入主之后，大股东自然要展现其权力，对于战略层面的公司发展问题，大股东将表达资本的意志，不会一直是董明珠的"一言堂"。稳定核心管理团队、发挥企业家精神是必须的，在此基础上怎样形成更科学的决策机制，资本的力量如何对董明珠团队形成制衡，未来管理层的进退与传承，都是值得关注的。由企业家管资本确实是一种独特的模式，格力做出了全新试验，或许会走出一条管资本模式的新路。格力如何建立起适应市场发展的现代企业管理制度，摸索出一套创新发展的"格力模式"，对此，我们积极期待。

六、结语

作为白色家电行业的龙头企业，格力电器的一举一动备受市场瞩目。其控股股东格力集团出让控股权，更被业界视为新一轮国有企业混合所有制改革的标杆。自2019年4月1日发布停牌公告后，格力电器的控股权变动就一直牵动着市场的神经。4月9日复牌，格力电器一度被爆炒，成交量迅速上升，连续三天现身深股通十大成交活跃股（见图4-11）。

图4-11 格力电器、沪深300行情对比

资料来源：Wind。

案例四　格力电器：国企混改如何从管企业过渡到管资本

2019年12月2日晚,格力电器混改终落地。格力集团与珠海明骏签署股份转让协议,资本市场迅速给出反应。12月3日股价高开3.97%,投行、券商分析师纷纷表示"看好",这或与格力电器此前公司治理结构及激励机制较竞争对手弱、发展增速降缓、多元化成效不佳密切相关。高瓴入主之后,将与格力电器产生怎样的化学反应,我们拭目以待。

思 考 题

1. 格力电器在混改之前管企业的模式有什么弊端?
2. 格力电器的混改具体改在何处?格力与之前比发生了哪些变化?
3. 在业务层面,高瓴资本能给格力带来什么?
4. 格力管资本的模式是怎样的?混改之后哪一方的话语权大?

分析思路

这里提供的案例分析主要是根据案例的推进过程和思考题的顺序进行。

1. 在引进战略投资者和内部激励机制之前,格力电器一直处于管企业的阶段,治理结构和激励机制与竞争对手相比都较弱。另一方面,格力多元化、国际化成效不显著。除了空调以外,其他产品业务对业绩拉动并不明显,形成了空调一枝独秀的局面。

2. 本次权益变动前,上市公司的控股股东为格力集团,实际控制人为珠海国资委,属于地方性国有企业。在股权转让之后上市公司将变更为无控股股东和实际控制人。混改后原有管理层保持稳定,激励机制增强,一直搁置的股权激励机制也终于提上了日程。

3. 高瓴资本还拥有丰富的产业资本,特别是在互联网和消费零售领域布局广泛,有望为格力带来可期待的协同和互补效应,可以帮助公司在新零售时代更好地扩展渠道,完善公司多元化布局。

4. 此次混改,以董明珠为代表的格力管理层是重要参与者。无论是从董事会提名要求还是从管理层持股比例来看,格力管理层对公司经营的话语权都在增强。混改之后格力电器虽然表面上实现了无实际控制人,但实际上仍然有较浓厚的"董明珠色彩",背后是企业家在控制。由企业家管资本确实是一种独特的模式,格力做出了全新试验,或许会走出一条管资本模式的新路,建立起适应市场发展的现代企业管理制度,摸索出一套创新发展的"格力混改模式"。

案例五

拍拍贷：金融科技浪潮下的人工智能转型

案例摘要

拍拍贷是国内第一批开展网贷业务的公司。近年来 P2P 行业整体爆雷，行业监管逐渐加强，许多中小网贷公司被迫关闭，大型网贷公司为了生存走向转型之路。其中的龙头公司拍拍贷就拥抱 AI 技术，试图升级为金融科技公司，目前公司已经取得了显著效果且业绩提升明显。本案例试图从拍拍贷的历史发展和现在的创新业务分析公司未来的业绩，同时分析行业未来发展方向并判断助贷行业未来有发展空间。

理论分析

一、P2P 网贷行业发展历程

（一）行业初创期(2007—2011 年)

2007 年 5 月，国内首家 P2P 平台在上海成立，开辟了我国 P2P 网贷的先河。拍拍贷创始人顾少丰曾说过拍拍贷成立的初衷就是解决熟人线下借贷之间的"面子问题"，将熟人借贷转移至线上进行，引入中介机构为借贷双方生成电子借款合同，明确借款利率，另承担贷款催收工作，这种模式就避免了熟人间直接借贷的种种尴尬。随着网站的发展以及信用评价体系的逐渐建立，拍拍贷开始将业务拓展至陌生人之间的借贷。拍拍贷的盈利让一些投资人嗅到了商机,一部分具有创业冒险精神的投资人开始尝试开办 P2P 网贷平台。行业发展初期,贷款多为信用借款,借款人按要求在平台上提交个人资料给平台审核,针对符合条件的借款人,平台会给出一定的授信额度,借款人基于该额度在平台上发标借款。这一阶段我国的社会信用体系建设极不完备,且平台与平台之间相互隔离,导致出现较严重的多头借贷问题,还有不少借款人借新还旧。这些问题的出现给平台积累了较大风险。2011 年底各 P2P 平台开始收缩授信额度,导致很多拆东墙补西墙的借款人不能及时还款,出现了一次借款人集中违约事件。

这一时期的 P2P 网贷实质就是民间借贷的互联网化。2010 年在运营平台不超过 10 家,2011 年底在运营平台也就 20 家左右,有效投资人在 1 万人左右,成交规模仅 31 亿元左右。

(二) 快速扩张期(2012—2013 年)

P2P 网贷行业经历了第一阶段的发展,模式已经开始分化,出现多种借贷模式。一些软件开发公司开始着手开发更加成熟的网络平台模板,为这一时期的 P2P 网贷平台创业者提供了技术上的支持。这一阶段的网贷模式已经比较成熟,开始有传统金融机构和国资介入 P2P 行业:2012 年 3 月有着平安背景的陆金所正式上线,标志着传统金融机构切入 P2P 行业,同年 12 月有着国资背景的开鑫贷上线,又开启了国资系进入网贷行业的新纪元。陆金所及开鑫贷的上线掀起了行业热潮。

由于有了前车之鉴,这一时期创业者开始尝试先线上融资再在线下放贷的模式,并且大多平台不再单纯地发放信用贷款。大部分平台的借款人都是本地人,方便平台对借款人的资金用途、还款来源以及抵押物真实性等方面进行考察,有效降低了借款风险。这一时期的借贷业务基本上真实,但也存在个别平台经营者不能控制欲望,违规操作导致平台倒闭的现象。典型的是 2013 年 8 月网赢天下平台的倒闭,该平台仅上线 4 个月就因诈骗倒闭,涉案金额 1.6 亿元。

这一时期新增平台 500 多家,有效投资人 2.5 万～4 万人,行业成交规模倍速增长,仅 2012 年一年成交金额就达到 212 亿元。

(三) 风险爆发期(2014—2015 年)

2013 年国内各大银行开始收缩信贷规模,导致很多小微企业和个人的借款需求得不到满足,很多创业者看到了 P2P 网贷行业的商机,纷纷进军 P2P。风投和互联网巨头也开始进入 P2P 网贷行业。2014 年 1 月,人人贷获得了挚信资本 1.3 亿美元的投资正式上线运营,标志着网贷行业进入了风投时代。同年 4 月,阿里招财宝上线,标志互联网大佬切入网贷行业,进一步点燃了行业投资热情。这一阶段新增平台达到 4 059 家。

这一阶段在运营平台的共同特点是利率极高,月利率达到 4% 左右,并且这些平台先在线上融资后用于投资自营项目或偿还银行贷款。高息和自融问题加剧了平台本身的风险,同时行业的高速扩张也为平台埋下了诸多风险隐患,自此问题平台开始爆雷。2014 年出现 275 家问题平台,2015 年新增问题平台数更是突破了千家。2015 年 12 月 e 租宝事件爆发,由于其涉及投资人数量和金额巨大,造成了市场恐慌并引发整个行业的危机。

(四) 政策调整期(2016 年至今)

"e 租宝事件"由于涉及资金金额巨大、性质极其恶劣引起了社会各界的广泛关注。2016 年互联网金融风险专项整治行动开始启动,同年 8 月份开始将 P2P 网贷平台备案提上日程。接下来的几年间关于网贷平台的规范性文件不断发布,对网贷行业的监管越来越规范和明朗,国家也表明态度,鼓励创新,于是很多一直密切关注网贷行业但又害怕发生政策风险的金融巨头们开始组建自己的 P2P 平台。随着监管的深入,平台的合规要求越来越高,网贷行业的高利率时代已经过去,逐步回归正常水平。迫于监管压力,现存的 P2P 平台开始审视自身,压降业务量,化解违规存量,积极拥抱监管朝着合规方向靠拢。目前 P2P 网贷行业尚处于整改验收阶段。

二、P2P 网贷行业的风险

对比传统金融业,互联网金融因其互联网特性,突破了地域限制,风险状况更加复杂;并且互联网金融的风控体系与传统金融行业的风控相比,存在着很多缺陷,势必又会进一步放大 P2P 行业本身的风险。我国 P2P 网贷行业的风险可以归结为以下五类。

(一) 道德风险

对 P2P 行业来说,道德风险较大,网贷平台作为一个信息中介相较于投资人和借款人来说有着绝对的信息优势,因此就有动机利用自己拥有的信息优势做出不利于平台用户的事情,导致道德风险产生。P2P 行业道德风险主要有三种类型。一是平台设立之初就居心不良,目的就是圈钱,典型的是虚假标的、非法集资、庞氏骗局等。还有些平台为了给平台增信而虚构自己的背景如伪国资背景、假风投等,通过虚假宣传给投资人制造出一种风控能力很强的假象。二是在运营过程中平台控制人无法控制对金钱的欲望,导致平台直接接触资金,挪作他用,更有甚者携款跑路。三是日常操作中作假,由于缺乏监管,许多平台都是老板一言堂。资金由老板一人调拨,可能借给了亲戚,可能投资了高风险产品。一些无良平台为方便运营发布假标,为冲规模乱放贷款的现象屡见不鲜。

(二) 信用风险

信用风险是指如果借款人因主客观原因不能按时履行还款义务,从而给投资人带来的风险。就网络借贷来说,造成信用风险的原因一般有两种。一是宏观经济环境。宏观经济运行是有周期的,在经济上行周期内,市场需求旺盛,市场整体盈利能力较强,投资回报大体上能够覆盖成本,整体信用风险就会降低;相反,在经济下行周期,市场需求下降,投资回报降低,甚至可能无法覆盖成本,致使借款人信用违约的可能性增加,甚至会引发整个行业的信用风险。二是个体借款人的因素。对于个体来说引发信用风险的原因又可以分为两类。一类是能力风险,即借款人破产或其他原因导致借款到期不能按时还款带来的风险,此类风险在 P2P 网贷中比较常见,因为 P2P 行业的服务对象是中低收入阶层,是被银行等正统金融机构拒之门外的群体,容易发生信用风险;另一类是意愿风险,即借款人借款时就存在不良动机,就是通常所说的"骗贷",此类借款人可能会通过资料造假方式在多个平台借款然后跑路,这类群体现实中占少数,但是骗贷行为带来的信用风险对平台来说可能是致命的。平台无法掌控宏观经济运行,但是对于个体产生的信用风险来说,平台可以采取一定的风控措施来加以防范。

(三) 政策风险

政策风险是指有关 P2P 的行业政策发生重大变化或是监管部门出台了法规或规范性文件,引起 P2P 市场波动,从而给出借人或借款人带来的风险。国家宏观政策、金融政策、地方政府政策的变化等都可能对 P2P 行业产生不确定性影响。目前 P2P 在我国属于金融创新行业,针对该行业的政策、法律法规尚未完善,如果政府加强对 P2P 行业的干预,出台一系列对 P2P 行业的限制性政策、法律法规,这些政策一定会影响整个行业,甚至还会因此淘汰一批经营不规范的 P2P 平台。如银监会出文规定网贷借贷限额,致使很多做大额资产的平台遭受重创,严重的直接导致平台无法正常运营下去;一些超限额资产比例不高的平台通过提前收回贷款的方式来化解违规存量资产,致使投资人的预期收益减少,而对借款人来说提前收回贷款很可能使其出现资金周转困难等不良后果。2019 年 3 月,存量超 100 亿元的头部平台红岭创投就是因为超限额问题而宣布清盘。

(四) 流动性风险

对 P2P 网贷行业来说,网贷平台本该是一种点对点的运营模式,即平台仅仅作为连接借款人与出借人的媒介存在。作为纯信息中介,平台仅仅为出借人和借款人提供信息发布和交易撮合服务,借款人与出借人风险自担、责任自负,采取这种形式理论上平台不存在流动性风险。但是后来 P2P 野蛮生长,逐渐出现诸多变种,很多平台开始偏离点对点的模式,自建资金池,像银行一样将借贷进行了期限错配、金额错配,并且几乎所有的平台都承诺兜底,因此平台一旦出现问题必将遭到投资者的挤兑,导致流动性风险的产生。

(五) 操作风险

操作风险是指因为平台信息系统故障、被攻击、人员操作失误等原因给用户或平台带来的风险。操作风险主要来源是P2P平台本身。平台自身的操作风险分为主观故意和操作失误两种。平台主观故意造成的操作风险如平台为达到自融目的虚构假标,在平台上发布虚假标的来吸引投资者进行投资;平台操作失误出现操作风险的情况极少,但也无法完全杜绝。来自平台外部的操作风险主要是黑客攻击或病毒入侵等。应对平台自身产生的操作风险主要依赖平台内部和外部监管的结合,针对黑客攻击和病毒入侵的主要预防方式是及时修补系统漏洞,定期对系统进行加固和升级。

P2P网贷行业的风险与我国其他金融行业的风险类似,具有极强的传导性,一旦发生上述风险将有可能引发行业系统性风险,威胁到我国的金融安全。因此网贷行业需要监管部门进行严格监管以防范系统性风险。

案例研究

2007年拍拍贷成立,此时公司主要服务于网络借贷和金融信息,而且是中国第一家P2P的网络借贷平台,主要负责给个人和小微企业提供贷款等的解决方案,其全部业务都倾注于网络借贷业务,主要模式为借款用户向拍拍贷提交个人信息,然后拍拍贷进行初步审核,如果信息通过后发布在网站上,投资用户根据上面的信息自行判断该把钱借给谁。

后来由于P2P公司连续爆雷和行业整治等,拍拍贷也做了相应的业务转型。互联网金融行业的监管趋严由来已久,自2017年8月的"双降"以来,金融去杠杆、强监管成为大势所趋,政策出清的态度之坚决使行业大多数P2P平台面临巨大压力。在行业行将落幕、一地鸡毛之际,那些有技术储备和资金实力的头部平台开始了果断转型和切换赛道,拍拍贷就在这样的浪潮中开始了对助贷行业的探索以及去P2P的业务整改。

一、普惠金融背景下的互联网信贷

(一) 消费金融行业分析

近年来,我国零售金融市场发展迅速。央行的数据显示,中国零售金融市场的未偿余额从 2010 年的 11.3 万亿元人民币增加到 2015 年的 27 万亿元人民币,复合年均增长率为 19.1%。消费金融市场是零售金融市场的一个子行业,是指服务于个人消费融资需求的金融市场。消费金融市场提供的金融产品,主要包括私人消费贷款,是 2010—2015 年中国零售金融市场增长的强大动力。中国消费金融市场的消费金融公司从 2010 年的 4 家增长到 2017 年的 22 家(见图 5-1)。2015—2017 年互联网消费金融交易规模增长显著(见图 5-2),但与美国等发达经济体相比,消费金融占家庭总消费的比例仍然较低,显示出相当大的增长潜力。

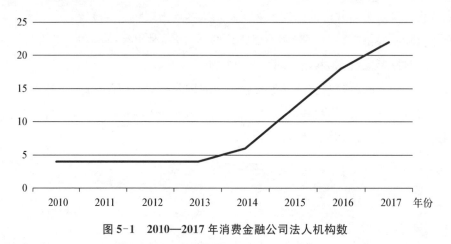

图 5-1　2010—2017 年消费金融公司法人机构数

数据来源:Wind。

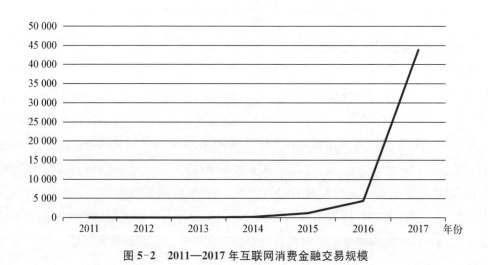

图 5-2　2011—2017 年互联网消费金融交易规模

数据来源:Wind。

(二) P2P 行业分析

利用互联网和技术,P2P 市场参与者能够更有效地向客户提供产品和服务,与传统的离线参与者相比，P2P将实现更快的增长。我国移动基础设施发达，互联网金融发展较快，已经实现实时在线支付，这些都支持了我国P2P市场的快速发展。预计P2P平台将继续吸引传统线下企业的客户，因为线下企业的服务和产品在很大程度上受到地理位置和营业时间的限制。此外，大数据支持的风险管理和信用评级系统为P2P行业的参与者提供了有意义的评估，尤其是那些由于缺乏可用的信贷信息而难以获得传统金融机构服务的借款人的资信状况。

图5-3 P2P成交额

数据来源：Wind。

但后来P2P开始爆雷。

一是因为P2P平台数量的不断增长。P2P平台在2014年左右经历了快速的增长，这个行业迅速变成竞争激烈的行业，头部机构和中下游机构吸引客户的方式就是低廉的服务费用等。此时P2P平台想要发展并逐步抢占市场份额，就要通过各自的手段来吸引足够多的客户，包含借款人和贷款人，平台逐渐摆脱了单纯的信息中介的定位，而且人们在资产新规出台以前已经逐步习惯了刚性兑付，所以平台慢慢就开始做超过信息中介本质的业务。

二是因为2016年开始P2P逐步迎来监管。P2P问题平台的数量自2014年开始到目前呈S形增长，中间增长最快的阶段就是P2P平台过多和监管逐渐出台的时期（见图5-4）。

未来P2P平台向助贷和小贷公司转型是未退出的公司转型的大趋势（见图5-5），这些公司一旦成功转型为持牌放贷机构，P2P平台将面临实质性的杠杆约束，表内贷款的发放能力将会受到限制。此外，由于有很多的投资者群体，所以很多P2P公司在资金端有较强的优势，资产端实力则较弱。转型持牌放贷机构后，企业资金端优势不再，将会直接面对传统金融行业，从而产生较大的竞争压力。

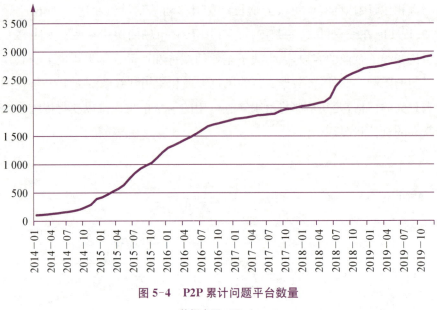

图 5-4　P2P 累计问题平台数量

数据来源：Wind。

图 5-5　P2P 累计转型及停业平台数量

数据来源：Wind。

（三）助贷行业

关于助贷行业，银保监会一方面持开放态度，允许相关的金融企业在原有经营业务的基础之上有一定的创新；另一方面由于助贷是一个比较新且不确定性较强的业务，所以肯定会面临很多潜在的风险，目前受到银保监会的强力监管。这些风险主要包括实名认证

(KYC)风险、信誉风险、科技安全风险、机构风险。助贷行业内的公司经营指标要处在一个合理的区间,这也是长远发展需要考虑的问题。

图5-6是助贷产业链利率分配情况,可以看到资金方通常需要固定利率,大概需要抽成1/3左右;剩下的1/3是流量平台拿走,然而流量费越来越高而流量变成实际客户的转化率越来越低,所以这部分资金成本较高;助贷平台剩下1/3的利率,但这部分利率要抵扣一部分的坏账和平常的运营费用,所以助贷行业的平台发展也十分困难。

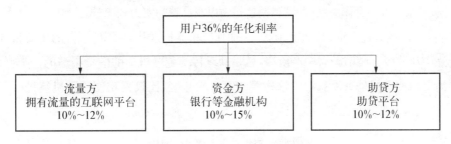

图5-6 助贷产业链利率分配情况

(四)行业转型下的拍拍贷公司发展历程

2007年6月,通过上海代丰开始了在线消费金融市场业务。

2011年1月,迁至上海浦东张江高科技园区,从那时起,业务逐渐从上海代丰转移到位于张江高科技园区的另一家经营实体上海厦众信息技术有限公司,后来更名为上海拍拍贷金融信息服务有限公司。

2012年10月,拍拍贷获得A轮融资,由红杉资本中国基金投资。

2014年7月,上海拍拍贷改制后成为北京拍拍贷新的全资子公司。

2015年8月,成立了无锡拍拍贷金融信息服务有限公司,为客户提供服务。

2016年1月,成立了上海拍分乐互联网技术有限公司,经营与消费贷款产品相关的业务。

2016年12月,成立了合肥拍拍贷信息技术有限公司,为客户提供以贷款催收为重点的服务。

2017年11月10日,拍拍贷在纽约证券交易所以"PPDF"的股票代码开始交易。从上市中筹集了大约2.05亿美元。

二、公司商业模式

(一)行业竞争格局

网上消费金融市场为我国消费者获得融资和投资者寻求新的投资机会提供了新的手

段。作为中国网上消费金融市场的领先者,拍拍贷面临来自其他在线市场、在线金融服务提供商以及传统金融机构的激烈竞争。目前主要竞争对手包括陆金所和宜人贷。在平台方面,竞争公司有蚂蚁金服、京东金融和微众银行。此外,它还会与传统金融机构展开竞争,包括信用卡发行机构、商业银行消费金融业务部门和其他消费金融公司。一些较大的竞争对手拥有更广泛的产品或服务和丰富的财务资源,以支持销售和营销方面的大量开支。网贷的竞争力取决于许多因素,包括产品的多样性、平台上的用户体验、风险管理的有效性、提供给投资者的回报、与第三方的合作关系、营销和销售努力以及品牌的实力和声誉。

如表 5-1 所示,宜人贷、信而富、趣店、拍拍贷、和信贷这几家 P2P 平台的主要目标群体都是新兴中产阶级。所谓新兴中产阶级,就是缺乏传统金融机构的借贷渠道的一类群体,所以中国消费信贷市场是一片蓝海。这些客户都比较年轻,比较喜欢使用手机端进行互联网化的作业,收入偏低且无法通过自己的能力立足,在传统金融机构也缺乏信用数据。

表 5-1 网贷平台用户群体对比

平台	用 户 群 体
宜人贷	优质贷款人,主要为有稳定收入和信用卡的人群
信而富	新兴中产阶级,依赖互联网平台,喜欢网购及有各种消费和信贷需求
趣店	未被传统金融公司提供充分服务的群体,缺乏传统金融机构的信用数据,包括年轻的手机端使用者和需要小额贷款的消费者
拍拍贷	容易接受互联网金融服务的 20~40 岁的用户群体,他们是中国消费金融市场的主要驱动力
和信贷	新兴中产阶级,可支配资产在 6 万~10 万元,年龄在 31~45 岁,平均月收入在 3 000~7 000 元

2018 年拍拍贷营业收入 43.5 亿元,净利润收入 24.7 亿元,在美股可统计的同类公司中均排名靠前。2018 年公司总贷款成交量达到 615 亿元,注册用户数量达到 8 890 万人(见表 5-2)。

表 5-2 网贷平台营运指标对比

	2018 年营业收入(千元)	净利润(千元)	员工人数(人)	2018 总贷款成交量(亿元)	总借款人数(万人)	总投资人数(人)	注册用户(万人)
拍拍贷	4 350 924	2 469 451	5 414	615	1 440	667 738	8 890
乐信	7 596 896	1 977 306	2 518	661	1 100	225 186	3 730

续表

	2018年营业收入（千元）	净利润（千元）	员工人数（人）	2018总贷款成交量（亿元）	总借款人数（万人）	总投资人数（人）	注册用户（万人）
宜人贷	5 620 728	966 605	1 037	386	150	160 253	7 830
趣店	7 692 343	2 491 317	1 614	579	1 670	0	7 180
360金融	4 447 018	1 193 311	691	959	820	—	6 630（到2018年9月30日）
微贷网	3 919 474	604 630	10 794	787		629 600	180
小赢科技	3 540 600	128 437	798	369	230	454 117	2 290
维信金科	2 737 000	−1 027 000	812	208		—	5 970
51信用卡	2 811 994	2 168 767	1 145	250	150	—	7 590

数据来源：Wind。

（二）业务分析

根据拍拍贷2019年第三季度的报告显示（表5-3），公司当季度的借款用户数量达到353.7万人，累计注册用户数和累计借款用户数都达到了历史新高，分别为10 284.7万人和1 744.5万人。除了比较直观的注册人数和借款用户数，其借款成交人数、撮合金额、复借率分别同比提升28.6%，66.4%和13.8%，相应的资产状态根据账龄分布和逾期率来看也依然稳定。这些数据都说明了公司金融科技业务持续发展带给其的红利。

表5-3 拍拍贷财务数据

截至日期	2018年9月30日	2019年9月30日	同比变化
单一借款成交人数（千人）	2 750	3 537	28.6%
撮合金额（百万人民币）	14 771	24 579	66.4%
复借率（%）	69.8%	79.4%	13.8%
平均借款额（人民币）	3 396	3 156	−7.1%

数据来源：公司公告。

目前拍拍贷大力发展助贷业务，主营业务已经改为：针对服务和赋能的金融科技业务板块，面向海外业务拓展的国际业务板块，关注未来科技发展的科技生态孵化业务板块。截至2019年10月30日,拍拍贷的小微企业用户共有4万多家,累计成交额近8亿元,集团消费场景业务累计成交额将近5亿元。这些在借贷余额当中的比例不断增长也是为未来更深入的转型做准备,随着金融科技行业的不断摸索和创新,未来会拓展更多相关的客户,和更多的非个人(相关企业)进行合作,促进助贷行业的稳定发展。

(三)市场营销方式

拍拍贷使用各种传统和互联网营销渠道来获得借款人,目前来看大多数借款人是在网上获得的。获得借款人的渠道主要包括以下三种。

第一,在线广告。拍拍贷不时与应用商店合作,推广移动应用程序,并与互联网公司合作发布在线广告。

第二,在线合作。拍拍贷与一些能够接触到优质借款人的网站合作,为他们的客户提供消费金融服务。

第三,搜索引擎营销。拍拍贷也在国内主要的在线搜索引擎上发布付费广告。

拍拍贷基于庞大的用户群和强大品牌认知度有着很强的市场地位,可以提供的各种贷款产品的回报颇具吸引力,加上有效的风险管理和投资者保护机制,这些都是拍拍贷巩固市场地位的直接保障。

(四)专利实力

拍拍贷已在中国注册了5项专利,包括用于欺诈检测的专有面部识别技术,并向中国国家知识产权局申请了44项附加专利,在中国国家版权局注册了99项软件版权、153个域名、136个商标。

(五)运营模式分析

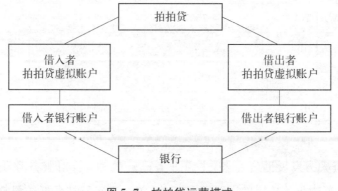

图5-7 拍拍贷运营模式

目前拍拍贷采用 IT 技术将民间借贷升级到互联网,为有资金需求和出借需求的个人搭建了一个安全、高效、诚信的网络借贷平台,并运用先进的风险控制理念使其创新发展。用户可以在拍拍贷上获得信用评级、发布借款需求、快速筹得资金;也可以把自己的闲余资金通过拍拍贷出借给信用良好有资金需求的个人,在获得良好的资金回报的同时帮助他人。其上市公司已改名信也科技。

公司的战略重点是为 20 至 40 岁的借款人提供服务,这一代借款人通常更容易接受互联网金融服务,并有望成为中国消费金融市场的主要推动力。公司的借款人主要是在网上获得的,遍布中国的许多市县。拍拍贷主要向借款人提供短期贷款,以满足他们当前的信贷需求,同时允许他们通过借贷市场上的活动逐步建立自己的信贷历史。2017 年和 2018 年,公司线上借贷市场的贷款平均本金分别为 2 470 元和 3 281 元,平均期限分别为 7.5 个月和 9.4 个月。借款人来到线上借贷市场是为了方便、简单和快速的贷款交易过程。同时有很高的借款人黏性。

公司的收入主要来自向借款人收取的费用,这些费用涵盖与投资者匹配的服务,以及在贷款周期内提供的其他服务。近年来公司经历了快速增长,营业收入从 2016 年的 12 亿元增长到 2017 年的 40 亿元,2018 年进一步增长到 43 亿元;净利润从 2016 年的 5 亿元增加到 2017 年的 11 亿元,2018 年进一步增加到 25 亿元。

借款人采用拍拍贷的平台是由于贷款交易过程方便、简单和快速。借款人可在任何时间、任何地点使用移动或 PC 设备提交贷款申请,并在一分钟内收到信贷决定。利用专有算法,拍拍贷能够有效地将借款人的贷款请求与投资者的投资需求相匹配,为借款人提供及时的融资。拍拍贷提供的最佳用户体验有助于提高借款人的黏性,复借率非常高。

拍拍贷平台通过各种投资选择为投资者提供投资新兴资产类消费贷款的机会。投资者可以根据平台上列出的经批准借款人的资料认购贷款,使用专门为提高其投资效率而设计的自动化投资工具,或加入满足不同投资偏好的投资计划。拍拍贷提供有吸引力的风险调整回报,由一套风险管理程序支持,并实施保护机制,以控制和减轻投资者的风险敞口。为了满足投资者的流动性需求,拍拍贷还建立了次级贷款市场,以促进其早期退出。投资者在平台上表现出高度的黏性,并倾向于随着时间的推移投资越来越多的资金,公司平台上的投资额也随之迅速增长。

拍拍贷已经建立了一个广泛的数据库,其中包含第一手的全周期信贷数据以及各种第三方来源的数据。公司提取了 1 000 多个变量来呈现借款人的 360 度用户资料。拍拍贷建立了系统的风险管理程序,这些程序在各种宏观经济环境中被证明是有效的。拍拍贷专有的、基于大数据的信用评分模型即魔镜模型,是公司的主要竞争优势之一。作为风险管理程序的核心组成部分,拍拍贷一直在不断测试和完善其信贷决策规则,继续研究通过贷款积累的越来越多的数据,并将大数据分析和机器学习能力应用到业务运营的其他方面,如销售和营销活动以及贷款收集,在优化运营效率方面也取得了很好的进展。

(六)核心竞争力分析

平台采用数据驱动的商业模式,每天都会收集、聚合、处理和分析来自不同来源的大量非结构化数据,并将其转换为有助于指示贷款申请风险水平的结构化预测。平台从潜在借款人和广泛的第三方来源(如电子商务平台和社交媒体)收集用户背景和行为信息,提取1 000多个变量,为借款人提供360度用户配置文件;还通过促进市场上大量独特借款人的贷款交易,积累了丰富的第一手信贷数据。鉴于中国市场尚未为个人开发一个通用的信用评分系统,拍拍贷的第一手信用数据涵盖了十年运营过程中的众多完整贷款生命周期,对于信用评分系统的准确性至关重要。

此外拍拍贷专有信用评分模型魔镜模型,能够充分利用周期数据,根据潜在借款人的魔镜得分将其分为多个部分。通过借款人收购、信用评估、贷款征集等业务环节不断积累更多的信用数据,信用评分模型能够不断测试、升级,提高信用评估结果的准确性。

拍拍贷还开发并广泛应用大数据分析和机器学习功能,将海量数据转化为有价值的专有技术,为业务决策和运营优化提供支持。例如,使用机器学习来评估收集的可能性,并相应地通过将更困难的案例分配给经验丰富的人员或第三方收集服务提供商来优化收集策略。拍拍贷还使用机器学习来识别具有更大的重复借款潜力的借款人和具有更高净值的投资者,以便更有效地分配销售和营销工作。此外,拍拍贷使用预测技术来预测客户查询量,并自动将查询的客户分配给适当的客户服务代表。

拍拍贷建立了涵盖整个贷款生命周期的系统风险管理程序,从欺诈检测、信用评估及决策、风险定价,到监控、还款便利化和贷款收取。平台将数据整理与大数据分析相结合,并分析多个人之间的串通行为,以发现欺诈计划。公司还通过魔镜模型,为基于风险的定价奠定了坚实的基础,营造了公平、健康的环境,信用良好的借款人能够享受到良好的借贷条件。此外拍拍贷还密切监察每笔贷款的偿还情况,并在有任何拖欠迹象时采取措施。利用大数据分析能力,能够更好地评估贷款回收的可能性,改善资源配置和优化贷款收集效率。

拍拍贷利用先进的专有技术来简化在线贷款交易流程。交易匹配引擎以复杂而精确的算法为后盾,实现投资者的各种投资目标。公司的IT基础设施是高度可靠、可扩展和安全的,旨在支持随着业务增长而不断增加的并发事务。拍拍贷采用模块化架构,通过实时多层数据备份系统维护冗余,以确保网络的可靠性,并使用负载平衡技术来优化资源利用率。公司的IT基础设施每秒能够处理100 000个事务。使用模块化架构,平台可以随着用户访问量的增加而轻松扩展。此外平台还集成了信息加密、防火墙、流清洗机制、实时数据备份和数据冗余等多层保护,以确保信息安全。

三、新业务分析

(一) 拍拍贷的 AI 理念起源

拍拍贷的 AI 之路要从 2007 年拍拍贷成立之初说起。拍拍贷最初就是连接贷款的供给者与需求者,是一个简单的互联网交互的智慧与普惠相结合的金融平台。现在拍拍贷已经运行了十年有余,积累出亿级大数据。

现在是大数据与金融相结合的时期,也就是金融科技迸发的时代。拍拍贷也基于大数据基础和强大的 AI 科技想要打造金融科技的平台,用先进科技工具为互联网金融赋能。通过在线智能决策、机器替代人工,拍拍贷专注小额消费金融领域,力求实现金融产品、风控、获客、服务的全面智慧化,以低成本、高效率的一站式解决方案,实现普惠的智慧金融。

中国目前有 10 亿互联网人群,其中 5 亿人虽有金融需求却没有被传统金融机构服务到,基本属于"信用白板"用户,如何用技术的方式去高效、低成本地解决这部分人群的金融需求,是一个重要的课题。因此拍拍贷基于大数据,用人工智能的方式去实现陌生人之间的金融需求。

拍拍贷不是一般的互联网公司,因为其做的是金融业务。金融并不是发展得越快越好,还需要合规;同时也不是做得越多越好,因为借出去的每一笔钱对自身都是有影响的。互联网金融尤其是 P2P 是比较新颖的,但在与科技不断结合的背景下还需要不断探索。

(二) 拍拍贷 AI 布局

拍拍贷现在的 AI 布局比较全面,底层是一些基础架构,上面一层是算法,再往上是领域能力,最终是应用场景。其中基础架构包含批处理查询引擎(Hive)、计算引擎(Spark Tensor Flow)、列式数据库(HBase)和图形引擎(Titan),算法包含弱监督学习、迁移学习、深度学习、对抗学习、强化学习、拓扑学习,领域能力包括自然语言处理、图像识别、语音识别和复杂网络,应用场景包括大数据风控、身份识别、精准用户管理、智能催收、智能客服、智能投顾。

马化腾曾经说过,发展 AI 需要掌握的四个因素是人才、计算能力、数据、场景。当时提出这个理念是很超前的,也把整个 AI 的理念说得非常透彻。把场景放在最后,因为人才和计算服务是有价格的,可以买到;但是场景是可遇不可求的,公司所在的行业决定了我们应用的场景应该是什么样子的。金融行业现在和科技的交互越来越多,金融科技这个词也不断被提及,因此金融行业提供了非常多的能用到人工智能和大数据的场景。而数据的获取对金融行业来说是相对容易的。拍拍贷是一个金融平台,接触到资产端、资金端,所以在与借贷双方甚至第三方等沟通的过程中产生的一些数据就可以被广泛使用,有了数据和场景,就能把大数据和金融业务结合起来并向人工智能方向转型。

(三) 大数据风险控制

大数据风险控制是指通过运用大数据构建模型的方法对借款人进行风险控制和风险提示。每家金融机构都会设有自己的风险控制部门以规避投资风险等,拍拍贷作为金融科技创新平台自然也是希望通过科技与金融相结合的方式来解决风险控制的问题。

传统的风控技术是各个机构专门组建相关风险控制团队,通过其经验进行人工控制。随着互联网技术不断发展和新科技的不断产生,大数据时代应运而生,对多维度、大量数据的智能处理,批量标准化的执行流程,更能贴合信息发展时代风控业务的发展要求。在日益发展的金融科技浪潮下,行业竞争促使大数据风控不断地发展并应用到实际。

与原有人为对借款企业或借款人进行经验式风控不同,大数据风控旨在通过采集大量借款方和贷款方的各项指标进行数据建模。现在拍拍贷认为的数据维度主要包括几个方面:征信、消费、运营商、社交、行为等。越难获取的数据对建模和评估方法越有帮助,所以就产生了大数据风控的矛盾点。比如征信,在银行借款的征信记录很难拿到,所以就要找比较容易的维度,看这个人的消费记录怎么样,主要通过一些调查或者信用卡上的数据来判断。根据这个风控评级指标及特定的建模方法,拍拍贷将每一个用户的每个标分成A、B、C、D、E、F、G、H八个评估等级。

拍拍贷是中国唯一一家在网站上提供"裸标"形式的P2P网站。"裸标"是指用户投资了一个标,如果这个借款人没有还钱,公司不会做保险或者赔付等行为。这种形式的P2P借贷需要让客户相信大数定律,即当公司用户的数量足够多的时候,违约用户出现的概率很小。在用户被分级的情况下,如果持钱方在选择借款者或者相应投资项目的时候做到足够分散是可以对冲风险的。对应到拍拍贷的具体案例中,投资人如果投A类标,因为A类标的违约率较低所以对应的利率较低;投资人如果投G类标,因为G类标的违约率较高所以可能投资的标很大一部分收不回来,但相应的利率也较高。投资人知道每个级别的标对应的风险多大就可以自己在平台上酌情进行挑选,权衡风险与收益,以期达到良好的投资效果;也就是说,通过这个分级系统省下评估标风险的时间并用来做其他事情,或者直接降低相应业务的成本。

(四)身份识别

拍拍贷目前可以对图像文件进行分析、识别、处理,利用文字提取、版面分析、文字识别、语义理解等方法可以实现单字提取、关键词提取、全文识别以及智能审核等功能,拥有95%以上的准确率和90%以上的召回率。

身份识别技术采用密码技术(尤其是公钥密码技术)设计出安全性高的协议。身份识别在传统金融领域比较好开展,比如银行等都需要实名制等的验证方式,但拍拍贷是新兴的P2P网贷平台,所有的业务也都是在线上开展,所以进行身份验证就存在着很大问题。拍拍贷进入时当然也会设置身份验证,但线上验证的风险太多。比如有些用户拿其他人的身份证来认证,有些用户伪造证件来认证。这些目前可以利用拍拍贷先进的技术识别出来使其认证失败,比如一个男性使用女性证件、小孩使用家长证件等。

此外拍拍贷平台的优势还在于识别技术节省了大量的成本。首先,通常一个用户在一个P2P平台注册,界面上会显示人工审核在多长时间内给出相应的反馈结果,也就是说,这些工作都需要经过人工处理,质量和速度都得不到保证,而且成本很高;其次,身份证信息也需要靠后台人工手动输入,是非常烦琐的;再次,身份证上的照片截取、大小缩放等都比较消耗人工成本和时间;最后,照片格式的问题不但包括大小,还包括清晰度、色调、角度等,人工处理起来相当麻烦。目前拍拍贷的技术已经具有很高的自动处理能力并能进行相应的识别。

(五)智能质检

质量检测是保障拍拍贷作为一家互联网金融企业能够长久走下去的根本前提。如何做到合规并且能够有保证是拍拍贷所要解决的重要问题,质量检测就是保障合规的重要方式。目前拍拍贷能做到的智能检测包含在电话中进行语音识别,在给拖欠款项的客户打电话时进行必要的沟通,但沟通有些同质性的问题是对每一个客户都要问的,如果这些问题也要人工来处理记录要耗费很大成本。现在拍拍贷通过人工智能技术,首先将相关同质性问题进行智能处理,其次和客户交流的问题通过语音识别技术自动转化为文本,并且开发出相应的技术,对同质化问题提取关键词,这些关键词就包含对征信记录或者其他违约有影响的词。基于这样的技术,拍拍贷将其他平台200个人需要花两个星期做完的事情变成10个人花20分钟就可以解决,大大提高了效率。而且运行的效率和质量都很高,通过这样一套质检系统,保障了拍拍贷的合规问题。

目前不仅是拍拍贷,其他P2P平台也一样,因为暴雷现象的出现,导致了大量的投诉和其他问题出现,所以风控是对于公司来说最根本的,而这种技术的实现则是对质量和效率的双重提高。

(六)智能客服

拍拍贷的智能客服是基于人工智能算法,能高效回答客户问题。其全渠道覆盖接待响应一站式统一管理,能够真正解放客服,智能服务。目前这个系统包含的功能有:语义理解,辅助人工提高效率,并且24小时全程在线。这个技术不但采用了前沿的NLP算法,而且完美解决了一词多义、错别字等初代识别技术无法解决的问题,并在质量提升的基础上加强了用户体验,用语更加亲切。

四、转型原因分析

(一)转型征兆

拍拍贷作为美股上市公司,在2019年11月5日举行的股东大会中,通过了股东大会草案,将公司的名称由"PPDAI Group Inc."改为"FinVolution Group",而其在中国的公司名称也由拍拍贷改为信也科技,并作为公司的双重外国名称继续使用。从这个名字就可以看出,拍拍贷的转型信心,将从一个借贷公司转型为科技AI公司,业务的转型在2019年的下半年就开始进行了。

信也科技原联席CEO章峰介绍说:"我们对资金来源实施了重大转型,在一年多的时间里,我们平台的主要资金来源从个人投资者转向机构合作伙伴。在转型的期间,我们业绩依旧稳健,尤其是撮合金额持续增长、相对稳定的逾期率趋势以及健康的盈利能力。转型迅速且平稳,展现出了我们强大的执行与管理能力。展望未来,中国的消费金融市场广阔且未被充分渗透,我们有信心凭借我们的经验与能力,有很大的优势能够将个人的金融需求与银行、金融机构连接起来。"

公司预计2019年下半年撮合机构资金合作伙伴的金额约在人民币320亿~380亿元之间。其一直在对P2P的存量进行压缩,并在10月停止对外发新标。信也科技还会持续加速压缩P2P的存量,直到贷款余额完全去化,实现金融科技业务的全面化,同时将继续推进通过机构合作伙伴撮合资金的战略。2018年第三季度,拍拍贷撮合贷款的机构资金仅占比14.3%;2019年第三季度,通过撮合机构资金合作伙伴的金额占总资金撮合金额的比例增长至75.1%。如图5-8所示,自从P2P爆雷以后,拍拍贷的成交额总体呈现下降趋势,偶尔的季节性波动也难以阻挡大势。在数据没有呈现的后续时间段,成交额也呈现波动趋势,但是波动的背后是贷款结构的转变。

P2P借款人数和人均借款额等指标也可以侧面印证拍拍贷的业务转型。可以看到在

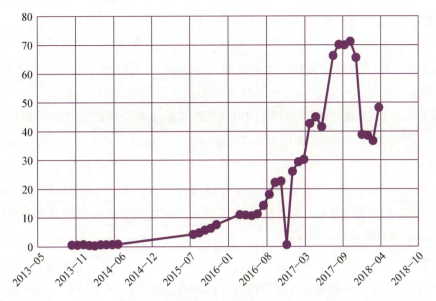

图 5-8 拍拍贷成交额(单位：亿元)

数据来源：Wind。

行业爆雷以后，无论是借款人数还是人均借款额度都先大幅减少而后呈现波动趋势。虽然拍拍贷还有部分 P2P 的业务，但是占比已经越来越低，公司的转型非常成功，金融科技成为信也科技的新业务。

(二) P2P 行业监管

外部金融领域的监管复杂且多变，尤其在 P2P 爆雷以后相关法律更是频频颁布，迫使这一行业领域的相关企业进行转变，选择是关停或是继续营业转型，产业的不确定性是压垮行业的最后一根稻草。

由于中国在线消费金融行业的历史较短，中国政府尚未建立一个全面的监管框架来管理相关行业。在 2015 年年中出台行业特定法规之前，中国政府依赖一般和基本法律法规来管理在线消费金融行业，包括《中华人民共和国合同法》《中华人民共和国民法通则》，以及最高人民法院颁布的有关司法解释。

2017 年 12 月，P2P 网贷风险专项整治工作领导小组下发《关于做好 P2P 网络借贷风险专项整治整改验收工作的通知》，要求"一家一策、整改验收，合格一家、备案一家，有序开展辖内存量网贷机构的整改验收与备案登记工作"。备案期内，平台需严格配合监管整顿，不得再续发旧产品承接未到期资产，而旧资产仍未到期，旧投资人的收益仍需兑付，投资人一旦赎回，平台一方面需要垫付老投资人收益，另一方面需要补足投资人赎回的资金缺口，资金链压力明显。积极配合备案的平台期待整顿结束后回归正轨，从其他平台挤出的资金将回流合规平台,然而原定于2018年6月末结束的备案延迟。在备案流程迟迟无法完成的情况下,资金链压力积聚,平台宣告清算,尚未实现银行存管的P2P卷款跑路。

2015年7月,中国人民银行等十家监管机构联合发布了一系列适用于网络消费金融行业的政策措施,名为《关于促进互联网金融健康发展的指导意见》(以下简称《指导意见》)。《指导意见》首次正式提出了我国网络贷款信息服务管理的监管框架和基本原则。根据《指导意见》的核心原则,2016年8月,中国银行业监督管理委员会同中国其他三家监管机构联合发布了《网络借贷信息中介机构业务活动管理暂行办法》(以下简称《暂行办法》)。《暂行办法》包含对网上借贷信息中介机构实行备案和许可制度,规定了网上借贷信息中介机构的一般义务和某些被禁止的活动。2017年2月和2017年8月,银监会分别发布了《网络借贷资金存管业务指引》(以下简称《存管指引》)和《网络借贷信息中介机构业务活动信息披露指引》(以下简称《披露指引》)。《存管指引》进一步明确了对网上消费金融平台持有的投资者和借款人资金在商业银行设立托管账户的要求,同时《披露指引》进一步明确了对网上借贷信息服务提供者的披露要求。《存管指引》和《披露指引》都为在线消费金融平台遵守要求提供了整改期。

根据《暂行办法》,地方金融监管部门可以不定期地进行现场检查或查询,并指导纠正不符合《指导意见》或《暂行办法》的业务操作。例如,在2016年12月对上海拍拍贷金融信息服务有限公司进行现场检查之后,2017年6月,上海市浦东新区金融服务办公室和其他两个地方监管机构(统称"上海金融监管局")要求上海拍拍贷纠正其某些做法,包括有关投资者储备基金的做法,并在2017年8月进一步要求上海拍拍贷就其"业务规模"提供某些承诺。

表5-4和表5-5分别整理了"1+3"监管制度和2019年一些新的P2P行业整治条款。本年度的监管政策要点主要包括:部分机构能退尽退,应关尽关;P2P网贷机构接入实时数据;提高门槛"以备促退";整改基本合格机构纳入监管试点;全面接入征信;加快推进网贷机构分类处置风险出清。在新形势下,P2P行业的龙头拍拍贷也在加紧退出行业进行转型。

表5-4 P2P行业监管条款梳理

时间	条款
2016年8月17日	《网络借贷信息中介机构业务活动管理暂行办法》
2016年11月28日	《网络借贷信息中介机构备案登记管理指引》
2017年2月23日	《网络借贷资金存管业务指引》
2017年8月24日	《网络借贷信息中介机构业务活动信息披露指引》

表 5-5 P2P 行业监管条款内容

时间	条款	内容
2018年12月	《关于做好网贷机构分类处置和风险防范工作的意见》(简称《175号文》)	将坚持以机构退出为主要工作方向,除部分严格合规的在营机构外,其余机构能退尽退,应关尽关,加大整治工作的力度和速度
2019年1月	《关于进一步做实P2P网络借贷合规检查及后续工作的通知》(简称《1号文》)	完成行政核查的P2P平台,需逐步完成实时数据接入
2019年4月	《网络借贷信息中介机构有条件备案试点工作方案》	于2019年下半年开展部分省(市)试点备案工作;年末取得初步成效,完成部分P2P机构备案登记工作
2019年9月	《关于加强P2P网贷领域征信体系建设的通知》	涉及支持在营P2P网贷机构接入征信系统、持续开展对已退出经营的P2P网贷机构相关恶意逃废债行为的打击和加大对网贷领域失信人的惩戒力度等内容

(三) 行业整体转型

目前互联网公司巨头阿里巴巴旗下的金融子公司蚂蚁金服和京东旗下的京东数科都开始谋求转型,从原来的金融巨头开始拥抱科技;陆金所、宜信公司等分别运用不同的方法,将新科技与原有的金融领域业务相结合,将大数据、云计算、人工智能等技术充分运用到各项具体业务(见表5-6),使得消费、借贷、支付、理财等金融方式都极具效率。

表 5-6 金融科技行业公司对比

公司	主要业务
蚂蚁金服	支付宝、余额宝、招财宝、蚂蚁聚宝、网商银行、蚂蚁花呗、芝麻信用等
京东数科	数字金融、数字城市、数字农业、数字营销、数字校园等
陆金所	资产管理和贷款管理
宜信公司	普惠金融业务、高净值业务、出国业务等

蚂蚁金服技术服务收入占比由2017年的34%上升到2021年的65%,京东金融则是通过品牌升级直接全面转型科技金融。从消费金融等传统金融转向技术服务是两个互联网巨头的共同选择,也是传统金融技术需求所导致的。

除了这些龙头企业,很多其他金融企业都面临着相应的选择而且都选择了转型,但其技术水平完全不足以支撑其在金融科技领域的竞争力,只是这个风口和监管领域对P2P

行业的强力打击促使很多玩家们纷纷跟风。因此这个行业是否为非巨头型企业留有生存空间也有待考证。

目前,像拍拍贷这种技术领先的公司已经具备先发优势,首先其运营采用很多 AI 领域的技术,这是其他中小金融科技公司完全不具备的,大大降低了运营成本,此外业务上的诸多创新也使得公司的业务增长得到保障。但与京东数科和蚂蚁金服这种龙头公司不可同日而语。后者服务费又不高,客户群体又多,在目标客户的眼中就是首选,客户愿意相信这些公司有着很强的实力,而且它们确实能通过强硬的技术手段保障账户安全。

由于蚂蚁金服和京东数科在技术领域的突破更大、背靠的平台更强,自身的技术又先进,所以在转型后属于金融科技领域偏科技的,甚至可以说就是科技公司。而拍拍贷的转型其实只是做助贷,和 P2P 的本质没有特别大的区别,在金融科技领域还是偏向于金融。但这种互联网金融的改革是否有效? 目前来看其对监管政策的规避是良好的,相当于在外面裹上了一个良好的外壳,其日后的发展可能会受限于技术的突破,要么就得跻身于金融科技领域的前沿,要么只能继续沿用现在的政策,那只是治标不治本的做法。毕竟,助贷只是暂时规避了风险,很多中小 P2P 的公司都可以做,那么监管政策当然就会随着更新。所以拍拍贷日后的发展要立足于技术的实在性突破。

(四) 可行性分析

根据波士顿矩阵分析,公司要想成功转型必须具备以下特征:

第一,公司创始人对公司现状有清晰客观的认识;

第二,公司创始人重新定义公司的战略重点,明确产品、服务、客户细分以及地域市场的关注点(以及应规避的地方);

第三,公司转型需要速度、创新以及接受变革的开放文化;

第四,投资数字技术。

那么根据 BCG 的转型要素分析,拍拍贷这四个要素分别做得如何呢?

(1) 关于公司创始人对公司的认识。其实在各种场合,在公司年报里,CEO 及各类高管都很持续地关注公司的业务创新,公司明确要想继续将公司发展下去,业务转型迫在眉睫,而随着 AI、大数据等技术的快速发展,和金融完美结合以解决传统金融无法触碰的群体的需求是一片蓝海。目前金融科技行业正在兴起,一波科技企业采用了赋能 B 端、服务 C 端的主流商业模式,即 T2B2C。

(2) 公司的战略重点,其实就是金融科技。CFO 曾表示:"在可预见的未来,作为由创新科技驱动的平台,我们将继续满足不同机构合作伙伴的需求,共同打造开放共赢的金融科技生态。"所以董事会和高管都对公司目前的情况和未来的发展有着清晰客观的认识。

(3) 关于速度创新及变革文化方面。公司从拍拍贷直接改名为信也科技,体现出其变革力度之大,其发展的愿景也升级为"成为最受用户欢迎和最受伙伴信任的金融科技平台",并从提供连接贷方资金需求和借方投资需求的金融服务不断进化和发展到如今的助贷业务。

(4) 投资数字技术方面,其实金融科技就是将传统的金融行业与大数据、人工智能等科学技术有机地结合到一起,所以金融科技就是数字技术。那么投资数字技术就体现在公司的研发上面,拍拍贷是很注重公司金融科技研发的,2019 年第三季度公司研发费用达 1.082 亿元,较上年同比增长 31.7%,在金融科技公司中遥遥领先,并且这些研发费用绝大部分用于科技领域而非金融领域。

(五) 公司估值

科技公司一般都具有较高的估值,它们可能不具有很高的营业收入或者很好的现金流,所以有的公司可能会采取市销率等特别的方法进行估值,为的就是把用户数等科技公司的未来能够盈利的各种属性都得以展现。科技股具有穿越周期的属性,估值高靠的是行业好和行业中市场占有率等多个因素驱动,而且行业好这个指标很有可能是最主要的驱动因素,因此估值往往较高。

金融公司的估值较低,因为其受到周期波动的影响特别大,银行、保险等都是受周期波动影响,估值时需要给市盈率(PE)倍数或者市净率(PB)倍数打一个折扣,以规避其利润风险。科技公司如果某项研发取得了巨大的突破,那么公司的业绩会飞速增长,但是金融行业因其固有的盈利模式导致增长性有限,年均复合增长率不会特别高,大部分来源于抢占市场份额以提高其估值。

拍拍贷还处于转型期,虽然 P2P 的业务已经很少,但借贷还是其主要的收入来源。若未来完全放弃 P2P 业务,摒弃了 P2P 领域的监管风险和行业不确定性以后,助贷领域和金融科技将给拍拍贷提供更强劲的动能,估值将逐步给予相应的科技股成分的议价。

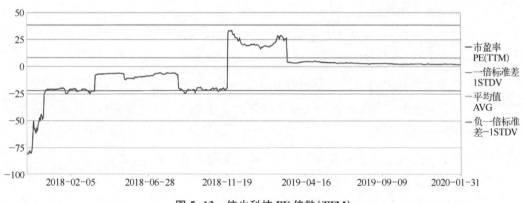

图 5-13 信也科技 PE 倍数(TTM)

数据来源:Wind。

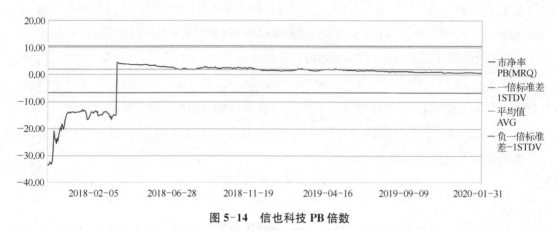

图 5-14　信也科技 PB 倍数

数据来源：Wind。

从图 5-13 和图 5-14 可以看到，信也科技 PE 倍数和 PB 倍数处于一个稳定的水平，但这是市场在考虑信也科技的 AI 赋能不确定性和业务扩展不确定性的基础上低估了其估值水平。通常一个金融公司的估值大概是 10 倍市盈率，而一个科技公司可能是 20～30 倍甚至更高，所以综合来看，其会有很高的估值增长空间。

 思　考　题

1. 拍拍贷这家公司的业务从成立至今都发生过什么样的变化？
2. 拍拍贷业务变化时所在行业经历了什么样的波动？
3. P2P 公司面临转型的途径有哪些？
4. 拍拍贷的 AI 转型业务主要包括哪些？
5. P2P 爆雷的原因是什么？
6. 怎么样看待 P2P 行业的监管问题？
7. 拍拍贷转型做助贷之后的行业监管问题有没有得到很好的解决？之后行业还是否会有类似 P2P 的问题出现？
8. 拍拍贷转型之后的营收增长是暂时性的还是成功转型的征兆？
9. 拍拍贷的竞争对手有哪些？
10. 拍拍贷的转型之路是否会继续向科技化发展？

分析思路

这里提供的案例分析主要根据案例的推进过程和思考题的顺序进行。

1. 拍拍贷是最早的一批互联网金融公司,最初业务是连接借款者和贷款者的供需关系,逐步演变为正规的 P2P 业务。其本质是个人对个人又称点对点的网络借款,是一种将小额资金聚集起来借贷给有资金需求人群的一种民间小额借贷模式。P2P 爆雷以后,CEO 张俊表示,拍拍贷将去 P2P 化。他称:"我们和 P2P 已经不再有什么关系了,新增交易里已经没有来自个人投资者的部分,所有的交易全部来自金融机构、合作伙伴,拍拍贷正转型成一家助贷的机构。"助贷是指金融业务中介通过渠道覆盖和代理方式向持牌信贷机构推荐客户,辅助持牌机构展业的一类业务。

2. 截至 2019 年 11 月底,上市公司参股、控股以及直接股权上市的 P2P 网贷平台共有 110 家,其中 37 家正常运营,42 家停业(包括暂停发标)及转型,31 家出现问题。

3. P2P 网贷平台的转型防线可以分为三种,一类为"平台化",一类为"资管化",还有一类为"投行化"。之前 P2P 行业的平台运营费用和市场费用高昂,这在一定程度上限制了 P2P 的发展,很多平台因此选择多元化战略,弱化 P2P 业务是大势所趋。网贷平台逐渐平台化或者资管化是基于目前已有的技术和客户的一种新尝试,是基于网贷业务发力全产业链的综合金融服务。

4. 拍拍贷的 AI 能力已经覆盖了借贷业务流程中完整的贷前、贷中、贷后三个环节。贷前有 AI 加持的精准获客、智能反欺诈、全自动化审核,贷中有智能风控系统、智能质检,贷后有贷后模型体系、智能催收,除此之外还有智能客服和智能投资顾问等。在智能反欺诈方面,拍拍贷依赖 76 亿关联数据、7 000 万用户、71 万图案样本、对抗网络和 11 年业务经验,构建了强大的模型体系,自主研发了用于全流程反欺诈调查的风险识别利器——明镜。相较于传统反欺诈,明镜拥有可视化的关系网络,最多可拓展 6 层,独有的图案模型及 AI 图像风险识别技术可大幅度提升效能。在明镜投入使用后,拍拍贷反欺诈团队的调查效能提高了 70%。在风险控制方面,拍拍贷基于百亿条数据的积累,通过大数据和机器学习等技术建立风控系统——魔镜,针对每一笔借款得出风险评级并进行精准定价。在审核方面,拍拍贷在 2017 年 9 月几乎实现审核 100% 自动化,在节约大量人力成本的同时极大提升了审核效率。在监控和优化服务质量方面,拍拍贷研发的智能质检机器人实现了质检全覆盖,以及规则定制化、质检结果可视化、复检监控一体化等功能,将质检业务的效率提升了10倍以上。

5. P2P实质是借贷撮合平台,但在实际操作中却做成了一个集募资与放贷的类银行机构,资金池、期限错配等问题普遍存在,自融、虚假标的等违法非法集资行为也大量存在,这些都为P2P的爆雷埋下了隐患。一旦资金流吃紧出现兑付问题,就会引发出借人的恐慌情绪进而挤兑,最终导致P2P行业爆雷。

6. 正是由于监管的缺失,才使得P2P行业存在的问题得不到及时纠正,也没有合适的行业规范和有权威的监督管理机构实施严格监管。直到P2P大量爆雷引发群众性事件才引来强监管,但此前埋下的雷已经成为一颗颗定时炸弹,想要拆除很难,操作不当还会引发一系列社会事件。

7. 目前在拍拍贷等P2P行业的公司转型做助贷的这段时间内,互联网金融整治领导小组和网贷整治领导小组在各种会议及公开发布的文件中都没有提过助贷这个词语。相信整治小组的人已经开始注意拍拍贷及其他互联网金融平台的这种转型方式有暂时性躲避监管的嫌疑,而且助贷业务有可能把金融风险引入银行系统,因为互联网金融平台目前的客户并非优质客户,现在各家平台甚至是居于龙头地位的拍拍贷都不具备从现有客户群中精选出真实的具备还贷能力客户的技术。银保监会把网贷行业纳入同一监督管理后,P2P形成了银保监会、地方金融局及互金协会自律的监管格局。目前银保监会掌控监管的大方向,负责制定网络借贷信息中介机构业务活动的监管制度。地方金融局负责具体执行工作,执行国家有关地方金融监督的政策和法律法规,负责所属地类金融机构的监管,拥有对类金融机构的监管和风险处置职责。

8. 根据拍拍贷2019年第三季度的财报数据显示,拍拍贷的借款中机构资金占比高达75.1%,当月撮合的借贷总额为71.6亿元,其中来自个人的资金仅有1.8亿元,机构资金占比97%。2019年10月,公司CEO张俊表示:"我们已经和P2P没什么关系了,10月后所有的成交来自机构。"目前拍拍贷已经没有新增的个人资金,只是把存量的个人资金进行清理。

9. 拍拍贷的主要竞争对手包括陆金所和宜人贷。在借款人方面,竞争公司的例子包括蚂蚁金服、京东金融和微众银行。此外,拍拍贷还会与传统金融机构展开竞争,包括信用卡发行机构、商业银行消费金融业务部门和其他消费金融公司。一些较大的竞争对手拥有更广泛的产品或服务和丰富的财务资源,以支持在营销方面的大量开支。

10. 宜人贷、信而富、趣店、拍拍贷、和信贷这几家P2P平台的主要目标群体都是新兴中产阶级。所谓新兴中产阶级,就是缺乏传统金融机构的借贷渠道的一类群体。目前助贷是由于科技发展不完善所导致的,未来随着AI科技的逐渐提升,拍拍贷可能会逐步向科技方向靠拢,成为金融科技行业中偏科技的公司而非像现在这样偏金融的公司。

案例六

欣泰电气：欺诈发行与强制直接退市

案例摘要

2014年，欣泰电气在创业板成功上市。上市初期，股价一路高升，经营业绩可喜。然而事后调查才知，其经营业绩竟是建立在欺诈发行之上的"空中楼阁"，为达上市目的，欣泰电气运用多种手段进行财务造假。两年未过，证监会以其涉嫌欺诈发行及信息披露违法违规正式开出罚单，并启动强制退市程序。这是证监会有史以来针对欺诈发行开出的"最重罚单"，欣泰电气成为首个因欺诈发行而退市的公司。本案例通过分析欣泰电气从欺诈发行到强制退市的事件始末，分析财务舞弊的手段和影响以及股票上市过程中存在的问题，帮助读者了解我国当前股票发行制度有何问题，借以防范欺诈发行的案件再次发生，推动发行制度的改革，促进我国证券市场的健康发展。

 理论分析

一、欺诈发行的动因——GONE 理论

GONE 由 4 个英语单词的开头字母组成，其中，G 为 Greed，指贪婪；O 为 Opportunity，指机会；N 为 Need，指需要；E 为 Exposure，指暴露。上述 4 个因子实质上表明了舞弊产生的 4 个条件，即舞弊者有贪婪之心且又十分需要钱财时，只要有机会，并认为事后不会被发现，就一定会进行舞弊。

第一,"贪婪"因子表示道德水平低下。道德对舞弊个人而言是一种心理因素,在行为产生与实现过程中其对行为主体的作用是无所不在的。它表现为一种个体价值判断。对符合自身价值判断的行为就推动其实施,对不符合自身价值判断的行为予以否定放弃。舞弊者通常有不良的道德意识,或在道德意识方面不良价值判断占了上风,或个体已为违背良好的道德规范找到合理的借口,在这样不良道德观的作用下,会计舞弊成为一种符合其价值判断的行为。

第二,"需要"因子表示动机,它是会计行为产生的关键。正当的会计行为动机产生适当的会计行为,而不良的行为动机则容易在外界刺激下产生不正当的会计行为,即会计舞弊。

第三,"机会"因子同潜在舞弊者在企业中掌握的一定权力有关,企业管理者本身拥有相对信息优势及管理会计工作的权限,倘若其行为得不到应有的监督和制约,就有机会通过非法会计操作获取利益。

第四,"暴露"因子包括两部分内容,一个是舞弊行为被发现和披露的可能性,另一个是对舞弊者的惩罚性质及程度。舞弊具有欺骗性和隐瞒性,发现和揭露这种行为的可能性大小就会影响舞弊者做出是否实施会计舞弊行为的判断。惩罚的性质与程度也会关系到行为实施前的判断,从而给潜在的舞弊者以足够的威慑力。

二、内部控制与信息披露

内部控制是指一个单位为了实现其经营目标,保护资产的安全完整,保证会计信息资料的正确可靠,确保经营方针的贯彻执行,保证经营活动的经济性、效率性和效果性而在单位内部采取的自我调整、约束、规划、评价和控制的一系列方法、手段与措施的总称。内控信息披露的目标是一个体系,该体系可概括为四大目标:基础目标、核心目标、支持目标及拓展目标。内控信息披露的基础目标即为使经营管理活动合法合规;核心目标指的是,内控信息披露能增加企业财务报告披露的可信度;支持目标指的是,通过披露内控信息,改善内控运行机制,进而提高经营效率;拓展目标指的是,披露内控信息从宏观上看,符合企业可持续发展的战略规划。内控信息披露还应遵循以下五个具体原则。

(一)准确可靠原则

从信息源到信息渠道中的信息均必须真实可靠,保证信息的质量才能正常为人所用,低质量的信息不利于相关投资者的决策,会造成不必要的损失。在当今的信息时代,信息使用者需要具有鉴别真假信息的能力;信息发布者要恪守诚实守信、公平披露的要求,在外部监管日益加强的环境下,坚守准确可靠原则披露信息,从而杜绝虚假信息。

(二) 完整及时原则

上市公司要向信息使用者传递完整的内控信息,并且要在规定的时间内披露,保障披露信息的时效性。上市公司应披露按规定应该公布的信息,或是影响投资者决策的重大信息等,不能刻意隐瞒对公司不利的信息。及时性则强调披露信息的时效性,在最短时间内让信息使用者获知有价值信息,有效降低信息不对称程度,避免投资者进行逆向选择。如果公司已经披露了不准确的内控信息,应当及时修正更新。

(三) 中立规范原则

在披露内控信息时,陈述用语及格式要合乎规范,评价要客观、中立。因此,上市公司要求披露的内部控制自我评价报告也就应运而生。内控自评报告是上市公司治理层对于本公司内部控制的陈述性报告,公司董事会按照我国法律法规对于内控信息披露的规范性格式进行自我评价,同时经独立第三方的合理性保证,形成具有一定可信度的内部控制信息。

(四) 公平披露原则

应尽量避免内幕信息的产生使得投资者之间信息不对称,导致市场主体不公平竞争。凡属于公平披露原则之内的信息,上市公司有义务向社会公众等披露。

(五) 风险导向原则

无论是财务信息,还是内部控制信息,上市公司均应侧重风险信息的披露。上市公司应当识别企业在日常经营管理过程中存在的风险点,从而应对公司内控运行的风险。在对外披露时,企业应核对相关风险点的指标评估风险发生的可能性,考虑如果发生该风险,其影响程度有多大。根据公司内控机制自身,有选择地对部分内控信息进行重点披露。

案例研究

2017年8月26日,欣泰电气的股价永远定格在了1.48元/股,这是A股欺诈发行退市第一股,并且将永远失去恢复上市的机会。欣泰电气的创始者温德乙,最终亲手将其推入了资本市场的"坟墓"。

出生于农村的温德乙高中肄业,务农一段时间后便开始学习修理变压器,从此进入变压器行业。1998年，在丹东创业6年的温德乙买下了丹东特种变压器厂的产权，其收购价格未见披露。该厂成立于1991年，为隶属于丹东市振安区鸭绿江办事处珍珠菜委会的集体企业。

温德乙还有一位合作伙伴王援朝。经丹东市政府有关部门批复，王援朝于1997年12月29日以0元价格收购丹东变压器厂股权，该厂成立于1956年，为隶属于丹东市机械冶金局的全民所有制企业。

经当地工商部门认可，1998年7月9日，温德乙和王援朝两人分别以收购的丹东特种变压器厂和丹东变压器厂的部分资产，出资成立丹东输变电制造有限公司——这就是欣泰电气的控股股东辽宁欣泰的前身。该公司注册资本1 451万元，其中，温德乙出资832万元，王援朝出资619万元。

2001年4月2日，温德乙与王援朝签订股权转让协议，双方约定，王援朝从原股份和产权中退出，温德乙接收王援朝退出后全部股份和产权，其中90%股权记在温德乙名下，10%记在妻子刘桂文名下。王援朝对价值上百万元的股权说放弃就放弃，令人感到十分蹊跷。有分析人士指出，"王援朝大概只是替温德乙出面完成收购的幌子而已。"

温德乙似乎一早就做好了上市的打算，一步步开始计划资本控制。2001年9月，他将10%的股权无偿转让给孙文东，并由其担任公司的法定代表人。2003年6月，温德乙联合发起设立辽宁欣泰股份有限公司，之后注销了丹东欣泰输变电设备制造有限公司，最终通过辽宁欣泰，获得公司控股权。

2006年，温德乙以辽宁欣泰的名义收回了孙文东的全部股权，并将妻子大部分持股也转给辽宁欣泰。

2007年，整流器公司整体改制为丹东欣泰电气股份有限公司。温德乙控股的辽宁欣泰，持有欣泰电气71.15%的股份，其妻子刘桂文持有欣泰电气13%的股份。经过一系列的资产重组，欣泰电气已然将母公司辽宁欣泰的生产经营方面的资产业务置入上市主体，决定走上市之路。然而当年的温德乙不曾料想，这条上市之路最终也使欣泰电气走向"坟墓"。

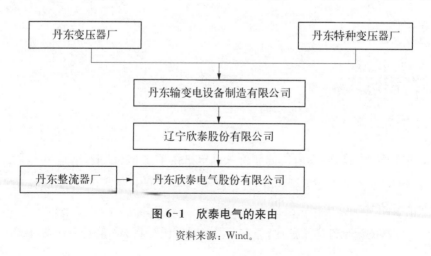

图6-1 欣泰电气的来由

资料来源：Wind。

一、提早准备,借壳上市

(一) 欣泰电气资产重组

欣泰电气在2007年由整流器公司改制而成,同年6月收购了辽宁欣泰旗下电容器业务的相关资产,11月收购了辽宁欣泰拥有的干式变压器、35 kV以下油浸式变压器和特种变压器等相关资产,2008年11月又受让了辽宁欣泰部分土地使用权,涉及车间、办公楼和募集资金投资项目用地,2010年4月收购了辽宁欣泰拥有的66 kV及以上油浸式变压器业务相关资产。经过了多次资产重组,欣泰电气最终保留了母公司辽宁欣泰的所有生产经营业务,而辽宁欣泰此时只保留了投资管理及咨询服务等业务。

由此可见,温德乙很早就为欣泰电气上市做足了准备。温德乙仿佛空手套白狼,经历数十年的资本运营,将多家经营不善、负债累累的国资企业组聚起来,使其摇身变为业绩优良、准备上市的欣泰电气,由原始国资改制中取得的三大资产合并成为欣泰电气IPO的资产主体。

截至2012年欣泰电气申请上市时,从欣泰电气IPO时的股权结构上看(见表6-1和图6-2),公司的控股股东辽宁欣泰持有公司股份2 280万股,占发行前公司股本总额的32.58%,第二大股东刘桂文持有公司股份910万股,占发行前公司股本总额的13.01%。辽宁欣泰注册资本1亿元,法定代表人温德乙持有其77.35%的股份,刘桂文持有13.33%的股份,而刘桂文又是温德乙的夫人,两人以直接和间接的方式持有公司的45.59%的股份,远远高于第三大股东辽宁曙光实业有限公司所持有10%的股份,这样看来,温德乙对欣泰电气有绝对的控制权,是其实际控制人。

表6-1 2012年欣泰电气申请上市前五大股东所持股份

股 东 名 称	持股数量(股)	持股比例
辽宁欣泰股份有限公司	22 804 510	32.58%
刘桂文	9 103 500	13.01%
辽宁曙光实业有限公司	7 000 000	10.00%
世欣荣和投资管理股份有限公司	5 000 000	7.14%
北京润佳华商投资基金(有限合伙)	5 000 000	7.14%

资料来源:欣泰电气招股说明书。

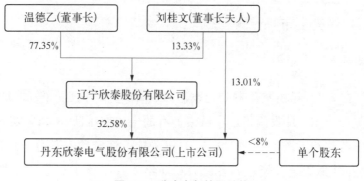

图 6-2 欣泰电气持股结构

（二）借壳原因

作为辽宁欣泰和欣泰电气的实际控制人，为何要耗费多年时间进行资产重组推进子公司上市，而不直接推动辽宁欣泰上市呢？

辽宁欣泰疑点重重。

首先，早期的国有资产转制过程中，出现了太多的0元价格的收购，并且多数0元交易的过程、方式与定价依据在招股资料中并未明述。另外，温德乙还有另一个更蹊跷的转让：整个国资转让过程既未披露价格，更未解释理由。欣泰电气招股资料中只披露该厂成立于1991年10月，为隶属于丹东市振安区鸭绿江办事处珍珠菜委会的集体企业，除此之外，对于该厂转让过程、方式、定价均未提及。

上面种种以0元出售的国有资产的实际价值是否真的为0元已经无从得知，但0元收购不到一年，温德乙和王援朝便在未有新资产注入的情况下，分别以收购国资入股建立了输变电公司——注册资本为1451万元。

其次，在国资改制成立输变电公司后复杂的资本运作中，王援朝居然选择无偿放弃了价值上百万元的股权，动机成谜。招股说明书上仅仅写道："2001年4月2日，股东王援朝退出，股东温德乙接收王援朝的股份。温德乙与王援朝签订股权转让产权退出合同协议，双方约定王援朝从原股份和产权中退出，温德乙接收王援朝退出后全部股份和产权，并承担相应责任。"

若母公司辽宁欣泰要直接进行IPO，必然逃不过正面解释以上疑团。为避免在招股说明书中明确披露王援朝放弃股权、0元收购和未知价格收购等原因和具体过程是否存在侵吞国有资产问题，温德乙不惜耗费多年时间进行资产重组，推动子公司欣泰电气上市，以此避免披露其作为控股股东的辽宁欣泰的前世今生和重重疑点。

二、首次 IPO 被否,二次继续造假

图 6-3 欣泰电气 IPO 进程

(一) 首次发行失败告终

当时,欣泰电气是辽宁省认定的高新技术产业,已经获取了多项技术专利,建立了自己的知识产权体系。公司主要经营制造、加工和销售 MCR 磁控电抗器、磁控消弧线圈等。公司主营产品是节能型变压器等输变电设备和电网性能优化设备,其主要通过研发、设计、销售这两类设备来赚取利润。其中节能型变压器等输变电设备包括变压器、智能箱式变电站以及输变电配件产品,而电网性能优化设备包括 MCRS 和 MCRS 型 SVC、电容器及成套装置。这些产品广泛用于不同的领域,包括电网、冶金、电气化铁路等。欣泰电气连续几年获得各种荣誉证书与称号,辽宁省科技厅为其颁发了高新技术企业认定证书。随着国家电网领域的新公司崛起,电气行业竞争加剧,为了使欣泰电气尽可能占领龙头地位,温德乙决心突围上市。

2009 年,欣泰电气首次递交 IPO 申报材料,这一年,也正是创业板正式开启的第一年。随着公司递交招股说明书,欣泰电气的股价一路飘红。直到 2011 年 3 月,监管部门称欣泰电气首次申请发行未通过,主要是因其持续盈利能力受到质疑。发审委给出了审核意见:欣泰电气 2010 年 4 月收购了控股股东辽宁欣泰 66 kV 及以上油浸式变压器业务相关资产,但收购后该项业务收入却大幅下降,控股股东辽宁欣泰在注入资产后也经营亏损,进而对欣泰电气持续盈利能力构成重大不利影响。

(二) 二次 IPO 成功上市

然而欣泰电气并没有放弃,温德乙迅速组织准备二次上市。同时,公司估值也未受到 IPO 被否决的影响,继续维持在高位。2010 年 6 月欣泰电气更换保荐机构为兴业证券,再次向上市发起冲击。然而为了经营业绩更好看,欣泰电气放宽了信用政策,扩大销售,造成应收账款等回款难度加大,经营现金流变负。

为了防止二次失败,温德乙按照总会计师刘明胜的建议,通过财务造假,使欣泰电气在 2012 年 7 月终于通过了创业板的审核。2014 年 1 月 3 日,欣泰电气取得发行批文,温德乙苦心孤诣十余年的资本运作终于有所收获。最终,欣泰电气以载有虚假数据的招股说明书于 2014 年 1 月登陆创业板,募集资金 2 亿多元,上市首日暴涨 44.02%(较发行价 16.31 元/股)至 23.49 元/股收盘。

三、东窗事发

(一)原形毕露

然而上市后好景不长,2015 年 5 月,辽宁证监局对欣泰电气进行现场检查,认为其可能存在财务数据不真实等问题。随后,质疑和指责纷至沓来,股东和机构则疯狂减持套现。2015 年 7 月,上市不到两年的欣泰电气就收到了证监会的立案调查通知书。随着调查深入,温德乙伪造银行单据等、虚构应收账款收回,做大利润和经营现金流的舞弊行为逐渐浮出水面。欣泰电气通过外部借款、使用自有资金或伪造银行单据等方式,虚构应收账款收回,涉及财务虚假的总金额仅应收账款一项就超过 7.5 亿元,进而对公司净利润产生重大影响。经证监会初步统计,涉及 1.2 万名受损合格投资者,预计索赔金额超过 2.4 亿元。

(二)财务造假,粉饰财报

为了二度 IPO 能够顺利进行,欣泰电气使用了多种手段来粉饰财务报表。其中最为严重的舞弊行为即是虚减应收账款做大利润,除此以外还存在少提坏账准备、少计原材料成本等问题。

1. 虚构应收账款

欣泰电气应收账款余额之大已经严重影响到了公司上市的计划。在温德乙等人的操纵下,公司不仅采用虚减应收账款的手段使得欣泰电气成功过会,上市后仍然利用这种方式以继续营造经营业绩良好的假象。

第一种手法是温德乙通过"欣泰电气—供应商—客户—欣泰电气"的路径倒转自有资金,让自己的钱兜兜转转最终从客户手上转回来,不付出任何成本,却大大降低了应收账款。

第二种手法是欣泰电气董事长温德乙向他人借款,公司的出纳人员在银行柜台办理现金提取业务的同时办理现金交款业务,却在填写现金交款单时做手脚,直接将客户的公司名称写在付款人这一栏上,这样相当于把这笔款项算作应收账款的收回。等到报告期过后,公司的出纳再去银行办理现金提取和现金交款,这样这笔钱又回到了借款人的手上。

第三种手法是走银行汇票。温德乙先向第三方公司借款,第三方公司给欣泰电气的客户开具银行汇票,经过客户的盖章背书以后再转给欣泰电气,把这笔款项算作收回的应收账款。待到报告期结束以后,欣泰电气再做相反的操作,把款项转给第三方公司,由此资金又回到了第三方公司手上。欣泰电气给不同客户分别分配了不同的造假金额,并且有真有假、有零有整,对于不配合的客户,欣泰电气便私刻公章用以背书。2012年6月,温德乙向第三方公司借款9 000万元,第三方公司把该笔款项分别给欣泰电气的51家客户,并开具银行汇票,经过客户的盖章背书后再转给欣泰电气,欣泰电气的财务报表上就收回了9 000万元应收账款。过了报告期之后,到当年7月份,欣泰电气开具银行汇票给51家客户,再转回给借款企业。

由于前面这种手法需要支付大量的利息,而且借款人也不是很容易找到,通过汇票倒账的成本压力越来越大,因此从2013年开始,公司开始自制银行进账单和付款单,保证收款和付款不在同一个会计期内,以增加经营现金流改善业绩,实际上并不存在真实的现金流动。这种自制造假的流程似乎十分简单,公司自制填有客户名称金额的银行单据并交给出纳带到银行补盖章。做了假账单的同时,还会再在电脑上重新制作一份虚假的银行流水,再让出纳去银行盖章。公司和银行业务来往密切,银行可能会配合。由于造假时所涉及客户都是公司真实业务往来的客户,对冲的金额也有大有小,很多假数据精细至小数点后,使银行难以辨别,以假乱真。欣泰电气频频使用伪造银行进账单的方式,虚构收回了上亿元的应收账款。

截至2011年12月31日,欣泰电气虚构收回应收账款10 156万元,少计提坏账准备659万元;虚增经营活动产生的现金流净额10 156万元。截至2012年12月31日,虚减应收账款12 062万元,虚减其他应收款3 384万元,少计提坏账726万元;虚增经营活动产生的现金流净额5 290万元。截至2013年6月30日,虚减应收账款15 840万元,虚减其他应收款5 324万元,少计提坏账准备313万元;虚增应付账款2 421万元;虚减预付账款500万元;虚增货币资金21 232万元,虚增经营活动产生的现金流净额8 638万元。

2. 少提坏账准备

即使是在欣泰电气粉饰后的报告数据上,欣泰电气的应收账款仍然占总资产比重较大,也呈现出逐年上升的趋势。如此大额应收账款能否及时收回,直接影响到企业的生产经营情况。四年间应收账款增加了2倍多,同时应收账款占总资产的比重逐年增加,从2011年的20.86%上升到2014年的38.17%;而2011—2014年间营业收入变动不大,每年基本都在4.5亿元左右徘徊,但是应收账款占营业收入的比例却在不断增长,从2011年的32.53%增加到2014年的104.77%(见表6-2)。这就说明了欣泰电气业务收入大部分都没有收到款账,坏账的概率很大。

表 6-2　2011—2014 年部分财务指标

财务指标	2011 年	2012 年	2013 年	2014 年
应收账款余额(亿元)	1.35	1.69	2.08	4.39
营业收入(亿元)	4.15	4.62	4.73	4.19
应收账款占营业收入的比例(%)	32.53	36.58	43.97	104.77

资料来源:Wind。

再从应收账款明细中看,欣泰电气 2014 年应收账款金额前 5 大客户应收账款合计 188 631.54 万元,占应收账款总额的 45.52%。面对应收账款的逐年恶化,欣泰电气给出的解释是:由于国家的信用政策没有改变,前 5 大客户的信用等级也没有发生变化,并且这些客户的公司规模较大、信誉良好,因此对这些公司的应收账款收回采取了适当放松的政策。

表 6-3　2014 年应收账款中金额前 5 名单位情况　　　　　　　　　　　单位:元

单位名称	与本公司关系	金额(元)	占应收账款总额比例	坏账准备(元)
大庆中丹风力发电有限公司	客户	75 949 590.94	18.33%	4 003 430.09
长春龙源电力设备有限公司	客户	34 940 766.61	8.43%	1 747 038.33
蓄积变压器有限公司	客户	33 923 100.00	8.19%	2 121 455.00
辽宁省电力有限公司	客户	22 764 070.16	5.49%	1 483 930.92
珠海蓝瑞电气有限公司	客户	21 054 010.00	5.08%	1 176 085.00
合计		188 631 537.71	45.52%	10 531 939.34

资料来源:欣泰电气 2014 年年报。

然而事实并非如此,大庆中丹风力发电有限公司是欣泰电气应收账款欠款中的第一大客户,欠款金额为 7 594.96 万元,占应收账款总额的比例达到了 18.33%,但是在 2014 年之前这家公司却从来没有出现在欣泰电气销售前十的名单上。大庆中丹风力发电有限公司的注册资本为 500 万元,营业额大约为 250 万元,自身的财务状况也不容乐观,这样的公司根本就没有实力偿还所欠的 7 594.96 万元账款,并且该公司 2011 年所欠的账款到了 2016 年才支付,2013 年所欠的账款到 2017 年都还没有支付,可见该公司的信誉之差。除了长春龙源电力设备有限公司以外,其他几家的财务状况均较差,出现了严重的支付问题。由于大量的应收账款难以收回,必须计提大量的坏账准备。

针对这5笔应收账款,欣泰电气仅仅计提了1 053.19万元的坏账准备,计提比例只达到了5.6%,而如果按照这个计提比例来计提坏账准备,那么这笔款项应该在一年内收回,所以坏账准备实际计提数额远低于其应该计提的水平。

3. 原材料成本之谜

欣泰电气产品的主要原材料是由硅钢片、铜材和钢材组成,原材料占成本比例较高,从2010年到2013年,这个比例达到了90%以上,因此公司营业成本的波动主要是由于原材料波动造成的。

表6-4 主要原材料硅钢片采购情况

硅 钢 片	2013年上半年	2012年度	2011年度	2010年度
平均单价(元/吨)	11 986.88	13 510.83	16 160.21	14 905.80
平均单价变动率	−11.28%	−16.39%	8.42%	−25.36%
采购量(吨)	2 862.18	5 167.11	5 778.39	6 310.00
金额(万元)	3 430.86	6 981.20	9 338.00	9 405.56
占当期原材料采购总额的比重	24.36%	25.14%	28.41%	33.21%

资料来源:欣泰电气招股说明书。

根据招股说明书显示,作为采购过程中采购量和采购金额最大的原材料,硅钢片的价格变动对原材料的采购成本有着巨大的作用。但是以2010年硅钢片为例,中国联合钢铁网显示2010年我国硅钢片的最低价格为17 000元/吨,并且前6个月的价格都超过19 000元/吨,远远高于欣泰电气所记载的14 905.8元/吨。即使按19 000元/吨来计算,欣泰电气在招股说明书中所披露的价格也低于市场价格4 000多元/吨。那么,欣泰电气2010年在硅钢片这方面的采购金额实际应该达到了12 000万元,高出了募股说明书中所描述金额2 500多万元。成本价计得过低就会在结转后直接导致营业成本下降,可能存在虚增利润的财务操纵行为。

四、退市:监管部门杀鸡骇猴

(一)证监会开具违规清单,涉事人员接受处罚

真相终于大白,欣泰电气不仅仅在IPO时造假,上市后仍然继续伪造假账、故意瞒报重大事件,欺瞒投资者。证监会开具《行政处罚决定书》及《市场禁入决定书》做出以下认定。

1. IPO造假认定

欣泰电气将包含虚假财务数据的IPO申请文件报送中国证监会并获得中国证监会核准的行为,违反了《中华人民共和国证券法》,构成"发行人不符合发行条件,以欺骗手段骗取发行核准"的行为。

2. 上市后造假认定

欣泰电气在上市后继续通过外部借款或者伪造银行单据的方式虚构应收账款的收回,在年末、半年末等会计期末冲减应收款项(大部分在下一会计期初冲回),导致欣泰电气在2013年年度报告、2014年半年度报告、2014年年度报告存在虚假记载。欣泰电气:2014年年度报告未披露欣泰电气实际控制人温德乙以员工名义从公司借款供其个人使用,截至2014年12月31日,占用欣泰电气6 388万元,导致《2014年年度报告》存在重大遗漏。

按照认定,证监会责令欣泰电气改正,给予警告,并处以832万元的罚款;给予欣泰电气的17名高管不同的处罚。其中,由于温德乙和刘明胜违法情节较为严重,并且是这个案件的主要负责人员,分别对其处以892万元和60万元罚款,并根据我国的相关法律和法规对二人采取终身禁入证券市场措施,自中国证监会宣布决定之日起,终身不得从事证券业务或担任上市公司董事、监事、高级管理人员职务。对其他15名相关责任人员处以3万元到20万元不等的行政处罚。

作为保荐机构的兴业证券也得到相应处罚。欣泰电气欺诈发行曝光后,证监会对其保荐机构兴业证券股份有限公司给予警告,没收保荐业务收入1 200万元,并处以2 400万元罚款;对于兴业证券承销股票所取得的收入2 078万元予以没收,并处以60万元罚款。不仅如此,还出资5.5亿元设立先行赔付专项基金,对于参与欣泰电气上市相关保荐人员给予相应的警告,并按照相关的法律规定分别处以30万元罚款,撤销相关保荐人员的证券从业资格。同时,责令欣泰电气的审计机构北京兴华会计师事务所改正违法行为,没收业务收入322.44万元,并处以967.32万元罚款;对参与人员给予警告,并分别处以10万元罚款。

(二)欣泰电气强制退市

欣泰电气自2016年5月23日因存在拟披露重大事项,其间又收到证监会的《行政处罚和市场禁入事先告知书》,7月8日证监会最终对欣泰电气及相关当事人做出了行政处罚及市场禁入决定。欣泰电气7月12日更名为"*欣泰",复牌交易30个交易日,开始强制退市程序(见图6-4)。欣泰电气成为创业板退市第一股,更成为中国证券市场第一家因欺诈发行被退市的上市公司。

复牌后,欣泰电气经历了15个跌停板,股价跌幅达66.8%,交易量达到峰底,最后将

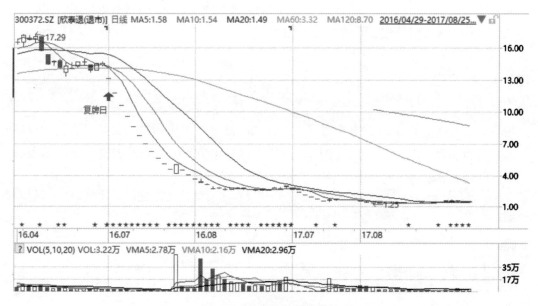

图6-4 欣泰电气股价走势

资料来源：Wind。

收盘价定格在每股1.48元。欣泰电气在被勒令退市的同时，公司的经营状况也每况愈下。欣泰电气发布的2017年度上半年业绩预告显示，公司预计上半年实现的归属净利润为－3 956.32万元至－2 924.24万元，较上年同期亏损365.62万元，大幅增亏。欣泰电气称，公司自被证监会立案调查以来，尤其是2016年6月1日发布《关于收到中国证券监督管理委员会〈行政处罚和市场禁入事先告知书〉的公告》后，从2016年6月2日起每5天发布一次风险提示公告，频繁的风险提示及《行政处罚决定书》中做出的处罚决定对公司的市场信誉造成负面影响，致使订单减少。

（三）"最重处罚"维持不变

2016年11月7日，欣泰电气发布公告称公司对证监会《行政处罚决定书》不服提出的行政复议申请已经受理。温德乙还在垂死挣扎，他承认造假事实，但抓住一个细节试图撇开欺诈发行的罪名——公司对财报追溯更正之后，利润依然符合创业板IPO标准。对此，证监会在行政复议决定书中回应称，欣泰电气在报送的IPO申请文件中，相关年度财务数据存在虚假记载，不符合《中华人民共和国证券法》第十三条规定的发行条件。

2017年1月，欣泰电气将证监会告上法庭，一审败诉，继续提起上诉。12月19日，北京市高院开庭审理，证监会主席助理黄炜同志作为证监会负责人表示，欺诈发行是证券市场最为严重的违法行为，严重侵蚀证券市场的运行基础。证监会对发现的欺诈发行行为坚决依法查处，绝不姑息。2018年3月26日，法院做出判决，被诉处罚决定和被诉复议决定合法有据,一审判决驳回欣泰电气诉讼请求正确,应予以支持;欣泰电气上诉主张不能成立,不予支持。驳回上诉,维持一审判决。

五、警钟

欣泰电气终于退市了,给股市留下了"1.48元"这样一个警示性的价格。它提醒市场上每一位参与者:欣泰电气可以退市,但欣泰电气退市所暴露出来的投资者保护不力的问题不能随着欣泰电气的退市而不了了之。

1. 欣泰电气为何能够顺利地登陆创业板?其欺诈发行的动因是什么?
2. 上市一年多后才被发现财务造假,可以看出欣泰电气内部控制信息披露都存在着哪些缺陷?
3. 作为创业板欺诈发行退市第一股,欣泰电气受到的处罚是否过于严重?

以下按照欣泰电气的历史发展路径,列出分析逻辑。

1. 通过对各种0元收购或低价收购的国有资产进行重组,温德乙通过"母借子壳"的方式,选择利用辽宁欣泰的子公司欣泰电气上市,避免了上市过程中需要解决的侵吞国资的问题。欺诈发行的目的是为了融资国线。
2. 欣泰电气为了满足上市要求,进行财务造假,根据案例需要分析其造假的原因和方式。
3. 为什么相比其他公司,欣泰电气面临如此严重的处罚?通过了解证券市场监管力度的变革,探讨加强监管力度是否对于IPO造假产生有效遏制。考虑欣泰电气的退市事件对金融市场投资者保护有什么样的警醒和启示。

案例七

永泰能源：违约信用债的市场化处理

案例摘要

伴随着资本市场融资功能的完善，我国债券市场迅速发展。从2014年出现第一起债券违约事件，刚性兑付逐渐瓦解，过分依赖举债的公司难以适应经济发展的趋势，信用债违约常态化，违约的主体逐渐多样化，投资者面临更大的信用风险。为了保护投资者权益，保证债券市场健康发展，违约债的市场化处理具有很强的重要性和紧迫性。本案例以著名的跨界经营公司永泰能源为例，对其发生实质性违约并引发后续交叉违约的问题进行分析，得出永泰能源存在高资产负债率、偿债能力差、盈利能力受阻、筹资不合理以及股权质押比率过高等问题，并且面临行业不景气、监管日益严格等外部压力，进而带来了高信用风险，从而引发一系列债券违约。发生债券违约之后，永泰能源开始出售自有资产，进行债务重组，并与其他金融机构合作以应对现金流不足的情况。本案例结合永泰能源从发生违约到后续处理等过程，结合行业及监管背景，对违约债的市场化处理问题进行深入的思考与分析。

理论依据

一、刚性兑付

刚性兑付是指在合同约定期限内，无论支撑金融产品的项目成功与否，产品发行方都必须支付投资者本息。地方政府作为地方国有企业的监管者,其隐性担保主要表现为刚性兑付。刚性兑付最早来源于信托产品,尽管在我国并没有对政府这种隐性担保的明文规定,但是长久没有债券违约的现状造成了刚性兑付的市场认知,债券的定价很大程度上受到刚性兑付观念的影响,投资者忽略债券本身存在的风险,债券市场的定价机制不能充分反映债券的风险和发行人的实际经营状况。

二、去杠杆化

杠杆指的是负债经营;去杠杆则指金融机构或金融市场减少杠杆,进而降低负债率,避免过高的杠杆带来的风险。杠杆可以简单理解为使用较少的本金获得更高收益,其中隐含着更高的风险。金融危机的发生使得杠杆引发的风险逐渐被人们所理解,理性使用杠杆、严格把控经营风险成为长久稳健经营的根本力量。伴随着金融市场的发展和金融体系的完善,杠杆带来的风险同样得到了监管机构的重视,因而提出了金融去杠杆的概念;并且从2017年以来,金融严监管的趋势日益明显,很多企业和金融机构顺应监管的要求,提高了风险意识,通过不同的方式降低经营的杠杆、降低负债、保证有效的偿债能力,形成了还钱的浪潮。

三、大股东股权质押

股权质押是指公司股权的持有者(出质人)将自己所持有的股权向银行、证券公司等金融机构(质权人)进行抵押而获取相应贷款的一种融资方式。只要出质人在质押期间没有发生违约行为,到期后可解除质押收回股权。股权质押的优点表现在大股东质出股权后,质权人并不会替代原股东行使相应的权利,出质人仍保留其大股东的地位,质权人只能行使其中的受益权等财产权利,公司重大决策和选择管理者等非财产权利仍由出质股东行使,因此,股东可以通过股权质押的方式获得大量的融资,同时也不影响公司的经营决策。股权质押本质是对债权的一种担保,股权质押担保力的大小直接关系到债权的安全。

四、违约债市场化处理

随着刚性兑付的打破、违约债券的出现、违约主体从民营企业到国有企业蔓延,债券市场得到了发展,债券定价机制也进一步优化。但同时带来了新的问题,就是违约债的市场处理。违约风险仍在逐渐暴露,基于市场化原则的系统、高效的违约债券处理机制成为发展的一个重点。目前我国债券违约市场的处置方式主要有协商延期兑付、债务重组、处置变现抵质押物、第三方代偿、诉讼求偿、破产重整与清算。但是对于违约债券交易存在严重的制度缺失,通常在发生违约后,采取债券停牌的举措,最终降低了违约债券的流动性,不利于债券市场的健康发展。2019年2月我国开始首次违约债券的匿名拍卖,后续又推出了违约债挂牌转让业务。尽管我国违约债市场化处理制度缺失、经验不足,但是也在逐渐向发达市场学习,强化市场化的概念,将法治化和效益安全相结合,保护投资者合法权益,有效推动债券市场特别是违约债的流通,促进债券的发展。

我国对于违约债的市场化处理做了很多的尝试,还需要相关配套措施来完善市场化处理机制、强化信息披露、完善评级制度、明确承销商职责等,共同推动违约债的市场化处理进程。

案例研究

前身为泰安鲁润股份有限公司的永泰能源,自1998年于上海证券交易所挂牌进行交易,2010年更名。多年的经营为永泰能源积累了大量的经验,使其成为A股上市的唯一一家民营煤炭公司。不仅如此,永泰能源积极发展多项业务,拓宽经营的领域,着重于煤炭、石油、电力的能源产业,制定了能源、物流、投资三大产业转型的发展战略,同时涉足医疗等诸多领域,成为业内著名的"跨界王"。公司的发展得到了资本市场和社会各界的广泛认可,获得"山西省资本市场先进单位""山西省社会责任先进单位""山西上市公司金飞翼奖"等荣誉称号。

然而盛名之下的永泰能源存在严重的经营危机,沉重的债务压力直接影响了公司的正常经营运转,融资环境的恶化进一步加剧了公司风险的积聚。2018年7月,"17永泰能源CP004"未能按时兑付,构成实质违约,并带来了后续一系列的交叉违约。违约公告发布次日,公司的股票和一系列的债券停牌,曾经美名在外的"跨界王"被刻上"违约王"的烙印,从根本上动摇了永泰能源的地位,也推动了中国债券市场的发展。大量的债券违约,震惊了债券市场,冲击了评级机构,动摇了投资者的信心,再度引发了取消刚性兑付的讨论,成为推动违约债券市场化处理的典型案例。永泰为何会出现债券违约,又该如何应对?

一、跨界经营的能源企业崛起

(一) 发展历程

永泰能源的前身是泰安润滑油调配厂,在经过泰安市经济体制改革委员会的改组批准后,1992年7月30日,泰安鲁润公司正式成立。1998年5月30日,公司在上海证券交易所上市,股票代码为600157,注册资本为124.26亿元,注册地为山西省晋中市灵石县,法定代表人是徐培忠,发行日以每股200元人民币的价格,发行19 616 800股,2019年底股份数量已经为12 425 795 326股。2007年,接受了公司前两大股东泰山石油和泰山鲁浩大约9 404万股的股份转让后,该公司完成了股权分置改革。2008年,公司更名为永泰控股。2010年,泰安鲁润在山东工商局办理了变更手续,自此正式更名为永泰能源。

永泰能源是一家A股上市的民营综合能源企业,公司的经营范围包括综合能源开发、大宗商品物流和新兴产业投资等业务。永泰能源经历了2009年从油品产业转向以煤炭产业为主,2014年再度转向电力、煤炭以及石油等能源综合性业务的战略转型,完成了由单一能源企业向综合能源供应商的转型,同时将能源与物流、投资相结合,形成有机统一整体,确定综合性能源经营层战略,实现多元化经营,开启了"跨界王"的历史征程。

根据2019年半年报,永泰能源有9家控股子公司,还有91家控股孙公司(图7-1)。这9家子公司分别涉及电力、石油、煤炭、物流等行业,子公司及其下属公司的经营范围涵盖了煤炭、电力、石化、新能源、金融投资、物流、旅游、环保、医疗等领域,全面拓展了永泰能源的经营范围。

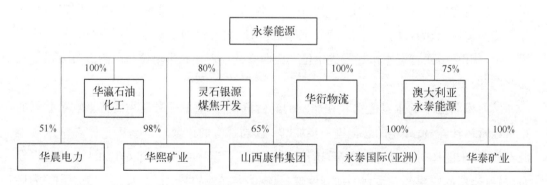

图7-1 永泰能源的子公司

资料来源:Wind。

(二) 永泰能源股权结构

永泰能源前十大股东合计持股比例58.59%,其中以永泰集团有限公司持股比例最高,为 32.41%,共持有公司 4 027 292 382 股,其他股东的持股比例均低于 10%,从第五大股东开始持股比例低于 3%,因此可见永泰能源的主要股东(见表 7-1)。

表 7-1 永泰能源前十大股东(截至 2019 年第三季度)

股 东 名 称	持股数量(股)	占总股本比例(%)	股本性质
永泰集团有限公司	4 027 292 382	32.41	A 股流通股
青岛诺德能源有限公司	989 847 716	7.97	A 股流通股
南京汇恒投资有限公司	659 898 478	5.31	A 股流通股
襄垣县襄银投资合伙企业(有限合伙)	417 865 240	3.36	A 股流通股
嘉兴民安投资合伙企业(有限合伙)	351 758 793	2.83	A 股流通股
中国证券金融股份有限公司	306 377 980	2.47	A 股流通股
西藏泰能股权投资管理有限公司	252 192 892	2.03	A 股流通股
陕西省国际信托股份有限公司-陕国投·唐兴 8 号证券投资集合资金信托计划	108 905 176	0.88	A 股流通股
泰达宏利基金-工商银行-泰达宏利新毅 3 号资产管理计划	103 865 577	0.84	A 股流通股
山西太钢投资有限公司	61 157 700	0.49	A 股流通股
合　　计	7 279 161 934	58.59	

资料来源:Wind。

作为永泰能源的控股股东,永泰集团是一家综合的产业控股公司。永泰集团成立于 2002 年 4 月 15 日,注册资本为 62.65 亿元。永泰集团 2018 年实现总营业收入 232.3 亿元,2019 年前三季度的总营业收入为 152.8 亿元,2017 年净利润为 6.02 亿元。永泰集团只有三位股东,分别为永泰科技投资有限公司、江苏宏宇新能源有限公司和宁夏永瑞投资管理有限公司,其中永泰科技投资的持股比例为 96.98%,占据绝对控制地位(见图 7-2)。永泰科技的实际控制人兼法定代表人为其董事长王广西,因此永泰能源的实际控制人为王广西。

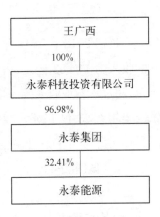

图 7-2 永泰能源股权结构

资料来源:Wind。

(三) 业务发展情况

永泰能源主要着力于电力、煤炭和石化贸易,这三部分构成了营业收入的主要来源,主营业务为煤炭业务和电力业务。电力业务主要以计划分配电量为主,由国家电网统购统销,利润来自合理的上网电价、发电量的增加以及发电成本和其他管理成本的控制;煤炭业务方面,公司主要从事煤炭的开采和销售,由公司制定年度生产与经营计划,煤矿主体按计划组织生产和销售,利润来自煤炭市场获取的收入和采煤成本及其他费用的控制;石化业务主要进行燃料油调和配送,并且经营燃料油、原油及其制成品等多品种业务。

在2015—2018年的经营数据中,永泰能源的营业收入分别为107.84亿元、136.99亿元、223.88亿元以及223.27亿元,2019年上半年营业收入为152.83亿元。进入2018年后营业收入出现了一定程度的下降,2015—2017年的快速增长趋势被打破。在这一过程中,电力的营业收入一直保持增长的趋势,但是煤炭业务和石化从2018年出现了明显的下降,跌幅分别为28.86%和38.68%,并持续至2019年,石化的营业收入更是同比下降54.85%。

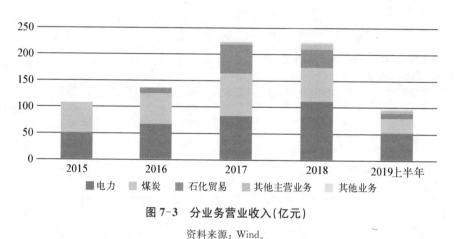

图7-3 分业务营业收入(亿元)

资料来源:Wind。

根据2018和2019年上半年的经营数据来看,电力占据绝对的地位。2018年,电力的收入为110.82亿元,占总营业收入的49.63%,2019年上半年电力的收入为51.99亿元,超过总营业收入的一半,达到53.69%;煤炭业务收入在2018年为65.35亿元,2019年上半年为28.14亿元,大约占总营业收入的30%,在2018年和2019年没有明显的变化;2019年上半年石化业务的收入为9.48亿元,占比低于总营业收入的10%,有了一定程度的下降(见图7-4)。

1. 电力业务

永泰能源电力业务主要分布在江苏省苏州市、徐州市、镇江市和河南省郑州市、周口市及南阳市,地理位置优越,区域内用电需求量大,为公司电力业务发展提供了有力保障。目

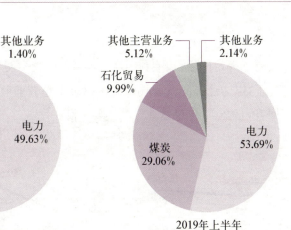

图 7-4 永泰能源各业务营收占比

资料来源：Wind。

前，公司所属电力总装机容量 1 244 万千瓦，正在运营的电力装机容量 812 万千瓦，正在建设、待建和进行前期工作的电力装机容量 432 万千瓦。另外，公司在江苏张家港的电厂拥有 5 万吨级和 10 万吨级的煤码头各 1 座，形成每年 1 000 万吨的煤炭货运吞吐能力，为公司电力业务发展提供了有力支撑。永泰能源发电规模已经达到中等电力企业的规模，后续在建电力项目全部投产后，公司电力产业将跨入 1 000 万千瓦以上规模的大型发电企业行列。

电力业务以计划分配电量为主，由国家电网统购统销，主要销售给国网江苏省电力公司和国网河南省电力公司。电力业务 2015—2018 年的营业收入一直保持上升的状态，在 2018 年达到 110.82 亿元，进入 2019 年后，营业收入同比增长率虽然有了大幅下降，但仍然维持正的增长水平。从电力这一业务来看，营业收入一直保持着良好的增长态势，因此永泰能源经营出现问题的主要原因不在于电力业务的业绩（见图 7-5）。从毛利率来看，

图 7-5 永泰能源电力业务营业收入及增速

资料来源：Wind。

2015年和2016年电力业务的毛利率较高,进入2017年有了明显的下降,低于20%,2019年上半年又有了一定的增长,毛利率恢复到了22.33%(见图7-6)。在永泰能源经营出现问题的情况下,电力业务的营业收入占比超过了总营业收入的一半,并且维持增长,毛利率也有了回升,是2019年经营业绩的主要来源。

图7-6 永泰能源电力业务毛利率及营业收入占比

资料来源:Wind。

尽管对于永泰能源来讲,电力业务营业收入同比增长,并占总营业收入53.69%的比重,同时毛利率相较2018年也有了回升,但是电力行业整体形势严峻,成为永泰能源长久稳健获利的重要阻碍。在2019年上半年,全国电力运行平稳,电力供需总体平衡,由于电价进一步降低、燃料成本持续高位、可再生能源补贴严重滞后等因素,电力行业整体存在严重的经营问题,制约了永泰能源的经营发展。

2. 煤炭业务

永泰能源的煤炭业务主要包括煤炭的开采和销售,在陕西、新疆、内蒙古等地拥有多家煤炭资源企业,在山西地区拥有华熙矿业、灵石银源煤焦开发、山西康伟集团3家煤炭整合主体企业,共16家煤矿企业。目前公司在产的主焦煤及配焦煤总产能规模为1 095万吨/年,规划建设的焦煤矿井总产能规模为450万吨/年,具有的优质焦煤资源保有储量共计9.85亿吨;规划建设的优质动力煤矿井总产能规模为1 000万吨/年,具有的优质动力煤资源保有储量共计22.53亿吨。公司现拥有优质煤炭资源总计32.38亿吨,已达到国内大型煤炭企业规模。

永泰能源根据市场的行情确定煤炭产品的销售价格,有计划地组织生产和销售。煤炭产品在2019年上半年为优质焦煤和配焦煤,主要用于钢铁冶金行业,自身发电用煤依靠外部采购。煤炭业务在2017年之前是营业收入最主要的部分,2017年实现营业收入81.85亿元,同比增长38.59%,但是营业收入占比从2015年的过半下降至略低于电力业务,业务发展逐渐倾向电力。进入 2018 年后,煤炭业务出现了 20.16% 的营业收入下降,这种下降趋势持续至 2019 年。虽然营业收入占比从 2015 年一直保持下降的趋势,但是煤炭业务的毛利率一直维持着较高的水平,在 50% 左右,相对稳定地提供公司的收益。

图 7-7　永泰能源煤炭业务营业收入及增速

资料来源:Wind。

图 7-8　永泰能源煤炭业务毛利率及营收占比

资料来源:Wind。

3. 石化贸易业务

永泰能源在建的广东惠州大亚湾燃料油调和配送中心项目年调和配送燃料油 1 000 万吨,投产后将成为国内大型的船用燃料油调配中心,填补了珠三角地区大型燃料油调和生产的空白。同时永泰能源优化产品项目设计和经营产品,由原来的单一燃料油调和配送中心向经营燃料油、原油及其制成品等多品种拓展。配套建设的惠州大亚湾油品码头位于珠三角大亚湾地区,是我国规划的七大石化基地之一,区位优势明显。项目将建成1座30万吨级和3座2万吨级油品码头,达产后将形成2 000万吨/年码头吞吐能力、1 000万吨/年油品动态仓储能力,成为全国大型的民营油品仓储及保税油库之一,进而公司将全面开展油品装卸、仓储、调和、转运等业务。

永泰能源经营石化板块业务的时间较短,从2016年起,石化贸易业务逐渐成为永泰能源的重要的业务之一。据图7-9和图7-10,在2016年,石化业务的营业收入占比仅有大约7%,但是在2017年石化业务有了飞速的增长,营业收入增速达到443.74%,实现营业收入54亿元,占公司总营业收入的1/4。永泰能源2017年总营业收入有较快的增长,很大程度来源于石化板块的收入,但是这种增长并没有持续。并且石化业务的毛利率很低,在2018年以前均低于1%,2019年上半年达到2%,但仍然保持着较低的水平,总体上为公司带来的利润较低,因此公司的业绩没有因为石化板块有长久可持续的盈利增长。

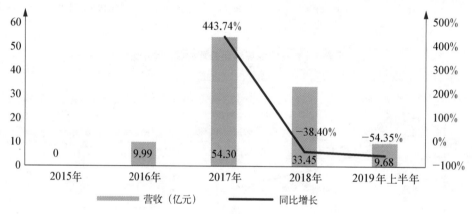

图7-9 永泰能源石化贸易营业收入及增速

资料来源:Wind。

图7-10 永泰能源石化贸易毛利率及营收占比

资料来源:Wind。

二、债券违约:"违约王"横空出世

(一)债券价格下跌,大股东减持,违约一触即发

债券违约是日积月累形成的必然结果,有效拓宽经营业务完成多元化经营的"跨界王"早在真正违约前就决定了日后"违约王"的命运。发生实质性违约的时间是 2018 年 7 月,然而经营业绩在 2017 年已经透露出严重的问题。在 2017 年,营业收入实现了 63.43% 的增长,达到了 223.88 亿元,然而营收规模的扩张并没有带来盈利的增长,2017 年的归母净利润同比下降 9.97%,和 2015 年的归母净利润接近,到了 2018 年归母净利润更是下降了 89%,仅有 0.66 亿元(见图 7-11 和图 7-12)。营收扩张和利润降低表明了过分扩张的经营策略,阻碍了公司的健康成长。

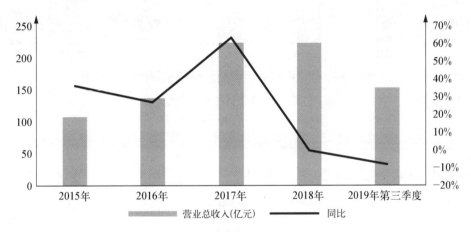

图 7-11 永泰能源营业收入及增速

资料来源:Wind。

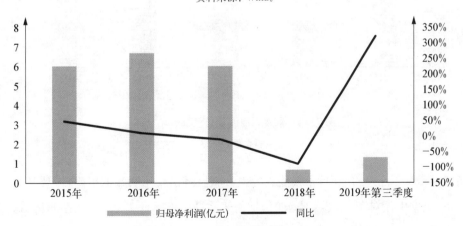

图 7-12 永泰能源归母净利润及增速

资料来源:Wind。

跨界经营不仅造成了业绩问题，同样为公司带来了沉重的负债压力，负债居高不下，资产负债率更是从2017年飞速上涨，流动负债逐年增加，流动比率却很低，这种明显存在经营隐患和还款困难的经济表现直接影响到市场和大股东的判断。债务偿还困难，经营业绩特别是利润表现不良，债券市场的供求进而受到影响，债券价格变动，在新的经营形式下，永泰能源的大股东也采取了一系列的操作。

图7-13　永泰能源负债及资产负债率

资料来源：Wind。

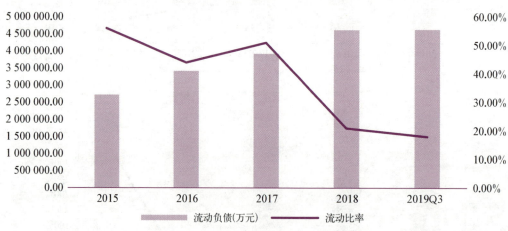

图7-14　永泰能源流动负债及流动比率

资料来源：Wind。

在2018年7月违约之前，永泰能源的债券就已经出现了明显的下降，主要从2017年4月开始，根据中债对16永泰01的净价估值来看，从2017年开始，该债券的估值就处于下降的趋势，但是下降的并不明显，基本都保持在95元以上，直到进入2018年5月之后，5月17日，债券估值低于95元，并保持持续下降，同时下降的速度明显加快，在5月24日跌破90元,到5月31日,估值仅有83.8元。16永泰01字2018年4月2日期连续8个交易日微跌,在5月25日一天跌幅超过了20%,因而盘中一度临时停牌。16永泰02的表现和16永泰01相似,在2018年5月出现了明显的下降,在5月24日开始低于90元,到5月底,仅有81.97元。

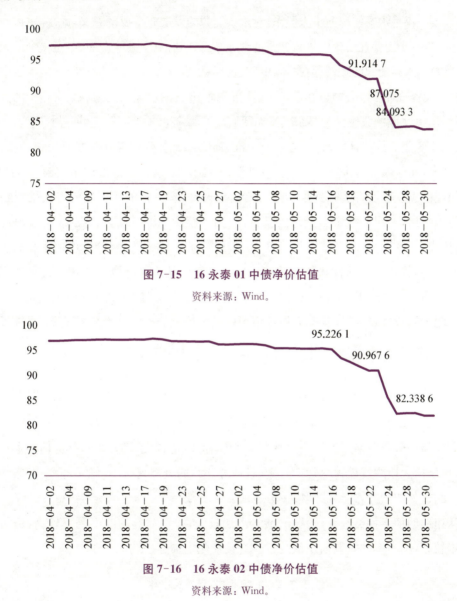

图 7-15　16 永泰 01 中债净价估值

资料来源：Wind。

图 7-16　16 永泰 02 中债净价估值

资料来源：Wind。

除了债券价格的下降外,大股东也采取了相应的行为,进一步验证了违约爆发的必然。在2018年5月30日,永泰能源发布了简式权益变动报告书,披露襄银投资通过在上海证券交易所大宗交易系统卖出的方式减少对永泰能源的股份持有,并且在未来12月内有继续减少其在永泰能源拥有权益的股份计划。在此次交易发生前,襄银投资持有永泰能源无限售流通股 659 898 478 股,占总股本的 5.31%,在 2018 年 5 月 25 日和 5 月 28 日,襄银投资共计卖出永泰能源股份 38 608 800 股,占永泰能源股本总额的 0.310 715%。本次权益变动后,襄银投资持有永泰能源股份 621 289 678 股,占永泰能源股本总额的 4.999 999%,不再是永泰能源持股 5% 以上股东。襄银投资作为永泰能源多年持股的大股东,并连续三年是永泰能源前十大股东,对永泰能源的发展有重要的意义,此次减持,并在日后可能有进一步需要在公告中进行披露的继续减持计划,对永泰能源而言,是一个重大的打击,也反映了永泰能源的经营存在严重的问题。除了襄银投资外,持股 7.81% 的大股东西藏泰能股权投资管理有限公司也在 5 月 10 日和 6 月 15 日通过大宗交易和集中竞价的方式减持了公司 2.8 亿股的股份。大股东减持无疑加快了债券违约的步伐,违约一触即发。

在 2018 年 7 月 3 日,永泰能源发布了准备开展 18 永泰 CP004 的发行工作,发行金额为 10 亿元,而这项发行工作在 7 月 5 日被取消,不仅如此,永泰能源向中信银行申请的 35 亿元的授信额度也没有按时到账。作为负债量大、依靠借新债还旧债的方式维持经营的永泰能源来讲,两次获取资金的行为都失败,用于偿还 2017 年的债券的现金流出现了断裂,违约成为不可避免的事。因此,2018 年 7 月 5 日,17 永泰能源 CP004 的本金和利息未能按时偿还,构成了实质性违约。违约现象一旦发生就不可能快速停止,而会不断蔓延,公司其他的债券受到了影响,公司的再融资能力也逐渐下降,违约形成连环"爆炸",动摇了永泰能源的正常经营发展,也为债券市场以及市场上的投资者带来了重要的影响。

(二) 债券交叉违约,公司形势严峻

永泰能源发行的债券中很多具有交叉违约的条款,在 2018 年 7 月 5 日,17 永泰能源 CP004 构成实质性违约后,一系列的债券触发交叉违约条款,其中构成交叉违约的一般短期融资券和一般中期票据如表 7-2 所示。不仅如此,造成交叉违约后,其他债券也会提前到期,再度扩大违约规模。尽管 7 月 15 日债券违约的金额只有 15 亿元,但是考虑到涉及交叉违约条款的债券,违约的规模十分庞大。

从违约的债券种类来看,短期的债券占比较大,并且债券的票面利率较高,公司的筹资成本较高,高利率的短期信用债的性质直接催化了债券违约的发生。

表 7-2 永泰能源交叉违约债券

证 券 名 称	发行日期	当前余额(亿元)	债项评级	票面利率(当期)%
17 永泰能源 CP004	2017-07-03	15.00	D	7
17 永泰能源 CP005	2017-08-23	10.00	D	7

续 表

证 券 名 称	发行日期	当前余额（亿元）	债项评级	票面利率（当期）%
17 永泰能源 CP006	2017-10-19	8.00	D	6.78
17 永泰能源 CP007	2017-12-13	10.00	D	7
17 永泰能源 MTN001	2017-11-15	10.00	C	7.5
17 永泰能源 MTN002	2017-12-05	10.00	C	7.5
18 永泰能源 CP001	2018-01-18	10.00	D	7
18 永泰能源 CP002	2018-03-15	10.00	D	7
18 永泰能源 CP003	2018-04-25	10.00	D	7
18 永泰能源 MTN001	2018-04-04	5.00	C	7.5

资料来源：Wind。

(三) 股债停牌，信用评级调整

伴随着债券实质性违约的发生和交叉违约条款的触发，永泰能源陷入了全面的违约境地，债券价格在5月份就已经出现了大幅度的下降，甚至在5月25日临时停牌，而实质性违约发生后，公司瞬间陷入僵局（见图7-17）。7月6日，公司宣布公司股票以及13永泰债、16永泰01、16永泰02、16永泰03公司债券停牌。为了避免股票和债券价格大幅度下跌采取的双停牌行为，直接向市场显示公司的经营存在问题。在实质性违约发生之前，尽管永泰能源已经表现出多方面的经营问题，但是始终没有得到评级机构的足够重视，在违约前一天，永泰能源的主体评级仍然保持在AA+。从某种程度上讲，评级机构的忽视造成了永泰能源过度自信，没有对风险给予充分的识别和评估，进而造成违约的发生，同时给债券市场的投资者带来了重大损失。在违约发生后的第二天，联合资信将主体的评级调整为CC，10月24日又进一步下调至C，违约债券的评级在违约当日被联合资信调整为C。

评级机构提供的信用等级并没有起到事前的风险预警作用，而是事后的反映，更多的是对违约行为的反映，而不是对信用风险的刻画。作为独立的评级机构，后续跟进的不充分直接阻碍了我国债券市场的健康发展。之后评级的下调则证明公司出现不容忽视、影响深刻的问题，直接将违约推向了白热化。

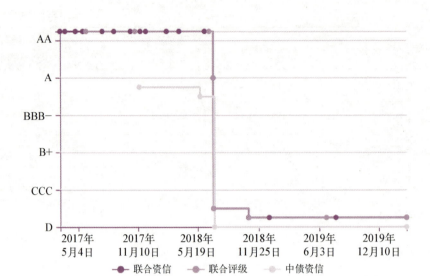

图 7-17　永泰能源主体评级

资料来源：Wind。

三、自上而下，外患更兼内忧

（一）宏观背景

1. 国民经济景气度不高

2008 年金融危机爆发，为了保证经济发展，中国推出了 4 万亿元的刺激计划。伴随着中国发展进入新常态，供给侧改革成为宏观经济的主要议题，中国经济总体的增长情况也出现了变化。对于永泰能源来讲，其主要的经营业务是煤炭和电力，这两种业务都处于具有较强的宏观经济敏感度的行业，因此宏观经济背景的变化直接且深远地影响到公司的整体经营。2018 年，GDP 的季度同比呈现下行的趋势，直接表明在永泰能源发生违约的时间段，国民经济的景气度不高，经济整体处在增速放缓的阶段（见图 7-18）。宏观背景不向好，则对于煤炭和电力等主要产品的需求减少，进而加剧了行业竞争，增加了公司经营的压力。经济增长的下行阶段，融资也受到影响，融资难度加大，进而融资的成本增高，永泰能源发行的短期债券的利率都比较高，高于市场的一般水平，公司为了满足资金的需求，通过高利率维持融资水平，进而公司的还款能力降低，再加上公司的经营业绩上不去，缺乏足够的利润，公司的现金流不能保证，一旦发生现金流断裂，带来的就是债券违约。因此，下行的国民经济影响了公司的经营业绩，同时融资成本增高，增加了高负债公司的违约风险。

图 7-18　GDP 当季同比(%)

资料来源：Wind。

2. 金融严监管，企业融资难

为了防范风险、整治金融行业的乱象，金融严监管成为 2017 年重要议题，其中去杠杆是监管的重要举措。2017 年和 2018 年，监管文件陆续出台(见表 7-3)，防控风险是监管的核心，同时从负债端、资产端、业务模式等多方面进行了明确的规定，并且进一步强化打破刚性兑付的政策，这种严监管环境对于债券市场的影响尤为严重，具体表现在企业融资能力下降，获得融资的条件变得更加严苛，生产经营严重依赖杠杆的永泰能源生存空间明显减少。2018 年又进一步增强了监管力度，负债难度增加，规模增速放缓，业务去杠杆化，债券市场全面调整。

表 7-3　中国去杠杆负债端金融监管文件

时间	监管部门	监管文件/事项
2016 年 3 月	银监会	《进一步加强信托公司风险监管工作的意见》
2016 年 7 月	证监会	《证券期货经营机构私募资产管理业务运作管理暂行规定》
2016 年 12 月	中国证券登记结算有限公司	《债券质押式回购交易结算风险控制指引》
2017 年 4 月	银监会	"三三四"专项检查
2017 年 4 月	银监会	《中国银监会关于银行业风险防控工作的指导意见》
2017 年 8 月	证监会	《公开募集开放式证券投资基金流动性风险管理的规定》

续 表

时　　间	监 管 部 门	监管文件/事项
2017年11月	一行三会及外管局	《关于规范金融机构资产管理业务的指导意见(征求意见稿)》
2017年12月	一行三会	《关于规范债券市场参与者债券交易业务的通知》
2018年1月	银监会	《中国银监会关于进一步深化整治银行业市场乱象的通知》

永泰能源在经营过程中需要通过发行新的债券来维持流动资金,偿还到期债券的本金和利息,公司的顺利经营严重依赖杠杆,跨界经营、公司并购都需要大量的资金,因而公司的负债压力大,新的负债覆盖原负债是主要的解决办法,却有着不容忽视的风险隐患,而严监管直接打击了发新债的环节,银行的授信额度的使用也受到影响。当公司难以按时偿还17永泰能源CP004时,试图发行18永泰CP004,并通过银行授信补充资金,然而这些融资渠道都被阻断,发行债券和获得银行资金都没有按时实现,还债的资金链断裂,直接导致违约发生。

3. 社会融资规模难以满足资金需求

根据2015年到2020年1月的社会融资规模的当月值来看,每年1月份社会融资规模达到高峰,说明这一阶段是资金需求的高峰期(见图7-19)。近年来,社会融资规模的总体水平相对稳定,但每个月的变动较大,而在2018年1月这个融资高峰期,社会融资规模却低于2016年和2017年,更显著低于2019年,反映出社会总体的融资难度大,企业更难获得资金。需要通过再融资维持正常经营的永泰能源受到了严重的冲击。社会融资不能满足对资金的需求,催生了违约的发生。

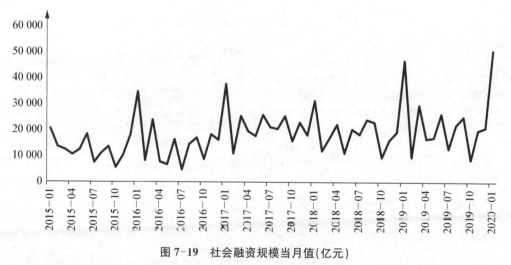

图7-19 社会融资规模当月值(亿元)

资料来源:Wind。

4. 投资者偏好改变

在不同的经济形势下,投资者为了维护自身利益,会通过调整风险偏好以保证相对稳定的收益。在经济发展总体受限并且监管形势日趋严格的情况下,投资者会降低对风险的偏好,选择更多安全的资产进行投资,进而降低了对永泰能源等企业债券的需求。风险性较高的证券要求更高的收益率作为对信用风险的回报,因此提高了企业通过债券融资的成本。永泰能源必须进行融资,依赖新的负债满足还款和公司经营的需求,而在经济下行和投资者风险偏好下降的情况下,公司需要支付更高的成本来满足资金需求,进一步加大了融资的难度。2017年永泰能源发行的债券的票面利率都显著高于市场平均水平也能印证这一点。然而即使提高了债券的票面利率,也不能保证顺利获得新的资金,而偿还到期债券是刚性的债务,在这种情况下,企业如果不能改变过分依赖举债维持正常经营的战略,其发展一定会出现问题,被市场淘汰。

(二) 主营业务行业前景堪忧

永泰能源所处的宏观背景与公司的经营策略不相符,宏观条件不利于公司的发展。不仅如此,公司的主营业务电力和煤炭板块经营不善,成为制约公司发展的重要因素。

1. 电力行业成本上升,盈利受限

永泰能源的电力板块营业收入上涨很快,2019年超过了总营业收入的一半,然而盈利率逐年下降,只在2019年出现了一定程度的回升。

整个电力行业的表现也是如此。从2011年起,我国用电量就以稳定的增速逐年上涨,主要是经济整体保持了相对稳定的增长,电力作为广泛应用的能源在各种产业都得到充分应用,第三产业以及新兴科技产业因迅速发展,用电量也在显著增加(见图7-20)。但是我国的电力行业主要通过煤炭发电,煤炭的价格在2016年开始出现大幅度的上涨(见图7-21),直接导致了电力行业成本的提高,削弱了电力行业的盈利能力,整个行业的毛利率都很低,累计亏损的企业单位数和累计亏损企业的亏损总额从2017年开始有了明显的增长,在2018年达到顶点,2019年后略有下降。2018年末,累计有1 950家电力公司亏损,亏损总额达950.1亿元。电力板块在永泰能源的总营业收入中占比逐年上升并超过了煤炭,甚至占比过半,因此电力行业的发展情形直接影响了永泰能源整个公司的经营状况。煤炭价格的大幅上涨,直接压缩了盈利的空间,减少了公司的利润,从而经营活动产生的现金流受到影响,公司的经营出现问题。

2. 煤炭行业去产能,被清洁能源逐渐替代

在电力成为最主要的业务之前,煤炭是永泰能源营业收入的重要来源,尽管占比有所下降,始终是公司的主营业务。与电力稳定的需求不同,煤炭行业受到了政策上的限制并被其他清洁能源替代,行业前景堪忧。从2014年开始,原煤的产量总体略有增加,增加的

图 7-20 中国用电量(十亿千瓦时)

资料来源：Wind。

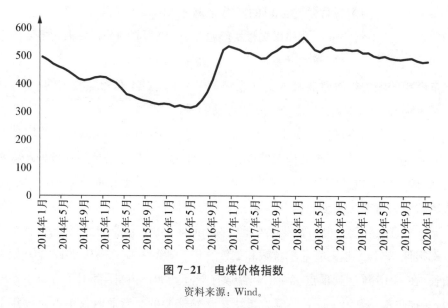

图 7-21 电煤价格指数

资料来源：Wind。

幅度并不明显，但是进入2016年后，原煤的产量出现了连续显著的下降。从2015年开始，去产能成为政府工作的一个重点。2016年提出的"276"政策更是将去产能进一步深化。该政策推出后，对煤炭行业产生了重大的打击，2015年12月的产量为31 658.9万吨，而2016年4月产量仅有26 803.2万吨(见图7-22)。永泰能源的煤炭产量也在2016年明显下降，从2015年的1 144.98万吨，下降到2016年的880.92万吨。产量的下降直接带来的是营业收入的下跌，煤炭板块的营业收入从2012年起就逐年下降，在2015年下降速度加快，到了2017年才有了微弱的回升(见图7-23)。

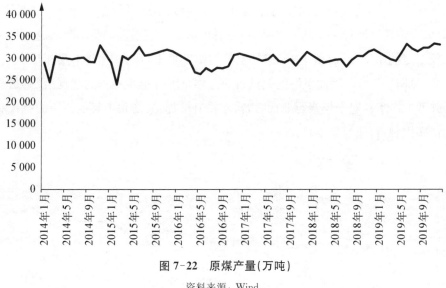

图 7-22 原煤产量(万吨)

资料来源:Wind。

图 7-23 煤炭开采和洗选业营业收入

资料来源:Wind。

除了去产能因素,其他清洁能源对煤炭的替代也日益严重。伴随着经济的发展,对环境保护的要求提上日程,可持续发展和绿色生态成为能源选择的重要因素。由于相关技术得到了提升,可燃冰等清洁能源以更高的环境友好度获得了更多人的认可,这些能源对煤炭的替代日益加剧。当开采应用清洁能源的技术充分先进、应用足够便捷,当环境问题更加严峻、环保的概念更加深入人心,清洁能源替代煤炭便成为必然的结果。煤炭板块本身的发展前景堪忧。

3. 下游产业需求不充分

除了永泰能源主营业务发展不良对公司带来的影响外,下游行业发展不利使得永泰能源主营的产品缺少足够的需求,进而影响到了主营业务所处的行业。煤炭行业的下游行业以钢铁为主,因此通过对钢铁行业的分析,可以判断煤炭行业的行情。选择生铁、粗钢、钢材以及钢筋这四种主要的钢产品,可以看出从 2014 年起,主要钢产品的产量维持在一个比较稳定的水平,并有所上升,但是上升的幅度很小,在 2017 年下半年出现了下跌,随后回升(见图 7-24)。因此下游的钢铁行业总体是维持稳步经营的状况,没有足够的增长保证强效的需求。对于煤炭行业而言,需求没有增加,又受到了其他能源的替代和国家政策的诸多限制,行业前景不良。

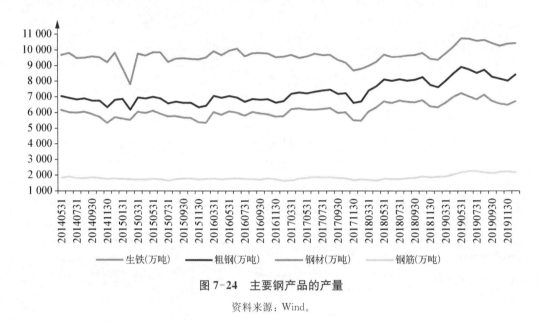

图 7-24 主要钢产品的产量

资料来源:Wind。

永泰能源主营的电力和煤炭板块都存在较为严重的问题,而这两个板块是构成公司营业收入的主体,直接影响了公司的经营,为公司发生违约埋下了隐患。

(三) 公司内部经营问题

1. 跨界经营的战略指导下,公司扩张速度过快

永泰能源坚持跨界经营的公司战略,不断扩大公司规模,过快的扩张速度为公司的长久发展带来了严重的弊病。从公司的总资产来看(见图 7-25),在 2012 年,总资产同比增速接近 200%,随后两年的资产规模相对稳定。进入 2015 年后总资产有了进一步的扩张,从 2014 年的 521 亿元增长到 2015 年的 875.56 亿元,同比增速达到 68.02%,并保持相对稳定的增速。进入 2018 年后,资产规模有所下降,但是下降的幅度很小,仍高于 2016 年的水平。2015 年是资产规模扩张的重要年份,总资产是 2014 年的两倍左右,和 2010 相比,总资产从 40 亿元增长到 2017 年的千亿元,规模扩张速度很快。这种扩张除了公司自身经营能力的提升外,更重要的是公司采取的多元化经营的战略,从以油品作为经营的

主要业务,到重点经营煤炭的开采业务,再到发展电力、石油贸易,并且多元化发展金融、物流等领域,业务区域也从华北和华东扩张到了华中。

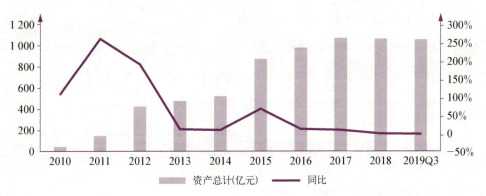

图 7-25 永泰能源总资产及同比增长

资料来源:Wind。

扩展业务领域和经营区域本质上并没有问题,关键在于扩张速度过快、规模过大,也没有充分应对快速大规模扩张带来的风险。为了维持多元化的经营战略,永泰能源通过对多家公司进行收购来丰富业务的经营,这种方式要求大量的资金保证收购的成功,因此公司的资金需求极强。大规模的跨界并购经营导致永泰能源进行了大量的资金募集。从2010年开始,为了保证资金的充足,公司多次定向增发(见表7-4),主要目的是收购公司的股权以及补充流动资金。公司自身的经营存在问题,现金流不充分,又将资金用于股权收购,并再度增发维持现金流以保证业务的正常开展,同时偿还公司以及子公司的债务。这种用新债还旧债的方式增加了公司经营的风险,多次的规模扩张和定向增发加大了公司的债务压力。

表 7-4 永泰能源定向增发的项目及金额

年 份	定向增发募投项目名称	计划投资额(万元)	已投入募集资金(万元)
2010 年	收购永泰控股持有的华瀛山西 30%股权	12 514.3	12 514.29
2010 年	以现金方式出资 49 000 万元增资华瀛山西	49 000.0	49 000.00
2010 年	补充公司流动资金	550.0	550.00
2012 年	永泰能源以 13.72 亿元向华瀛山西增资	137 200.0	137 200.00
2012 年	永泰能源以 34.30 亿元收购张玉禄、张玉山、张志亮、高成武持有的亿华矿业 70%股权	343 000.0	343 000.00

续表

年 份	定向增发募投项目名称	计划投资额（万元）	已投入募集资金（万元）
2015年	收购惠州大亚湾华瀛石油化工有限公司100％股权	400 000.0	399 920.00
2015年	偿还公司及全资子公司债务	380 000.0	366 435.00
2015年	惠州大亚湾燃料油调和配送中心项目与配套码头项目	220 000.0	125 163.00
2016年	张家港沙洲电力有限公司2×100万千瓦超超临界燃煤发电机组项目	853 650.0	122 433.08
2016年	周口隆达发电有限公司2×66万千瓦超超临界燃煤发电机组项目	515 000.0	130 053.15
2016年	偿还公司和子公司债务	140 000.0	136 942.06

资料来源：Wind。

规模的扩张不仅带来了负债的压力，同时改变了资产的属性，除了收购其他公司的股权，在煤炭、电力以及石油板块扩张业务地区，需要进行大规模的建设，因此要加大对于固定资产的投资。从某种程度上讲，为了顺利完成跨界经营，永泰流动资产转向固定资产，并且这部分资产占很高的比重，使得公司资产的流动性下降。如表7-5所示，截至2019年中期，永泰能源的在建工程余额已经超过了60亿元。在建工程资金需求大，变现能力差，再加上股权收购等跨界发展带来了负债压力，公司整体的发展被多元化经营的策略限制。为了扩大经营范围和经营规模而收购子公司、建设其他板块工程，导致缺少资金，因而举债；接着由于难以偿还债务和维持流动资金需求进一步举债；保证基本资金需求后进一步扩张，再度增大了资金需求，因而继续举债……公司陷入恶性循环且这个循环随时有断裂的风险。举债失败则意味着公司资金已经不能满足基本还款需求，因而爆发违约。

表7-5 永泰能源2019年中期在建工程期末账面余额

项　目	2019年中期账面余额(单位：元)
基础工程	164 650 696.92
零星工程	114 702 106.91
金泰源在建工程	22 794 629.28
华瀛柏沟在建工程	16 158 036.82
江苏发电工程	91 569 750.69

续 表

项　　目	2019年中期账面余额（单位：元）
森达源在建工程	60 298 385.28
陕西亿华海则滩项目	407 226 907.15
装备分公司在建工程	3 671 434.07
银源兴庆在建工程	46 533 627.37
地质勘察工程	150 611 577.74
澳大利亚在建工程	124 785 304.08
华瀛石化在建工程	1 432 390 100.79
码头仓储在建工程	1 172 198 406.45
贵州昌鼎盛在建工程	83 404 508.34
湖南桑植在建工程	64 853 815.70
张家港华兴在建工程	359 315 784.18
裕中能源在建工程	124 292 830.77
周口隆达在建工程	446 546 280.77
国投南阳电厂一期2×100万千瓦超超临界燃煤发电机组项目	1 533 703 174.70
丹阳华海2×10机热电联产项目	47 414 641.90
合　　计	6 467 121 999.91

资料来源：Wind。

规模的扩张同样造成无形资产价值虚高，变现能力差，公司整体经营业绩存在重大的不确定性。在2018年年报中，公司披露无形资产账面价值为510.79亿元，占总资产的47.96%，其中，矿业权账面价值为502.6亿元，占无形资产的98.4%。无形资产的占比从2015年的44%下降到40%后，上涨至接近50%，2019年第三季度末无形资产的占比进一步上升。无形资产特别是矿业权的资产减值成为公司经营业绩的重要影响因素，无形资产的价值的不确定性也造成公司经营的不确定性。

表7-6使用Wind选取的沪深能源市值前十的公司与永泰能源比较，这些公司的主营业务是煤炭和石油，其中煤炭公司无形资产占总资产的比重明显高于石油行业，但是也远远没有达到永泰能源接近50%的水平。占比最高的陕西煤业和兖州煤业也仅维持在

20%的水平。永泰能源无形资产的占比过高,直接影响了公司的业绩判断。虚高的无形资产很大程度上来源于煤炭行业的扩张,公司在不同地区开展煤炭业务需要矿业权和开采权,然而扩张过快,相关准备工作也不完善,仅有矿业权难以保证煤炭业务的顺利开展。同时无形资产的变现能力差,高占比的无形资产极大程度拉低了公司资产变现能力,从而造成了大量举债并且难以偿还的局面。

表7-6 沪深能源市值前十无形资产(亿元)及占总资产的比例

	2015年	2016年	2017年	2018年	2019年第三季度
中国石化	810.81	850.23	971.26	1 038.55	1 053.15
占 比		5.67%	6.09%	6.52%	5.77%
中国石油	710.49	714.90	729.13	772.61	791.02
占 比		2.98%	3.03%	3.18%	2.93%
中国神华	357.57	385.02	382.55	364.63	361.29
占 比		6.68%	6.69%	6.16%	6.40%
兖州煤业	179.64	260.91	474.77	451.78	454.07
占 比		17.69%	24.06%	21.93%	22.98%
中煤能源	390.96	401.56	393.31	425.63	440.06
占 比		16.55%	15.80%	16.09%	15.91%
上海石化	4.24	4.06	3.98	3.56	3.42
占 比		1.20%	1.01%	0.80%	0.87%
陕西煤业	211.98	213.65	228.26	224.97	218.68
占 比		22.80%	21.66%	18.67%	17.56%
石化油服	1.82	1.85	2.82	2.37	2.18
占 比		0.25%	0.46%	0.39%	0.33%
中海油服	4.71	4.28	4.20	3.38	3.14
占 比		0.53%	0.57%	0.45%	0.41%
永泰能源	371.43	434.50	430.05	510.79	508.74
占 比		44.29%	40.13%	47.95%	48.16%

资料来源:Wind。

2. 财务形势严峻,盈利不足,偿债困难

公司财务是决定能否按时还款的直接因素,永泰能源的财务出现了问题,直接造成了违约的发生。首先是盈利能力(见表 7-7)。从 2015 年开始,公司的加权净资产收益率就逐年下降,2017 年降至 2.51%,2018 年直接下降至 0.27%,而上文中提到的行业前十的公司净资产收益率的中位值明显高于永泰能源,特别是 2017 年和 2018 年行业前十的净资产收益率保持在稳定的高位,然而永泰能源此时的盈利状况显著下降。年化的总资产报酬率、投入资本回报率、净利率和毛利率这几个衡量盈利能力的指标的表现都类似,整体呈现下降趋势,2018 年盈利表现最差。销售期间费用率整体也呈现下降趋势,但是相对保持在较高的水平,2018 年的期间费用相较 2017 年有了一定的上升,降低了利润的水平。

表 7-7 永泰能源盈利指标

报 告 期	2015 年	2016 年	2017 年	2018 年	2019 年第三季度
加权净资产收益率(%)	3.27	3.03	2.51	0.27	0.55
行业前十中位值(%)		4.55	7.13	13.07	6.13
年化总资产报酬率(%)	5.14	4.16	4.03	4.50	4.54
投入资本回报率(%)	4.49	3.16	3.54	1.34	1.49
销售净利率(%)	9.13	5.59	3.87	0.71	1.48
销售毛利率(%)	44.37	32.62	28.03	26.53	30.67
销售期间费用率(%)	32.97	28.76	20.49	24.83	24.82

资料来源:Wind。

具体来看销售费用、管理费用和财务费用占营业收入的比值,财务费用在三种期间费用中占比最大且远高于其他两种费用。财务费用占比在 2017 年显著下降后又有所回升,大约占到总营业收入的 20%;管理费用在 2015 年到 2017 年有所下降之后略有上升,但变动幅度不明显;销售费用总体有所上升,但是占营业收入的比例很小,变动也不明显。期间费用主要是财务费用影响总的盈利能力。永泰能源大量发行债券,并通过银行授信获得资金,高昂的筹资成本提高了财务费用,减弱了公司的盈利能力。

从每股收益来看,永泰能源的基本每股收益呈现显著的下行态势,并且下降幅度很大,尤其从 2017 年的 0.048 5 元下降至 2018 年的 0.005 3 元,2019 年的回升也没有改变明显下降,并且每股收益的表现也低于行业的平均水平。

从永泰能源的盈利能力来看,电力行业成本高、利润低,煤炭行业受到诸多限制和替代,主营业务行业前景不良,再加上高昂的财务费用进一步拖垮了公司的盈利,又在缺乏

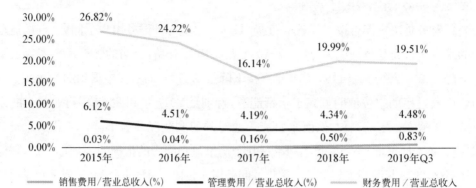

图 3-9　期间费用占比

资料来源：Wind。

图 3-10　基本每股收益

资料来源：Wind。

对新涉足行业的足够认识的情况下大规模扩张和收购,各种因素叠加导致总体盈利指标在近几年表现不佳。盈利能力不足导致公司更加依赖发行新债偿还旧债,不仅提高了财务费用,也加大了违约的信用风险。

从公司财务的扩张战略来看,大量举债,盈利能力又下降,公司的偿债能力必然恶化,直接导致违约的发生。根据 2015 年以来的偿债能力指标,流动比率、速动比率以及现金比率都明显下降,在 2018 年尤为明显,流动比率仅有 0.21。通常要求流动比率达到 0.6 以上,然而永泰能源从 2015 年到 2019 年第三季度最高流动比率也仅有 0.56。速动比率从 2015 年的 0.54 下降至 2018 年的 0.2,2019 年继续下降。现金比率同样在 2018 年出现显著下降,在 2015 年到 2017 年基本维持在 0.2 以上,2018 年突然下降至 0.07,资金出现短缺。由此可见,在 2018 年短期偿债能力的相关指标都有大幅下滑,因而 2018 年出现违约成为必然。当违约事件发生后,评级机构将公司主体评级以及相关债券的债项评级都调低,市场作出反应,严监管使得违约企业再融资的难度再加大,后续的偿债能力进一步下降,因而在2019年第三季度的财务数据中,短期偿债能力继续下降。

长期偿债能力指标重点看资产负债率(见表7-8)。公司的资产负债率较高,2017年达到73.14%,2018年略有上涨,总体维持在较高的水平。行业前十的公司资产负债率的中位值大约保持在50%左右,而永泰能源维持在70%。居高不下的负债率反映了公司债务规模大、还款难度高;同时也体现了公司经营过程中采取的多次发行债务维持正常经营需要以及进一步扩张业务范围和规模的战略,在新的监管体系和宏观行业经济形势下不被市场认可,该模式带来的低偿债能力势必会造成违约风险的积聚,直至爆发债券违约。

表7-8 永泰能源偿债能力指标

	2015年	2016年	2017年	2018年	2019年第三季度
流动比率	0.56	0.44	0.51	0.21	0.18
速动比率	0.54	0.43	0.49	0.20	0.17
保守速动比率	0.50	0.40	0.37	0.17	0.13
现金比率	0.29	0.26	0.23	0.07	0.03
现金到期债务比(%)	12.49	13.73	14.01	15.27	11.55
现金流量利息保障倍数	1.13	1.44	1.48	1.12	
资产负债率(%)		70.31	73.14	73.29	72.9
行业前十中位值(%)		52.43	46.54	53.57	52.6

资料来源:Wind。

除了相对指标,绝对金额的应付利息也反映了公司承受的债务压力。从图7-28可以看到,公司的应付利息从2015年的4 643万元直接上涨到2016年的36 593.6万元,2017

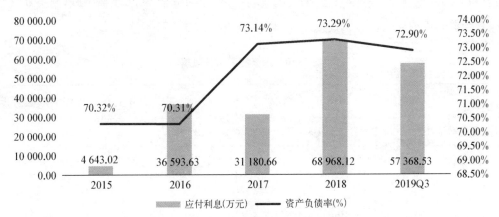

图7-28 永泰能源应付利息及资产负债率

资料来源:Wind。

年应付利息的金额小幅度下降,但 2018 年应付利息达到 68 968.1 万元,可能和 2018 年债券违约造成应该偿还的利息没有按时还款,因而应付利息积聚有关。总体来看,高的应付利息带来了低利息保障倍数,加大了公司还款的负担和违约的风险。

公司财务现状不良,盈利下降,偿债困难。除此之外,公司的营运能力表现也不佳,存货周转率和总资产周转率的变化比较大(见表 7-9)。总体表现在 2017 年前,存货周转率和总资产周转率都有所上升,2017 年后逐渐下降,和行业前十的公司的中位值相比,永泰能源的总资产周转率只有二分之一,虽然相较全行业来看,这个营运能力指标的表现尚可,但永泰能源处于行业前十的位置,存货和总资产的周转率没有满足公司经营的需要。

表 7-9 永泰能源营运能力指标　　　　　　　　　(单位:次)

	2015 年	2016 年	2017 年	2018 年	2019 年第三季度
存货周转率	15.01	26.01	33.23	27.65	17.45
总资产周转率	0.15	0.15	0.22	0.21	0.14
行业前十中位值	—	0.34	0.48	0.48	0.57

资料来源:Wind。

使用 Z 值模型对公司总体的财务表现进行分析,根据 Wind 中的 Z 值预警,当 Z 值低于 1.81 时,证明企业的财务状况差,已经出现了财务失败的征兆(见表 7-10)。永泰能源从 2015 年到 2019 年第三季度的 Z 值均远低于 1.81,并且逐渐下降,被判定为财务状况堪忧。营运资本与总资产的比值(X_1)逐年下降并小于 0,可见公司的营运问题严重,现金流出现问题,流动资金严重不足。代表盈利的 X_2 和 X_3 总体变动情况不明显,公司没有完成盈利上的突破进展。总体来看,公司的盈利不足,流动资金不足,市值下跌,财务状况堪忧,有严重的违约风险。

表 7-10 永泰能源 Z 值预警

	2015 年	2016 年	2017 年	2018 年	2019 年上半年	2019 年第三季度
Z 值分数	0.668 1	0.521 3	0.493 7	0.122 2	0.126 7	0.100 0
同比增减		−0.146 8	−0.027 6	−0.371 5	0.004 5	−0.026 7
因素分解						
X_1	−13.798 1	−19.430 9	−17.964 3	−34.049 3	−35.631 0	−36.019 6
X_2	2.321 6	2.247 1	2.491 6	2.568 5	2.674 8	2.690 0

续 表

	2015 年	2016 年	2017 年	2018 年	2019 年上半年	2019 年第三季度
X3	4.097 5	3.933 7	3.855 0	4.513 7	4.327 7	4.691 1
X4	86.723 1	72.233 1	53.264 5	21.325 2	27.335 2	23.558 9
X4′	42.197 5	42.230 4	36.728 4	36.437 3	37.145 3	37.171 7
X5	12.316 9	13.962 7	20.889 8	20.958 9	20.377 5	19.857 6
Z 值结果描述	堪忧	堪忧	堪忧	堪忧	堪忧	堪忧

资料来源：Wind。

3. 资金筹集不合理，债务负担重

永泰能源过度扩张和财务状况堪忧是造成违约的根本原因，而直接原因则是公司资金筹集不合理，刚性债务负担重，债务比例不合理，短期债务占比高，依赖银行授信，定增金额高，股权质押比例高。

永泰能源的刚性债务总量高，其中一年内到期的债务金额在 2018 年超过 200 亿元，长期债务总体有所下降，但维持在 300 亿元左右。公司的还款压力很大，短期刚性债务占长期刚性债务金额的比重逐年上涨，在 2018 年超过 100%（见表 7-11）。由此可见公司的债务安排上越来越依靠短期债务，而偿还短期债务的方式是发行新的短期债务，因而对流动资金的需求高，公司的盈利能力和再融资能力成为保障公司顺利经营的决定性因素。

表 7-11 永泰能源刚性债务　　　　　　（单位：亿元）

项　　目	2015 年	2016 年	2017 年	2018 年	2019 年上半年	2019 年
短期借款	122.96	120.69	131.93	101.90	79.41	79.50
应付票据	3.71	3.21	18.49	11.99	13.01	15.95
一年内到期的非流动负债	102.07	172.09	176.62	203.07	222.61	228.71
短期债务合计	228.74	295.99	327.04	316.96	315.03	324.16
长期借款	140.63	146.35	158.54	195.82	201.44	240.34
应付债券	141.69	132.29	157.96	43.62	37.62	—
长期应付款（合计）	57.96	67.54	73.51	72.36	62.29	58.99
长期债务合计	340.28	346.18	390.01	311.80	301.35	299.33
刚性债务比例	67.22%	85.50%	83.85%	101.65%	104.54%	108.30%

资料来源：Wind。

在短期债务中,短期借款的占比很高。在短期借款的结构中(见表7-12),信用借款和抵押借款的金额比较低,主要是因为公司可用于抵押的资产不多,因而降低了获得抵押借款可能,而信用借款主要来源于银行授信。表7-13显示了公司在2017年3季度不同金融机构获得的授信额度、已使用的剩余的授信额度。可以看到永泰能源共获得413亿元的授信额度,已经使用了314.35亿元,仅剩余98.66亿元的授信额度,其中以国家开发银行、中信银行和民生银行的额度最高。公司的流动资金对银行授信的依赖度较大,在难以偿还债券17永泰能源CP004时,公司也在试图通过获得银行授信完成还款。银行授信额度的大量使用也减少了后续通过信用借款的方式融得的资金,削减了再融资能力,加大了违约的可能。

表7-12 永泰能源短期借款结构及期末余额　　　　　　　　　　(单位:亿元)

	2017年期末余额	2018年期末余额	2019年上半年期末余额
质押借款	17.29	2.60	
抵押借款	0.004 9		
保证借款	38.46	19.07	24.59
信用借款	0.48	0.48	
质押加保证借款	40.80	41.31	20.66
抵押加保证借款		0.50	0.50
抵押质押保证借款	34.90	37.94	33.65
合计	131.93	101.90	79.41

资料来源:永泰能源年报及中报。

表7-13 银行授信　　　　　　　　　　(单位:亿元)

银行	总额度	已使用	剩余
国家开发银行	174.85	118.42	56.43
中信银行	50.6	48.6	2
民生金融租赁	21.94	21.94	0
民生银行	26.48	16.48	10.01
中国银行	16.04	14.19	1.85
邮政储蓄银行	24.07	13.7	10.37
建设银行	12.26	12.26	0

续 表

银 行	总 额 度	已 使 用	剩 余
中建投租赁	10.91	10.91	0
平安银行	16.91	9.91	7
浙金信托	9	9	0
国银金融租赁	18.65	8.65	10
北银金融租赁	8.02	8.02	0
工商银行	7.8	7.8	0
华融金融租赁	7.47	7.47	0
晋商银行	8	7	1

为了按时偿还债务和扩张经营规模,公司还通过频繁的定向增发募集大量的资金,上市以来,公司累计募集资金1 270.86亿元,其中直接融资的占比超过一半,定向增发占比达到17.5%,累积金额为222.4亿元。2010年定向增发募集资金6.4亿元,2011年定向增发募集18亿元,2012年定增募集49亿元,2015年定向增发筹资100亿元。从2010年开始,公司除了个别年份没有实行定向增发外,频繁进行定向增发,并且募集的金额增长速度很快,定向增发的发行价也在2015年下降至1.97元。频繁的定向增发在一定程度上缓解了还款的压力,同时也需要支付各种发行费用,在完成刚性债务的偿还后,剩余资金仍不充分,公司的现金流依旧存在断裂的风险。

表7-29 永泰能源上市以来募资统计

	金额(亿元)	占比(%)
上市以来累计募资	1 270.86	100
直接融资	722.98	56.89
股权再融资	222.40	17.5
发债券融资	500.58	39.39
间接融资	547.88	43.11
累计新增短期借款	78.82	6.2
累计新增长期借款	469.06	36.91

资料来源:Wind。

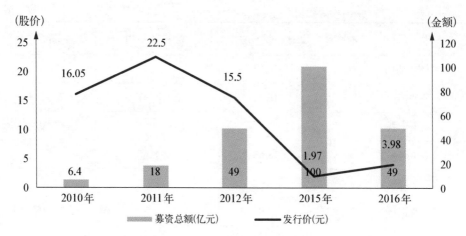

图 7-30　17 永泰能源定向增发募资总额及发行价

资料来源：Wind。

股权质押比例过高也是公司在筹资资金存在的问题，根据公告披露的前十大股东的质押情况显示，用于质押的股权占公司总股本的 57.37%，其中第一大股东永泰集团持股的 99.92% 都用于质押。在严监管和去杠杆的宏观背景下，融资的难度加大，因而通过股权质押的方式获得融资的资格，高股权质押比例也反映了公司已经进行了较高的融资，因而再融资的能力下降，迫不得已的情况下，选择大股东股权质押的方式缓解流动资金的紧张。永泰能源前十大股东质押的股权比例接近 100%，公司已经不能通过股权质押的方式获得流动资金，从而再融资能力枯竭，现金流在通过股权质押方式获得融资的渠道上已经断裂，融资形式十分严峻，违约难以避免。

四、后续进展

（一）发展业务，稳定经营

为了维持公司长久的发展，从根本上解决违约的问题、降低违约的风险，需要公司继续发展业务，提高盈利能力和偿债能力，脱离财务困境，稳定经营发展。在发生违约后，永泰能源除了采取特殊措施筹集资金、偿还到期债务外，更重要的是提高生产盈利能力。违约债务后续进展的公告中提到，2019 年以来，电力、煤炭等主业经营下属电厂及在产煤矿继续保持安全稳定生产。2019 年 1～9 月，公司完成发电量 245.17 亿千瓦时，原煤产量 631.85 万吨；实现归属于母公司股东的净利润 1.31 亿元，较上年同期增加约 1 亿元；归属于母公司股东的扣除非经常性损益的净利润为 0.54 亿元，较上年同期增加约 6.75 亿元。同时有序推进了重大项目的建设，华瀛石油化工有限公司所属燃料油调和配送中心及配套码头项目、南阳电厂 2 台 100 万千瓦超超临界燃煤发电机组项目 1 号机组等项目已经开始运营,煤矿建设所需的采矿权的出让合同的核准手续也在有序办理。在新冠疫情爆发时,完成疫情的防控和稳定公司的生产经营是重中之重。

(二) 出售资产,断臂求生

债券发生违约时,为了偿还债务、迅速获得资金,出售资产是最直接快速的方法。公司拟出售238亿元的资产,获得的资金全部用于偿还公司债务。违约事件发生后,公司成立资产处置工作组并组建了专业处置小组,指定专人专区负责,针对不同的资产,公司通过北京产权交易所、上海产权交易所及相关财务顾问等中介机构寻求卖家,组织推介和路演。

出售资产是快捷有效获得资金的手段,但是出售中可能会遇到问题,获得的资金只能缓解偿债压力,不能从根本上解决问题,还是要依靠公司业务的调整、战略的有效应用、财务能力的提高。

(三) 成立债委会,债务重组

2018年8月23日,金融机构债权人委员会成立。同年9月23日发布公告,要求各债券持有人加入债委会,按照"同债同权"原则一致行动,债委会协调债权人解决债务违约的问题。制定了"不抽贷、不压贷、不断贷,保持现有评级及资产质量分类不变,保持债务余额稳定;所有金融债务短期内到期本金通过调整还款计划、借新还旧、无还本续贷及展期等方式妥善处理,不增加企业财务费用;不采取查封资产、冻结账户等保全措施影响企业生产经营,诉讼和查封要按照有利于重组和风险化解的原则妥善协商处理"等一系列帮扶原则。

在2019年7月19日,债委会通过了债务重组的初步方案。2019年12月30日,债委会对方案进行完善。债务重组的方案表明,按照市场化、法治化原则,通过实施债转股、债权延期、降低企业财务成本等措施帮助企业降杠杆。债务重组的主要内容是存量债券的息票降至基准利率,在清偿拖欠本息后免除罚息福利,另外本金每期有一定比例的压减,进而将债务展期。对于不愿意进行债务重组的债权人也可以通过债转股的方式,降低企业的还款压力,降低资产负债率,稳定公司的经营,缓解违约压力。

(四) 战略重组,缓解财务危机

当永泰能源发生违约时,大股东永泰集团没有能力对其伸出援助之手,因而公司谋求更有实力的大股东,帮助永泰能源脱离困境,选择了战略重组的方式。永泰集团与京能集团在签署《战略重组合作意向协议》后,双方成立了联合工作组进行工作对接,积极推进各项重组工作。截至2018年11月末,现场的尽调工作已经全部完成,后续工作还在推进。当战略重组完成后,永泰能源的大股东会发生重大变化,京能集团将通过股权转让、资产重组、资产注入等多种形式,实现对永泰集团的绝对控股,并降低永泰集团融资成本,永泰能源的实际控制人会改变。在战略重组的过程中,永泰集团表现出了很强的诚意,积极推动后续工作。战略重组的计划在 2019 年 8 月基本完成,但是正式合作协议没有签署,仍然存在一定的不确定性。

(五)违约债挂牌转让

北京金融资产交易所(以下简称北金所)在 2019 年 3 月 12 日发布公告,永泰能源股份有限公司当日在北金所发布两则到期违约债转让信息,挂牌转让的到期违约债分别为"17 永泰能源 CP004"和"17 永泰能源 MTN001"。有受让意向者可于 2019 年 3 月 14 日 12:00 之前向北金所提交受让申请。其中,金融机构及非法人产品通过交易中心向北金所提交受让申请,非金融机构合格投资人直接向北金所提交受让申请。

除此之外,永泰能源还积极寻求政府的帮助,同时和其他金融机构进行合作。政府对永泰能源下属公司的税收政策等方面提供了一定的优惠,帮助其尽快从违约环境中脱离,维持稳定的经营;国家开发银行等银行与永泰能源签订战略协议,为其提供流动资金,同时在银行的品牌效应下,提升投资者对公司的信心。

在 2019 年 2 月 27 日第三次债券匿名拍卖中,共有 22 只债券参与。其中包括 3 只已违约债券,最后"17 永泰能源 MTN002"成功转让。至 3 月末 3 笔到期违约债券转让业务已完成交易,均来自永泰能源,转让标的票面总额为 2.82 亿元。北金所也为违约债券转让做出了许多尝试,其采用动态报价的方式且不能低于底价,并引入私募基金、地方资产管理公司等专业性机构投资者参与其中。

五、尾声——违约影响

(一)强化打破刚性兑付

中国债券市场一直存在政府会为违约的债券兜底的预期,这种长久的观念使得债券在人们心中是一种低风险、高收益的金融产品。然而风险和收益是对等的,政府不可能无限制为违约企业保驾,市场也必须真实反映公司的经营情况。违约本质上是市场的选择,也是公司调整经营、选择战略的一个风向标。自从 2014 年超日太阳债违约事件发生,中国债券市场刚性兑付的声音开始减弱,违约债券的发行主体也从民营企业向国有企业过渡,一时间,债券的政府隐性担保的信心含量明显下降。对于风险水平较高的公司债券,投资者要求更高的收益来应对信用风险,债券的价格可以更好地反映其价值,体现公司的经营状况。

永泰能源的大额违约进一步强化了市场对打破刚性兑付的预期,政府不再会为违约的债券兜底,发行人需要采取有效的措施来应对还款的压力。债务人在购买债券的选择中也不仅仅关注债券的收益率,要提高对风险的认识,以更强的风险意识影响市场的供求,使得价格充分体现真实的债券价值,将隐性担保从债券的定价体系中逐渐抹去。当打破刚性兑付的概念真正深入人心时,我国债券市场将得到更好的发展。

(二) 推动违约债市场化处理,促进债券市场发展

在永泰能源应对债务违约过程中,"17永泰能源CP004"和"17永泰能源MTN001"的挂牌转让具有重要意义。我国债券市场对违约债券的处理方式相对简单,交易所对其停牌,银行间市场也要求停止交易。这种停牌的方式直接导致了违约债券无法在市场上流通,违约债的二级市场极度不发达。在国外发达的债券市场,违约债券的投资者可以将手中的债券出售给相关机构,既能保障投资者的利益,也有利于违约债券的后续处置。我国债券市场违约债的市场化交易渠道很少,作为北金所和中国外汇交易中心推出的新业务,到期违约债的挂牌转让成为违约债流通的新途径,也会是我国违约债市场的一大进步,有效推动了违约债的市场化处理,提高了违约债的流动性,促进了债券市场的健康发展。

思 考 题

1. 如何评价永泰能源的扩张战略?
2. 永泰能源为什么会发生违约?
3. 如何看待评级机构在违约事件发生后才降低评级的表现? 应当如何解决这一问题?
4. 对永泰能源发生违约后采取的措施,你有什么样的看法?
5. 如何看待中国债券市场发生违约的行为? 对市场的发展有什么意义?
6. 政府在面对债务违约时应当采取什么样的态度和措施?
7. 你对违约债的市场化处理有什么认识? 对中国债券市场违约债券市场化处理有什么预期?

分 析 思 路

这里提供的案例分析主要根据案例的推进过程和思考题顺序进行。

1. 扩张战略本身没有问题，但是要控制扩张的规模和速度，并且理性选择扩张的行业。首先，永泰能源扩张的速度过快，几年的时间总资产规模翻了几倍，过快的增长带来了很多经营上的问题，如负债压力增大等，从而直接影响公司的经营状况。其次，永泰能源扩张过程中选择电力、煤炭和石油贸易作为主要的经营业务，然而这三种业务所处的行业都存在各种隐患，行业整体景气度不高，因此公司主营业务出了问题。最后，公司其他业务涉及的领域过多，包括了金融投资、物流等，很多业务和公司之前的经营没有任何关系，公司也没有足够的经验和能力将各种类型的业务都经营好，反而造成了经营不善的局面。

2. 永泰能源发生违约的原因要从上而下进行分析，分别从宏观、中观、微观三个层面分析。首先是宏观背景，国民经济整体景气度不高、监管严格、投资者风险偏好改变；其次从中观看，电力、煤炭以及下游的钢铁行业发展都有碍于公司业务的扩张；最后从微观看，公司过快的扩张战略带来一系列问题，财务形势严峻，盈利能力下降，偿债能力不足，营运能力缺乏优势，Z值严重偏离良好水平，资金筹集不合理，负债结构增大还款难度，大量定增和使用银行授信额度，股权质押比例过高，再融资能力严重缺失。

3. 评级机构的不作为一定程度上造成了违约事件的发生，在违约发生前评级一直保持高位，然而财务问题早已表露，公司存在严重的风险，还款能力显著下降，Z值更是从2015年甚至更早就远远偏离标准，被评定为财务状况堪忧。然而这些都没有引发评级机构的足够重视。评级机构没有调整对主体和债项的评级，而是在债券违约发生之后，才将评级调整为相应的水平，因此评级没有起到风险预警的作用。为了推动债券市场健康发展，以及促进违约债的市场化处理，评级制度应当得到完善，提高评级的公信力，建立监督机制，有效发挥评级的风险提示作用，避免由于评级市场的过度竞争带来的评级失效现象。

4. 永泰能源违约后主要通过形成债委会协调关系，寻求违约的解决和防范；同时采取出售资产获得资金用于偿还债务、寻求战略重组、向政府和其他金融机构寻求帮助等手段；最重要的一点是公司继续努力提高业务能力，从根本上提高还款能力。另外，将违约债进行转让的市场化处理方式是我国违约债流通的一大突破，推动了违约债的市场化处理，对于我国债券市场的发展起到了重要的推动作用。

5. 违约是正常现象，中国多年来实行的政府隐性担保机制使得债券的价格没有充分反映其风险，这是不合理的。债券违约打破了这种刚性兑付，有利于投资者认清购买债券存在的风险，强化风险意识，因而要求更合理的收益率来补偿信用风险，使得债券的价格更充分地反映债券本身的价值和风险，有利于保护投资者的利益，推动债券市场的发展。

6. 政府应当降低甚至取消对债券的隐性担保，允许债券违约，使得债市能够健康发展。同时当债券发生违约后，违约主体寻求政府帮助时，政府可以通过降低部分税收、给予一定的优惠措施等方式为违约主体提供便利,使得公司能够尽快从违约状态中脱离出来,提高公司的盈利能力和偿债能力,从而尽快还清债务,保障投资者的权益,同时避免违约主体被迫破产清算。

7. 对违约的信用债的交易的限制,会造成投资者难以从市场上退出,投资者的利益不能保证,同时违约债失去流动性,容易造成市场风险的积聚。目前我国已经具备了违约债交易的市场基本条件,但是仍然处于早期阶段,虽实行了匿名拍卖的试点,但是制度性的建设仍然缺失。永泰能源作为违约债转让的重要案例,起到了不可磨灭的重要作用。我国未来的违约债券的交易市场会更加完善,再配合评级制度完善,使信息披露质量进一步提高、市场化观念深入人心、监督管理机制更加健全,违约债未来的流动性会进一步提升,我国债券市场也会逐渐吸取发达市场的经验,开拓属于自己的违约债交易机制,推动债券市场的发展和健全。

图书在版编目(CIP)数据

公司金融案例. 第三辑/沈红波,方先丽编著. —上海：复旦大学出版社,2024.6
(复旦博学. 经管案例库)
ISBN 978-7-309-17087-0

Ⅰ.①公… Ⅱ.①沈… ②方… Ⅲ.①公司-金融-案例 Ⅳ.①F276.6

中国国家版本馆 CIP 数据核字(2023)第 232608 号

公司金融案例. 第三辑
沈红波　方先丽　编著
责任编辑/张美芳

复旦大学出版社有限公司出版发行
上海市国权路 579 号　邮编：200433
网址：fupnet@fudanpress.com　http://www.fudanpress.com
门市零售：86-21-65102580　团体订购：86-21-65104505
出版部电话：86-21-65642845
杭州日报报业集团盛元印务有限公司

开本 787 毫米×1092 毫米　1/16　印张 14.75　字数 295 千字
2024 年 6 月第 1 版
2024 年 6 月第 1 版第 1 次印刷

ISBN 978-7-309-17087-0/F・3013
定价：68.00 元

如有印装质量问题，请向复旦大学出版社有限公司出版部调换。
版权所有　侵权必究